諸 井 勝 之 助 著

私の学問遍歴

森 山 書 店

序

東京大学経済学部の古い研究棟に二人相部屋で一室を与えられ、特別研究生として私が会計学の研究をはじめたのは、昭和二十一年十月のことである。戦時中は学生の身分のまま海軍に入って軍務に服し、戦後復学して二度目の学生生活を終えた直後のことであった。当時、経済学部の教授陣には大幅な入れかわりがあり、人事については臨時の措置がとられたらしく、私は会計学の論文もなしに、上野道輔先生のご推挙だけで会計学専攻の特別研究生となったのであった。上野先生の授業には真面目に出席していたけれど、学問的関心は経済学の方にあったから、はじめ数カ月は、上野先生の期待に応えなければならないという気持と、経済学を勉強したいという気持との板ばさみになって、心の整理がつかずに思い悩んだものである。そうした迷いからいかに脱出したかについては、本文に詳しく記したとおりである。

会計学専攻について心の整理がついたあと、しばらくは独りで学説研究に専念していたが、昭和二十七年に大蔵省の企業会計審議会幹事となるにおよんで、私の研究環境は大きく変わることになった。私が所属した企業会計審議会の二つの部会すなわち、黒澤清先生を長とする第一部会と中西寅雄先生を長とする第四部会の各研究会は、それぞれ黒澤教室、中西教室とでも称すべきもので、私はそこで大いに揉まれ、鍛えられることになったのである。この二つの教室のおかげで、私の会計学研究ははじめて地に足のついたものとなった。とりわけ中西教室は、「原価計算」の講義を担当していた私にとって、制度としての原価計算を学習する上で頗る有益であったといわなければならない。

ところで、「原価計算」の講義を担当するうちに、私の関心はしだいに経済学的思考に基礎をおく制度外の特殊原価概念や特殊原価調査へと傾き、そこからさらに一歩を進めて資本予算へと研究領域を拡大させ、さらに資本予算が橋渡し役となって財務論を全面的に研究することになった。そうした研究内容の変化に歩調を合わせて、講義の担当も昭和四十年度からは、それまでの「原価計算」から「経営財務」へと移ることになったのである。

昭和四十年代は、あの激しい大学紛争がある一方管理職もやらなければならないという苦渋に満ちた時代だったが、学問的には、MM理論やポートフォリオ理論の理解に必要な経済学的基礎の習得に努めた大切な時期であった。そうした準備期間を経て私の財務論研究が本格的に軌道に乗るのは、昭和五十年代に入ってからである。なかでも、学部長の任期満了も間近い昭和五十一年夏に開始し、昭和五十九年春の定年退官まで八年近く続けた大学院の演習兼研究会は、当時としては現代財務論の研究教育の場としてほぼ理想に近かったのではあるまいか。当時のことはいま顧みても快い。あの学問的活気に満ちた研究集会からは、いま第一線で活躍する多くの優れた研究者が巣立っていったのである。

東大を離れたあとは青山学院大学で「国際財務論」を担当することになり、それまで殆ど勉強したことのない国際ファイナンスの研究に時間をかけることになった。国際ファイナンスには、国際資本予算のように理論研究の十分進んでいない領域や、オプション評価理論の理解を前提とする通貨オプションなど、研究意欲をそそる難問題が数多くある。私も、もう少し若ければ問題を掘り下げて論文の一つ二つも書くところだが、すでに東大時代の気力はなく、書かずじまいに終わってしまった。この時期の研究は、国際ファイナンスに関する限り、講義の準備という域を出ていない。

本書は、これまで素描した私の学問遍歴の跡を十章に分けて詳述したもので、同じ題名のもとに『會計』第一五七巻第四号（二〇〇〇年四月）から、第一六〇巻第三号（二〇〇一年九月）まで十八回にわたって連載した論稿に、加筆訂正を施して完成させたものである。第一章の1では執筆の動機や全体の概要が述べられているが、これは連載をはじめるに当っての「まえがき」で、本書の序文とすべきかとも考えたが、あえて本文の冒頭におくこととした。

十章のうち第三、第四、第五の三章は、その他の章とはいささか性格が異なり、戦後におけるわが国企業会計制度史にかかわる諸問題を、多くの信頼できる資料を使って明らかにしようとしている。各章とも調査には時間をかけたが、とりわけ「原価計算基準」を対象とする第五章には力を注いだ。この章では、作業開始から完成まで十二年もの歳月を要した「基準」の紆余曲折した制定過程を解き明かすとともに、これまでとかく誤解されがちだった「基準」の基本的性格を明らかにしている。

以上三章を除く他の諸章では、私の研究・教育の軌跡が概ね時系列的に明らかにされる。研究業績を示す上で重要な論文については、いま読みかえして未熟と思われる部分をも含めて、中心的箇所をなるべく長く引用して紹介するようにした。そのため、本書は私のごく要約された論文集という一面を持っているのである。

執筆に当たっては古い資料・記録を広く渉猟し、引用文には出典を明らかにするよう努めた。東大や青学の研究室から持ち帰った書籍の山がいまだに整理しきれていないので、必要文献を探し出すのに苦労することが多く、探すかわりに東大経済学部図書室まで出向いたこともしばしばであった。うろ覚えのことを無責任に書き流すことは厳に慎んだつもりである。

本書ではまた、学問遍歴の過程における研究環境や時代背景を明らかにすることに注意を払った。第二章3の「戦後初期の経済学部研究室」や、第八章10の「評議員と学部長」は、そうした意図のもとに執筆したものである。以上のほか、そのときどきのエピソードを挿入したことも、本書の特色といえるであろう。第四章2に登場するよつや旅館の合宿、あるいは第五章4に記した大阪や学士会館での起草作業のことなどはその例である。

執筆をおえて改めて思うことは、上野道輔先生の学恩の大きさである。先生はあれこれ指図はなさらなかったが、しかし無言のうちに学問する者のとるべき態度を教えて下さったのである。私は今日に至る長い学問遍歴の道すがら、つねに先生の無言の教えを守るよう努力してきたつもりである。

なお、学問遍歴以前のことなので本文には記述がないが、高校（七年制の旧制武蔵高等学校）在学中、大河内一男先生をご自宅に二、三度お尋ねして親しくご指導いただいたことを、ここに記しておきたい。高校生の身分で先生を訪問できたのは、当時先生は武蔵で非常勤講師として「経済」を教えておられたからである。先生はいつもいやな顔一つなさらず、私を書斉に招き入れてゆっくり話し相手をして下さった。私が経済学部商業学科を選んだのは、実は大河内先生のお勧めによるものであり、私が入試に合格したときには、先生は喜んで電話をかけて下さった。

終わりに、本書の出版ならびにそれに先立つ『會計』連載に当たってお世話下さった、森山書店の菅田直文氏と土屋貞敏氏に深く感謝の意を表したい。

平成十四年七月三十一日

諸井勝之助

目次

第一章　学問遍歴の概要と初期の時代

1　学問遍歴の概要

平成十一年（一九九九年）一月十二日、私は青山学院大学国際政治経済学部において担当科目「国際ファイナンス」の最終講義を行い、さらに同月十八日に大学院の最終講義（科目名は学部と同じ）を行ったあと、三月末日をもって同大学を定年（七十五歳）退職し、それまで半世紀以上続いた大学人の座からおりてフリーとなった。フリーになって授業やさまざまな会議から解放されてみると、これまで目前のことに忙殺されて断片的にしか思い出さなかった自分の学問遍歴の跡を、時系列的に整理して一望できるようになった。そして、記憶が薄れないうちにその遍歴の跡を記録にとどめておきたいと思うようになった。

学者は一般に自分の専攻する学問一筋に研鑽を続けるものであり、それがまた貴いと評価されるのが通常であるが、私の場合は例外で、会計学から出発して途中で財務論に専攻を変えており、二つの学問を遍歴しているのである。学問一筋の立場からすれば、私の研究態度には批判の余地があるかもしれないので、なぜ私が会計学から財務論へ移ったかその理由についてごく手短かに述べることにしたい。その理由の第一は、自分の問題意識に忠実に研究を続けてゆくうちいつしか会計学の領域を越えて財務論に入ることになったからであり、その理由の第二は、ちょうどその頃、東京大学経済学部のカリキュラムに「経営財務」が新設されてその担当者に私が指名されるとともに、それまで私の担当だった「原価計算」が「管理会計」と名称変更されたうえ、新任の津曲直躬助教授がその担当者に決定されたからである。

以上二つの理由が重なって、昭和四十年に私はまったく円滑に「経営財務」の担当者となり、自分の希望する経営財務研究に専念できるようになったのである。しかし、財務論に専攻を移したからといって、私の会計学への関心がなくなったわけではない。もともと財務論と会計学は隣接する学問分野であり、相互に影響しあっている。最近、会計制度が大きく変革され、財務論的思考が会計制度にしだいにとり入れられてきたが、そうなると私も、もう一度会計学を研究してみたいと思わざるをえなくなる。なぜなら、新しい会計学を理解することはそれ自体興味があるだけでなく、その理解なしには、新しい会計制度のもとで運営される企業財務の現実が分からなくなるからである。

一般論はこのくらいにして、次に私の学問遍歴をざっと概観することにしよう。

私の学問遍歴の第一は会計学である。この領域において比較的初期には主として財務会計を、また後期には主として原価計算を研究した。会計学研究と関連して重要なことは、大蔵省企業会計審議会のメンバーとして会計制度づくりに関与したことである。私は企業会計審議会第一部会に所属して、いわゆる連続意見書第三の「有形固定資産の減価償却について」の草案を起草し、また第四部会に所属して「原価計算基準」の制定に協力した。

中西寅雄第四部会長と鍋嶋達委員を中心に長期にわたって続けられた「原価計算基準」制定作業はきわめて密度の高いもので、私はその作業の一員であることを通じて、制度としての原価計算について実に多くのことを学ぶことができた。昭和四十年（一九六五年）に刊行した私の『原価計算講義』のうち制度としての原価計算に関する部分は、「基準」制定過程における学習に負うところが頗る大である。

原価計算の領域では私は早くから機会原価や特殊原価調査に関心をよせ、昭和三十年代後半には資本予算の研究に多くの時間をさいた。そうした研究成果は、「経営意思決定と増分分析」と題する『原価計算講義』の最終章に示されている。

私の学問遍歴の第二は財務論である。私が会計学から財務論へ移るさいに橋渡しの役割を果たしたのは、資本予算である。資本予算は、原価計算では特殊原価調査の一環として取り上げられるが、しかし将来のキャッシュ・フローを基本概念とする資本予算を原価計算の枠内にとどめておくことは、しょせん無理である。資本予算を意思決定会計の一領域と考えることも可能かと思うが、それよりもこれを、企業の財務的意思決定の分析を中心課題とする財務論上の問題として位置づける方がはるかに自然である。財務論では、資本予算は投資（証券投資を除く）の意思決定を扱う領域となり、そこにおいて将来のキャッシュ・フロー、それに伴うリスク、資本コスト等の諸概念を駆使して投資の意思決定が分析されるのである。このようなわけで、資本予算の研究を進めてゆくうちに、私はいつしか原価計算の枠をくぐり抜け、会計学の境界を越えて隣接する財務論へと研究の歩みを進めることになった。

財務論の研究を進める私の行く手には、モジリアーニ＝ミラーの理論とポートフォリオ理論という二つの険しい山が立ちはだかっていた。現代経済学に弱く確率論の素養に乏しい上に、五十の坂に差しかかろうとする私には、この二つのピークを踏破することは容易ではなかったが、独学に近い状態であえぎながらもなんとか二度の山越えをすることができた。今まではっきりしないで思い悩んでいた概念が、ふとしたきっかけでよく理解できるようになる、そうした苦しみと喜びを何度か味わいながら、現代財務論を代表する二つの理論を自分のものとすることができたのである。昭和五十四年(一九七九年)刊行の『経営財務講義』初版は、これら二つの理論と制度上の諸問題を中心にそれまでの研究成果をまとめたものである。

昭和五十九年(一九八四年)四月一日、私は東京大学を定年(六十歳)退官し、新潟大学経済学部に二年勤務したのち、昭和六十一年(一九八六年)から青山学院大学教授として国際政治経済学部の「国際ファイナンス」を講義することになった。これまで研究した財務論はすべて単一通貨を前提とするが、「国際ファイナンス」では複数通貨が前提となる。そのため、為替レートの理論をはじめ、為替リスクとそのヘッジ、国際ポートフォリオ、国際資本予算等について新たに研究する必要が生じ、財務論研究の範囲はさらに拡大することとなった。『経営財務講義』第2版(一九八九年)の第十二章は、そうした新しい研究成果を比較的早い段階でまとめたものである。

2　上野道輔先生との出会い

昭和二十一年（一九四六年）九月下旬に挙行された東京大学の卒業式の日、私はあらかじめ葉書でご指示のあったとおり、上野道輔先生を経済学部の研究室にお訪ねした。そして先生から、研究室に残って学問の道に進むようにとの懇篤なるおすすめを頂いた。当時、就職活動は卒業式後に開始されており、私も白紙に近い状態だったので、暫く考慮して先生のおすすめを謹んでお受けすることにした。こうして私の学問人生は、上野道輔先生の格別のおはからいによってはじまったのである。

私が上野先生の謦咳にはじめて接したのは、昭和十七年（一九四二年）十月、東京大学経済学部に入学して先生の授業にはじめて出席したときであった。その授業は「会計学第一部」であったと思うが、ことによると先生の「外国書講読第一部」だったかもしれない。「会計学第一部」は一年生の必修科目で、テキストは先生の『新稿簿記原理』（一九三六年）であった。また「外国書講読第一部」も一年生の必修で、学部の教授、助教授全員が担当し、担当者の数だけクラスがあった。どの先生のクラスに所属するかは名簿順に事務的に決められ、学生の選択の余地はない。私はまったく偶然に、上野先生のクラスに割り当てられたのである。先生のクラスのテキストはH. C. Greer, *How to Understand Accounting*, 1928であった。はじめのうち、会計の単語が分からないで苦労した記憶がある。

二年生になってからは、準必修科目とされた先生の「会計学第二部」を履習した。テキストは先生の『新稿貸借対照表論、上巻』（一九四二年）である。その試験があって数カ月後の昭和十九年（一九四四年）九月、私は学生の身分のまま築地の海軍経理学校に入校し、主計短現（正式には海軍主計科短期現役）として一年あまり軍務に服したのち、翌年十一月に復学した。

海軍経理学校は、なまくらな学生を海軍軍人に鍛え直すためのまことに荒々しい別世界で、そこで過ごした半年は、これまでに経験したことのない苛酷な日々の連続だった。そこでは「金銭経理」とか「物品会計」といった座学もあったが、重点はあくまでも短艇（カッター）とか駆け足、陸戦といった実技におかれていた。激しい空腹と寒さに苦しめられながら、六カ月の猛訓練に何とか耐えて、昭和二十年（一九四五年）四月一日、私はそこを卒業し、呉海軍施設部の出先機関である宮崎地方施設事務所に派遣され、そこで敗戦を迎えることになった。そして、敗戦後暫くのあいだ残務整理に従事したのち、復員、復学したのである。

さて、こうして軍務をおえて東大に戻ってみると、経済学部の教授陣には大きな変動があったが、上野先生はこれまでどおり教授の座を守っておられ、めずらしく「会計学第三部」を開講しておられた。友人にそのことを教えられた私は、さっそくその授業を選択することにした。（当時は、すべての科目が選択科目とされた。）「会計学第三部」の内容は原価計算ないし工業会計であるが、この分野の先生の著書はないので、授業はもっぱら口述筆記であった。試験は翌年の九月上旬に行われたと思う。

いま考えると、この「会計学第三部」は先生と私を結びつける運命的なきずなであった。というのは、先生は私の試験答案を見て私のことを思い出され、答案用紙に記載することになっていた住所をたよりに私の浦和の仮り住まいに葉書をよこされたに相違ないからである。もし「会計学第三部」の授業をうけなかったら、私のその後の人生はまったく違ったものとなっていたはずである。

3　特別研究生の時代

上野道輔先生のご推薦により、昭和二十一年（一九四六年）十月に私は東京大学経済学部の特別研究生に採用された。採用に当たって論文提出を求められたが、私にはまだ会計学の論文はない。やむをえず、復学後参加した矢内原忠雄先生の演習のレポート「アダム・スミスの価値論」と、これも復学後受講した大河内一男先生の「経済学史」のレポート「ケネーの再生産表」とを併わせて提出したのであった。なお、学部では二年先輩の館龍一郎教授が私と同時に特別研究生に採用された。

特別研究生（特研生と略称）は戦時中に創設され、戦後も暫く存続した制度で、昭和十八年採用の第一期生には兵役免除というたいへんな特典がついていた。しかし戦時下の特研生採用は一回限りで、第二期生からは戦後の採用となる。私たちはその第二期の特研生であった。特研生は身分は学生で学割りが使えたが、毎月助手なみの手当が支給された。もっとも、インフレが進行しても手当はなかなか増額されず、文部省や大蔵省に特研生仲間数人と陳情に出かけたこともある。

特別研究生になると研究室を与えられる。私に割り当てられたのは経済学部研究棟一階の南向きの広い部屋で、年輩の副手と相部屋であった。由緒ある建物の中に研究室を与えられるのだからずいぶん分晴れがましいことだが、その部屋は戦時中宿直員が寝泊りしていたとかで、壁や天井はひどく煤けており、床はコンクリートがむき出し、窓ガラスは一部割れたままという荒れようだった。しかし一歩学外に出れば至るところ焼け跡で、壕舎生活を余儀なくされている人も多い時代だから、もちろん文句はいえない。窓ガラスの割れた箇所をボール紙でふさぎ、図書室から本を借り出して書架に並べてみると、少しは研究室らしくなった。

特研生になってはじめて私は上野先生の演習に出席した。演習は先生の研究室で行われ、四、五人の演習生（江村稔教授もその一人であった）とともにハットフィールドやスウィーニーを読んだ。そのほか先生の特別のご配慮により、ドイツ語特訓として先生と差し向かいでメレロヴィッツを読んだ。

こうして私の会計学研究はスタートを切ったのだが、その道程は必ずしも順調でなく、はじめのうちは迷い悩むことが多かった。なによりつらかったのは、いくら本を読んでも研究に対する情熱がわいて来ないことであった。その上、当時の経済学部研究室には、共に論ずべき同学の若手が誰もいなかったのである。こうした苦しい状況に転機をもたらしたのは、中西寅雄著『経営費用論』（千倉書房、一九三六年）である。この書物にめぐり会ったときの喜びを私は別の機会に記しているので、それを引用することにしたい。

中西寅雄という偉い先生の存在をはじめて知ったのは、戦後間もなく私が東大経済学部研究室に残り、神田の焼け跡に出来たバラックの古本屋で求めた先生の『経営費用論』を熱心に読みはじめたときである。当時、私はひどく意気消沈していた。上野道輔先生のおすすめで会計学を専攻すべく研究室に残ったものの、どうも勉強に情熱がわかない。しかも、当時の研究室には会計学、経営学を専攻する若い研究者（助手、特研生）は私を除くとだれもいない。たった一人で会計学の書物をひもといても、砂漠を一人で旅するようで心細いことこの上ない。そんな気分でいるとき、はからずも中西先生の『経営費用論』にめぐりあって、私は本当にオアシスに辿りついた旅人のような気がしたのである。各頁の一行一行が乾いたのどを快く潤してくれるように思え、最後までむさぼるように読みふけった。そして、身内に研究への強い情熱がわきおこって来るのを感じた(1)。

学者にとって大切なことは、学問への情熱を失わないことである。『経営費用論』は、失いかけていた私の学問への情熱を蘇らせ、再び元気に学問にたち向う気力を与えてくれた忘れることのできない本である。

（1）『寅の巻』第七巻、一九八七年、一三ページ。（『寅の巻』とは、慶應義塾大学における中西寅雄先生のゼミナール「小寅会」の機関誌である。）

4　田中学説批判

特別研究生時代、『経営費用論』とは別の意味で私の研究意欲を奮いたたせたのは、田中耕太郎著『貸借対照表法の論理』（有斐閣、一九四四年）である。

昭和二十二年の夏休み前のことだと思う。機関誌『経済学論集』の編集委員の先生から、書評を書くようにとの指示をうけた。自分の書いたものが伝統ある『経済学論集』に載るというので大いに緊張し、あれこれ熟慮の末、当時読みかけていた田中博士の本を対象に選んで、夏休み一杯かけてその書評を書き上げたのであった。この書評は、「田中耕太郎博士『貸借対照表法の論理』」の題名で『経済学論集』第一六巻、二・三号（一九四七年）に掲載された。とにかく全力を傾注して執筆しただけに、自分の特研生時代を締めくくる懐かしい論文である。

内容について述べると、はじめに著書全体を章を追って紹介したあと、貸借対照表技術と貸借対照表法との関係にかんする田中博士の理論について、疑問と思う点を次のように披歴するのである。なお、この書評の執筆者名は旧姓の永田となっている。

貸借対照表が技術であること、またその故に技術としての諸制約を被ることは異論のないところであろう。しかし貸借対照表技術は何よりもまず資本主義経済の技術であり、その限りにおいてそれが直接従属するものは法ではなくして経済である。資本主義経済は絶えざる発展をその生命とする。それ故資本主義経済の技術たる貸借対照表は、経済社会の不断の進展に呼応して変化するものであり、固定的なものではない。これに反して法は秩序の維持を重んずるものであり、静止的・固定的性格を持つ。このことはわけても実定法について妥当するであろう。法はそれ自体変動の要素を含まぬ。

短期的・静態的に観察する時には技術と法との関係は前者は後者によって一定の枠を与えられ、その枠内では自由に動きうるがその枠を破ることは絶対に許されないという関係、即ち技術は一方的に法に従属するという関係となる。田中博士の理論がかかる観点から展開せられたものであることは申すまでもない。

しかし一度び長期的・動態的観点に立つ時には、両者の関係は必ずしもかくの如く一義的に断定することは出来ないように思う。資本主義経済社会の変動が量の域を超えて質にまで及ぶときには、技術も質的変化をとげるものである。むしろ経済の変動の前提として技術の進歩があると云うべきであろう。かかる場合技術は法の枠からはみ出しがちであるが、その際においても法は一方的に技術を抑圧するであろうか。現実の示すところは多くの場合その逆で、法が技術の変化に順応して変化するという事態である。それは技術が法を直接動かすとは云えないまでも、経済社会の変動を媒介として技術が間接に法を動かすと云いうるのではなかろうか(1)。

最近における高度情報通信技術の発展と金融新商品技術の普及が、経済を動かし法を動かしつつある現状を考えるとき、右に引用した議論は、現実によく適合していると評さなければならないであろう。

私の田中学説批判にはもう一つの論点がある。それは、技術的規範は法的規範に従属するが故に会計学は法律学に従属するという田中博士の主張に対する批判である。この田中学説に対する私の批判も、「書評」から直接引用して紹介することにしたい。

田中博士の見解には二つの前提がある。即ち会計学は貸借対照表の技術（会計技術一般を含めて）そのものであり、法は法律学そのものであるという二つである。法即ち法律学ということが云えるか否かは問わぬとしても、貸借対照表技術即ち会計学という定義は絶対に許されない。何故ならば、貸借対照表技術がそれ自体として前法理的な材料に過ぎないのと全く同様に、この技術はそれ自体としては前会計学的な材料以上のものではないからである。貸借対照表の技術さらには会計技術一般は会計学の認識対象であり、会計学はその認識主体であって、認識主体と認識対象との混同が許されないように両者の混同は許されない。即ち会計技術がそのまま会計学の認識内容・理論内容を形成するのではなくて、かかる技術が一定の認識方法の操作を経て科学的に分析せられ、かくして得られた結論が会計学の理論内容となるのである。この際その結論が技術への応用に役立つとしても、それが学問の性格にまで影響することはない(2)。

学問の性格を論ずる学問論は今ではあまりはやらないが、かつては大いに学界を賑わせた重要論題であった。まだ若い（二十三歳）当時の私にとって、自分の研究する学問が他の学問に従属すると断定されることは、承認し難いことだったのである。

（1）「田中耕太郎博士『貸借対照表法の論理』」『経済学論集』第一六巻、二・三号、一九四七年、七八―七九頁。

（2）前掲論文、八〇頁。

5　上野先生の定年退官

上野道輔先生が東京大学を定年退官されたのは、昭和二十四年（一九四九年）三月末日のことである。それに先立つ二月十五日に先生の告別講義が行われ、講義後すでに助手になっていた私が、教壇の下から先生を見上げる形で「上野先生を送る」言葉を申し上げたのであった。

東大の経済学部研究室で私が先生とご一緒できたのは、二年半たらずである。そのうち最初の一年間は特別研究生としていろいろご指導いただいたが、一年後に助手になってからはこれといってご指導をうけた記憶がない。その理由を考えてみると、先生はその頃急速にはじまったわが国企業会計制度改革運動の中心人物として、にわかに多忙になられたからである。昭和二十三年（一九四八年）五月十四日、先生は自ら議長としてまとめられた会計基準及び教育会議の決議書を時の首相芦田均に手渡される。その翌日には、日本会計研究学会の公開講演会に臨んで「我国経済再建に於ける会計学の意義」と題する講演を行われる。そして、同年七月十六日には企業会計制度対策調査会（のちに企業会計審議会）の初会合において先生は委員長に選出される。こうして委員長に選出されれば、それからあとその職務に忙殺されるのは当然で、若手をゆっくり指導する時間的、精神的余裕は先生には残されていなかったと思われる。

先生は、若手の研究の邪魔にならないよう特別の気遣いをされたようである。私の助手時代、ある大学が私を会計学の非常勤講師に呼ぶために上野先生の許可を求めたところ、先生は、「まだ修業中の身だから」といってその申し出を断わられたそうである。この話はだいぶ後になって相手大学の教授からうかがった。先生は、ご自分の仕事のために助手を手伝わせるということを一切なさらなかった。これも、修業の妨げになると考えられたからであろう。

ところで、上野先生は二人の助手（私と江村稔教授）を残して、東大の教壇を去られたのであるが、先生はわれわれ以外に弟子を養成されなかったわけではない。詳しいことはよく分からないが、戦前のある時期、上野先生は木村和三郎教授を東大に招聘しようとして果たされなかったと側聞している。それはともかく、木村和三郎教授は上野先生を師と仰いでおられた。このことは、木村和三郎著『原価計算論研究』（日本評論社、一九四三年）の序言に、「専攻学科につき多年指導を賜りつつある東京帝国大学教授上野道輔先生……の学恩を改めて玆に記する」とあることから明らかである。

私の助手時代のある日、木村教授は突然私の研究室のドアを叩かれ、「これから上野先生をお尋ねするので、その前にちょっと寄りました」といって暫く私と話をされたことがある。おそらく、先生との約束の時間まで少し間があったのであろう。そのとき、「十年は辛抱して勉強しなさい」といわれた教授の言葉が、いまなお鮮やかに思い出されるのである。

6　上野先生の学問

上野道輔先生の学問的業績は数冊の著書に結実しているが、それらを大別すると簿記理論に関するものと、貸借対照表論に関するものとに二分される。簿記については、『新稿簿記原理』（有斐閣、一九三六年）と論文集形式の『簿記理論の研究』（有斐閣、一九三二年）が重要である。このうち前者では、ヒューグリー＝シェヤーの資本方程式を基本とする物的二勘定系統説に立脚した簿記理論が詳しく展開されるとともに、帳簿組織論のような簿記技術論についても周到な考察が加えられる。後者すなわち『簿記理論の研究』では、十二の論文が一論文を一つの章として収録されている。それらのなかでは、資本とは自己資本のみであるとする立場から、負債を他人資本とするニックリッシュを批判した第六章および、「ペイトン教授の損益勘定理論」と題する第十章が注目されよう。なお、ペイトン理論のテキストとして主として取り上げられているのは、

W. A. Paton, *Accounting Theory with Special Reference to the Corporate Enterprise,* Ronald Press 1922[1]

である。

貸借対照表論における先生の研究成果は、最終的には未完成ながら『新稿貸借対照表論、上巻』（有斐閣、一九四二年）としてまとめられている。本書の第三章において先生がシュマーレンバッハの動的貸借対照表論をとりあげ、これを詳しく紹介したうえで理を尽くした批判を加えておられることは注目に値する。本書を執筆するに当たって私はこの部分（五五〜七一頁）を読み直してみたが、先生の議論の進め方は周到かつ説得的で、感動的ですらあった。シュマーレンバッハを批判したという理由で、上野先生を静的貸借対照表論者だと評する向きもあるよ

うだが、それは全くの誤りである。先生の批判の立場はドイツ流の観念的な「べし、べからず」論ではなく、事実認識を重視する英米的思考といってよいのである。先生はいう。英米では「ドイツにおけるが如き学説上の論争なく、理論闘争」もないが、「しかも貸借対照表の全体的理解については、却って英米会計学に一日の長たる優越を認めなければならないであろう(2)」と。

ところで、『新稿貸借対照表論、上巻』の最大の特色は、その後半の大部分を占めるドイツの貸借対照表価値学説史にある。これは、一八六一年制定の普通ドイツ商法における貸借対照表評価の一般原則の解釈に端を発する学術論争の歴史にほかならない。学説史を展開するに当たって、先生はまずオスバールの著書によって価値学説の類型を整理し、第十章ではシェフラー、ヘルマン・ジモンおよびレームを、第十一章ではルドルフ・フィッシャーおよびゲルストナーを、また第十二章ではイルマリ・コヴェロをとりあげ、詳細な紹介と分析を行っているのである。これら諸学説のうち先生が特に重要視しておられるのは、ジモン、フィッシャーおよびコヴェロであるが、それではこの三人の学説のうちいずれを正しいものとしておられるのかは、必ずしも明らかでない。この点に関しては、木村重義教授の次の所説が参考になるであろう。

「それにしても、知りたいと思う上野先生ご自身の説がどのようなものであるかは七つの封印にかくされている。しかし、上野先生の考え方がまったく推測できないことはないと思う。……ジモンの説に関しては、企業財産に取引財産と使用財産との基本的区分を認めることから、財産の価値や評価においてこの区別が意味を有することについては当然であると考えていられると推測される。また、貸借対照表が簿記の決算残高勘定と連続のものであることも、先生の考えに一致するであろう。この点からみると、……コヴェロの統一的再取得原価説は先生の思考方式にはあまり合致しないのではなかろうか。……しかし、コヴェロの再取得原価説を先生があえてとりあげ、詳述しておられることについては、種々の学説にひろく耳をかそうという考えに出たというにとどまらず、やはり学界の趨勢への洞察にもよるのではなかろうか。コヴェロ説は、いわゆる原価主義会計に対する時価主義会計に属する学説であるが、最近、原価主義を再検討して、その結果、時価主義を提案するものとも解される動向がたしかに存する(3)。」

上野先生は、『新稿貸借対照表論、上巻』に続くべきその『下巻』をついに刊行されなかった。しかし、大正末期に出版された『貸借対照表論、下巻』（有斐閣、一九二五年）は、新稿の『下巻』に盛られるべき内容を知るための手がかりとなるべきものである。

上野先生の著作にはドイツの学界への強い関心が示さていることはこれまで見たとおりであるが、しかし反面、さきの引用からもうかがえるように、先生は英米の会計学をたいへん重視しておられた。このことは、「会計学第二部緒論―会計学の性格について―」と題する戦後の論文において明快に表明されるところである。この論文はあまり知られていないと思うので、その要点を引用することにしたい。

「会計学が一個の学術としてその成立を認められるに至ったのは、極めて最近のことであって、大体において、会計学は二十世紀の学問であるといって差支えない。而してその生誕の地は英国であり、その成長発達の地は米国であるといって大過ないであろう。すなわち会計学は、その本流について言えば、英米の学問であると言いうる。但し、……これは……一個独自の学問体系としての会計学を前提とした理解である。内容・実質において同一の事象を学術的研究の対象として研究し、それが異なれる名称において、異なれる経路をたどって発達して来たところの、ドイツ系統における簿記学ならびに貸借対照表論の厳然たる存在を、この関係において度外視することは出来ない。それは……恰も英米会計学に対して対蹠的な特殊性を有する点において、いやしくも会計学を理論的に学ばんとする者により、その正当なる地位と価値とを認識されなければならない存在である(4)。」

「優良な条件のもとにおいて、英国にその生誕を見た近世会計学は、さらに大西洋を越えて米国に渡り、そこに又より以上の優良にして豊饒なしかも極めて広大なる発展の天地を見出した。米国は会計学の第二の故郷である、というよりもむしろ、米国こそ会計学の故郷であり、会計学は米国の学問であるといっても、決して大過ないといい得るであろう(5)。」

「会計学は米国の学問である」とする上野先生の主張には、将来に対する深い洞察がこめられているように思われる。

ところで、米国の会計学者のなかで先生が最も重要視されたのはヘンリー・R・ハットフィールドであった。先生は彼の著書すなわち

Henry R. Hatfield, *Modern Accounting, Its Principles and Some of Its Problems*, 1909

について次のように述べておられる。

「この『近世会計学』は実にその後におけるアメリカ会計学を支配するに至ったものであっ

て、この著書はアメリカ会計学の独立を宣言したものであるばかりでなく、アメリカ会計学ひいては一般的に会計学の如何なるものであるかを明確に決定したものであると言わなければならない(6)。」

戦後発表された上野先生のいま一つの重要な論文は、「米国に於ける会計諸原則の標準化(7)」である。これは、有名なサンダーズ、ハットフィールド、ムーアの『会計諸原則の表明』（一九三八年）の詳細な紹介論文であって、その執筆時期は、先生が企業会計制度対策調査会の会長（はじめは委員長）として「企業会計原則」の制定を手がけておられた時期と、ほぼ一致すると考えられる。

（1）上野先生の没後、私は奥さまから先生所蔵のこの本をお形見に頂いた。なかを開くと、書きこみやアンダーラインが随所に見られ、先生の精読ぶりがうかがえる。
（2）上野道輔『新稿貸借対照表論、上巻』七八頁。
（3）木村重義「上野会計学の基本構造」『経済学論集』第二八巻第四号、一九六三年三月、十二〜十三頁。
（4）上野道輔「会計学第二部緒論―会計学の性格について―」『経済学論集』第十五巻第六号、一九四六年十二月、四頁。
（5）前掲論文、十一頁。

（6） 前掲論文、十三頁。

（7） 上野道輔「米国に於ける会計諸原則の標準化」、東京大学経済学部創立三十周年記念論文集、第四部『アメリカに於ける経営学と会計学』有斐閣、一九四九年、三〜四三頁。

第二章　助教授昇任前後

1　「ゲルトマッヘルの評価論」

昭和二十二年（一九四七年）十月、特別研究生を中退して助手になった私は、それから助教授に昇任するまでの二年四カ月のあいだに、当時日本で急激に進行しつつあったインフレーションに触発されて、インフレーション会計に関する論文を二つ執筆した。その一つは「ゲルトマッヘルの評価論」、いま一つは「スウィーニーの資本維持説と損益計算論」である。

さて、「ゲルトマッヘルの評価論」はゲルトマッヘルの諸著作のうち特に『経済不安と貸借対照表』（一九二三年(1)）に示された彼の評価論を詳しく紹介し、若干の論評を加えたものである。以下私の論文を引用しながら、ゲルトマッヘルの評価論がどのようなものかを紹介することにしよう。この論文の執筆者名は旧姓の永田である。

『経済不安と貸借対照表』におけるゲルトマッヘルの出発点は、いうまでもなく、当時彼の眼前に刻々と進行しつつあった底知れぬインフレーションと、そのために生じた企業会計の機能停止という切実な社会問題にあった。彼によれば、経済の動揺が会計機能を麻痺せしめるのは、会計上の古い慣習が当時なお遵奉されていたからである。曰く、「驚くべく根深い慣習は、商人や工業家をして危険の接近を十分認識せしめず、彼等を目的に反した方策へと導いてゆく」と。彼はそれと明言せぬけれども、ここで危険とは、企業の実体即ち実体資本の縮小を指すものと思われる。かくて、かかる危険を除去し、会計の機能を回復せしめるために何よりも必要とされたことは、従来の因襲にとらわれることなく自由に会計の本質を批判分析し、会計と価格現象との関係を深く吟味することであった。彼の研究は、概ねかくの如き視角から行われたものである。

ゲルトマッヘルの理論は、共同経済の一機関としての企業を中心に組み立てられる。……企業は一の有機体であるが故に不断の運動状態にあり、又かかる運動は相互に対立し依存し合う二つの流れ、即ち経済的力の流出及び流入となって現れる。この力の流出が費用であり、力の流入が収益である。これら両者の差額は損益となって示されるが、……かく損益計算をなすに当って最も大切なことは、収益と費用とが互に相殺しあう一の補償線（Kompensationslinie）を確認することである。即ち企業にとっては、いか程の利益が得られたかということよりも、そもそも収益が費用を償い得たか否か、ということの方がより大なる重要性を持つのである。……企業そのものにとって最も本源的なる要求は、力の流出をその流入によってまず補償するということでなければならぬ。かくしてのち始めて企業は、健康体として生きながらえ得るのであり、又それに依拠して生活する一団の人々を扶養しうるのである。……。

かくみ来たれば、企業会計の在り方に関する彼の見解はもはや自ずと明らかである。即ち企業会計の中心は損益計算であり、又あらゆる損益計算の本質は、計算の二要素たる費用と収益とを正確かつ完全に把握し、両者を相互に比較することに存するのである(2)。

ゲルトマッヘルが損益計算を重視し、収益と費用の正確かつ完全な把握を課題としていることは、右の引用から明らかなとおりである。それでは、具体的に収益、費用をどのように評価すればよいのであろうか。ゲルトマッヘルは収益と利益の評価にも触れているが、議論の中心は当然のことながら費用におかれている。費用の評価を論ずるに当たり、彼は費用を三種の費用財の費用すなわち、流動資産の費用（たとえば材料費）、固定資産の費用（たとえば減価償却費）、および支払要具の費用（たとえば労務費）に分けている。

以上三種の費用財に関する彼の見解を要約すればこうである。即ち流動資産及び固定資産の費用は、理論的にはそれら費用財の現実の再調達価格によって評価されねばならぬが、実際的には計算日の時価をもって評価基準と定めることが便利である。現実の再調達価格と計算日の時価とは必ずしも一致するものではなく、特に固定資産の場合には両者は著しく相違する可能性があるが、これは止むを得ないことである。次に支払要具（貨幣的財）の費用に対する評価基準は、その支出によって満たされたところの経営技術的要求を再充足するのに必要な価格に求められる。しかし実際上は、経営経済的指数によって再評価するという便法をとるのがよい(3)。

最後に、貸借対照表資産項目の評価に関するゲルトマッヘルの見解が考察される。

貸借対照表資産項目—彼の表現を以てすれば経営内に存続する諸財、或は未だ費消されざるもの—に関しては、ゲルトマッヘルは外部における時価の影響を原則として無視する。かかる態度は、彼がシュマーレンバッハの動的貸借対照表観をそのまま踏襲し、貸借対照表をもって企業の価値を表現するものではなく、単に損益計算のための手段に過ぎぬとなすのに原因する。即ち、彼も亦他の動的論者と等しく貸借対照表価値論を否定する一人である。

ゲルトマッヘルによれば、経営内に残存する未費消の財貨は、それが費消されない限り何年でもその歴史的仕入原価のままで放置さるべきものである。従って貸借対照表資産価格の総計は、過去の種々なる時点における仕入価格の総計以上のものではなく、又かくの如き諸価格の時間的不一致を統一的に評価日現在の時価で修正することは許されない。——中略——

既に明らかな如く、ゲルトマッヘルは時価による資産の再評価を原則的に拒否するが、唯純粋に投機を目的として所有されている財貨に限り、例外的に時価評価を認める。曰く、「かかる財貨に対してだけは、年度決算時において市場価格（時価）がとられねばならない。而してこの時価は、歴史的仕入価格との関係において増価ないし減価を生み、収益ないし費用として会計帳簿に記録されるのである」と(4)。

以上に紹介した「ゲルトマッヘルの評価論」と題する私の論文は、日本会計学会編『財務諸表論』(森山書店、一九五〇年)に発表されたものである。この書物は姉妹篇の『財務監査論』とあわせて、明治二十一年十一月二十一日生れの上野道輔先生と、明治二十二年五月八日生れの太田哲三先生のお二人の還暦記念論集として昭和二十五年(一九五〇年)に刊行されたもので、寄稿者は『財務諸表論』が黒澤清教授以下二十五名、『財務監査論』が岩田巖教授以下十四名であり、私は全寄稿者の中で最年少であった。

すでに明らかなように、ゲルトマッヘルはシュマーレンバッハの動的貸借対照表観にもとづき貸借対照表における資産の再評価を原則として認めない立場をとるのであるが、これは問題といわなければならない。シュマーレンバッハは貸借対照表は損益計算の手段であって、企業の価値を表示しないという。たしかに厳密な財務論的意味での企業価値は表示しないであろう。しかし貸借対照表は、上野先生のいわれるように、「ある一定の意義における企業の財産状態を表示するもの(5)」である。そうであるからこそ、たとえばＲＯＡとかＲＯＥといった指標が意味をもち、広く使われるのである。そうした現実を考慮するとき、資産再評価は意味があり、とりわけインフレーション時には重要であるといわなければならない。

（1） Erwin Geldmacher, *Wirtschaftsunruhe und Bilanz*, I. Teil, *Grundlagen und Technik der bilanzmässigen Erfolgsrechnung*, 1923.
（2） 「ゲルトマッヘルの評価論」、『財務諸表論』日本会計学会、一九五〇年、三三〇〜三三一頁。
（3） 前掲論文、三四〇頁。
（4） 前掲論文、三四一〜三四三頁。
（5） 上野道輔『新稿貸借対照表論、上巻』七一頁。

2 「スウィーニーの資本維持説と損益計算論」

私が助手時代に書いた第二の論文「スウィーニーの資本維持説と損益計算論」は、アメリカの特異な会計学者、ヘンリー・W・スウィーニー（Henry W. Sweeney）の学説を紹介し論評したものである。スウィーニーを選んだのは、そのテーマがインフレーション会計であるということのほかに、特研生時代に上野先生の演習に出席してその主著の一部を読んでいたからである。しかも都合のよいことに、私は研究室に残ったとき親類からこの本を贈られていたのである。

　助手になって二度目の夏休みに入る前のことだと思う。当時の経済学部長の矢内原忠雄先生から呼び出しをうけ、秋になったら論文を提出するようにと申し渡されたのであった。そこで論文のテーマについてあれこれ思案し、はじめはゲルトマッヘルとスウィーニーの双方をとり上げ、インフレーション会計における独米二つの流派を対比して論ずるというやや壮大な計画を立てた。しかし力量不足、時間不足でこの計画は実現できず、けっきょくゲルトマッヘルは別論文とし、スウィーニーだけを対象に論文を仕上げざるを得ないことになったのである。この論文は私としては比較的長く、『経済学論集』に二回(1)にわたって掲載された。

　スウィーニーには主著のほかに多くの論文がある。以下年代順に列記するスウィーニーの著作目録のうち1から6までは論文、7が主著である。

1. "Effects of Inflation on German Accounting", *Journal of Accountancy*, March, 1927.
2. "Maintenance of Capital", *Accounting Revicew*, Dec. 1930.
3. "Stabilized Depreciation", *Accounting Review*, Sept. 1931.
4. "Stabilized Appreciation", *Accounting Review*, June 1932.

5. "Capital", *Accounting Review*, Sept. 1933.
6. "Income", *Accounting Review*, Dec. 1933.
7. *Stabilized Accounting*, Harper, 1936.

さて、スウィーニーの所説を私の論文を通してみることにしよう。

> 資本維持の方法には名目資本維持と実体資本維持との二種類がある。しかしスウィーニーはこれらのいずれにも満足し得ず、第三の資本維持方法として新たに購買力資本維持説を主張する。これは、真正資本即ち原始投下貨幣量の一般的購買力を基準として資本を維持し、その上で利益の算出を行う資本維持の立場である。而してそのための計算手続としては、貨幣価値の逆数値としての一般物価指数を利用することによって、資本原価（名目資本）を現在時における貨幣価値の等価に換算し、しかるのち損益計算を行うという方法をとる。——中略——
>
> ところで、彼によればこの資本維持説の正当性を決定するものは、それが経済活動の根本的動機を正しく認識しているという一点にかかる。それでは経済活動の根本的動機とは何

2 「スウィーニーの資本維持説と損益計算論」

か。彼の見解に従えば経済活動の根本的動機ないし究極的目的とは、あらゆる種類の財貨及び用役つまり商品一般に対して可及的に大なる支配力（あるいは購買可能性）を獲得することである。即ち、資本家であれ労働者であれ職業階級の別なくすべての人が経済活動に精出すのは、各自の経済的支配力（一般的商品購買能力）を少しでも拡張したいがためである。……曰く。「資本の所持如何に拘わらず、人々はあらゆる種類の稀少なる経済的財貨及び用役をより多量に獲得しようとしてビジネスに就くのであるから、彼等の会計の根本的目的は原則として、一定期間の後に彼等の目標が実現されたか否かをたしかめることにあるべきである。一般的購買力即ち資本が投下されたならば、会計はかかる力が維持されているか否か、又次にはもしあるならばいか程の利益が実現されたのかを決定し得ねばならない。しかしこれら諸原則・諸任務を果すためには、会計は資本を一般的購買力によって測定せねばならず、また真正資本を基礎とした上で、資本と利益とを区別せねばならない(2)。」

スウィーニーの右のような主張に対する私の論評は、以下のようである。

経済活動の動機を人間一般のいわば一般的購買力拡張欲に求めるスウィーニーの見解は、彼の会計理論をはっきり特徴づける重要な方法論上の仮説である。……営利活動を貨幣―商品―より大なる貨幣としてではなく、一般的購買力―商品―より大なる一般的購買力として定式化することは、それ自身何等の誤謬を含むものではない。それどころか、通貨が不換紙幣でありしかも通貨膨脹の趨勢にある時には、人々は今更の如く貨幣が自己目的物ではなく単に物財購入の手段に過ぎないことを悟るのであるから、スウィーニーの見解はむしろ卓見というべきなのであろう。がしかしそれにも拘らず、彼の如くに経済活動の根本的動機に関する仮説的一命題からして、会計目標の所在及び会計技術の在り方を演繹的に導出しようとするゆき方に対しては、筆者は大なる疑問を抱かざるを得ない。何故ならば、経済活動の根本的動機とか究極的目的とかを最初から余りにも強調してこれを理論の出発点におく時には、本来会計の主体たるべき企業までが営利のための一時的投機的手段と化し去って、会計の主体が個々の人間に還元されてしまうからである。……その結果、恒久的・継続的施設としての近代的企業の諸性格は悉く見失われることとなり、更に企業会計なるが故に生ずる近代会計の諸特質も概ね不分明とならざるを得ない。それであるから、例えば会計学上の通念である「継続企業の原則」にしても、彼の如き理論体系のうちにはその存在場所が与えられ得ぬであろうし、また保守主義の慣行にしても、継続企業の前提を無視してはかかる慣行を必然ならしむる原因の理解は不可能となるであろう(3)。

スウィーニー理論の大前提に対する批判はこれくらいにとどめ、理論の応用面である彼の損益計算論に移ることにしよう。スウィーニーの損益計算論は、彼の特異な購買力資本維持説を反映して甚だ個性的である。

彼に従えば、会計上の諸価値項目は……二種類に分類せられる。その第一は貨幣価値項目と呼ばれ、その第二は実質的価値項目と呼ばれる。前者即ち貨幣価値項目は、現金・受取勘定・受取手形……の如き貨幣価値資産項目や、支払勘定・支払手形……の如き貨幣価値負債項目等がそれである。かかる貨幣価値項目は、それが記帳された以後の期間において一般的貨幣価値（貨幣の一般的購買力）に変動が生ずるならば、それに応じて利益又は損失を生むものである。かかる損益は、「一般的貨幣価値の変動による損益」と呼ばれる。

後者即ち実質的価値項目は、……商品・機械・建物・土地又は普通株の如き諸資産等―彼はこれを実質的価値資産と呼ぶ―がそれである。かかる実質的価値項目は、それが購入せられた以後の期間において当該項目の個別価格に変動が生ずるならば、従って又かかる個別価格によって測定されるべき特殊的貨幣価値（貨幣の特殊的購買力）に変動が生ずるならば、それに応じて利益又は損失を生むものである。この場合、貨幣の特殊的価値の変動とその一般的価値の変動との双方が比較秤量され、その上で損益が決定されねばならない。……かくの如き損益は、「特殊的貨幣価値の変動による損益」と呼ばれ、又かかる性質をもつ利潤は特に増価、より正しくは安定増価（stabilized appreciation）と呼称せられる。

それでは、かかる貨幣価値の変動に由来する損益は具体的にいかなる手続によって計算せられるのか。これに対する解答の順序としてまず第一に、「一般的貨幣価値の変動による損益」の計算方法に関して、彼の掲げる仮説例を中心に説明を進めてゆきたいと思う。いま仮に、ある年の一月一日に株式資本金一、〇〇〇ドルをもってA株式会社が設立されたとしよう。A会社はこの資本をもって、設立と同時に市価一、〇〇〇ドルの固定資産を購入して営業を開始した。なおこの固定資産の耐用命数は二年であったとする。つまりその価値は同年度中においては二分の一だけ減価するわけである。さらに、A会社の同年度中の企業活動による総売上高は現金三、〇〇〇ドルであり、この金額は同年を通じて平均的に流入したものと仮定し、又それに対応さるべき費用は前記固定資産の減価償却費のみであったとする。最後に、同年一月一日における一般物価指数は一〇〇、同年十二月三十一日のそれは一五〇、又同年度を通じての平均的一般物価指数は一二五であると仮定する(4)。

表1

売上高	$ 3,000
減価償却費	− 500
純利益	$ 2,500

表2

売上高	$ 3.600(1)
減価償却費	− 750(2)
営業利益	2,850
未実現損失	− 600(3)
最終純利益	$ 2,250

(1) $\$3,000\times\frac{150}{125}=\$3,600$

(2) $\$1,000\times\frac{1}{2}\times\frac{150}{100}=\$750$

(3) $\$3,000\times\frac{125-150}{125}=\$-600$

以下、右の仮設例による損益計算に関する考察が続くのであるが、これからは私の古い論文をそのまま引用するのではなく、もう少し分かりやすい形に改めて説明を進めることにしよう。

表1は通常の名目資本維持の方式による損益計算であるが、スウィーニーはこれを正しくないとして斥ける。表2は貨

幣の一般的購買力をもって計算単位とする安定会計の立場に立脚する損益計算であって、これによれば一般的貨幣価値変動による損益を認識し測定することが可能となる。表2の売上高三、六〇〇ドルと減価償却費七五〇ドルの計算方法は、脚注の(1)と(2)によって明らかであろう。一般的貨幣価値変動による損失六〇〇ドルは、売上高三、〇〇〇ドルが貨幣的価値項目であり、年度末の一般的購買力が現金受領期間平均の一般的購買力より低いために生じたものであり、その計算は脚注(3)のごとくである。スウィーニーはこれを未実現損失とするとともに、配当によって実現化すると説く。たとえば、期末の手持ち現金三、〇〇〇ドルのうちその四分の三を期末時点で配当すると仮定すれば、それを契機として未実現損失六〇〇ドルの四分の三の四五〇ドルが実現損失となり、未実現損失は残り一五〇となると論ずるのである。この実現化を加味した損益計算が表3である。

表4は、「一般的貨幣価値の変動による損益」だけでなく、実質的価値項目に生ずる「特殊的貨幣価値の変動による損益」をも加味した損益計算を示す。そのための準備としてスウィーニーは、さきの仮設例における固定資産の再生産費指数が期末に二二五に騰費したと仮定し、それによって三七五ドルの未実現利益（安定増価）が生じたという状況を想定する。表4の脚

表3

売上高	$ 3,600
減価償却費	− 750
営業利益	2,850
実現損失	− 450(1)
実現純利益	2,400
未実現損失	− 150(2)
最終純利益	$ 2,250

(1) $\$\,600\times\frac{3}{4}=\$\,450$

(2) $\$\,600-\$\,450=\$\,150$

表4

売上高	$ 3.600
減価償却費	− 750
営業利益	2,850
実現損失	− 450
実現純利益	2,400
未実現純利益	＋ 225(1)
最終純利益	$ 2,625

(1) 未実現純利益

＝未実現利益*－未実現損失

＝$ 375－$ 150

＝$ 225

＊ 未実現利益

$$=\$\,1,000\times\frac{1}{2}\times\left(\frac{225-150}{100}\right)$$

$$=\$\,375$$

注にもあるが、この未実現利益の計算を示すと次のようである。

$$\$1,000\times\frac{1}{2}\times\left(\frac{225-150}{100}\right)=\$375$$

ところで、A会社には表3に示されているように一五〇ドルの未実現損失があるから、これを三七五ドルから控除すると未実現純利益は二二五ドルとなり、それを加えて表4の末尾の最終純利益は二、六二五ドルと計算されるのである。

それでは、未実現利益三七五ドルはどのようにして実現化されるのであろうか。この問題についてスウィーニーは、実現化の契機は資産が実際に販売された場合、もしくは再生産費指数によって減価償却がなされた場合のいずれかであると論じている。

最後に、スウィーニーの損益計算論に対する私の論評を示すと概ね次のごとくである。

彼の論理的潔癖にも拘らず、いわゆる「特殊的貨幣価値の変動による損益」なかんずく安定増価の是認において、スウィーニーは論理的矛盾を犯す結果に陥っている。何故ならば、貨幣の一般的購買力を計算単位とする彼の立場からすれば、安定増価の如き特殊的購買力を尺度単位とせざれば測定不可能な損益項目は、論理的には問題となり得ず、強いてこれを認めようとすれば異質的対象による計算を敢えて行うこととなるからである。——中略——以上はスウィーニーの形式論理的誤謬であるが、しかし実質的により重要視せらるべき側面は、増価殊に未実現増価の如き資本利得が会計上利益として認められうるか否かという問題である。……企業会計なかんずく継続企業の会計が問題である場合には、……機械や営業施設等の固定資産並びにその他の使用財産の未実現の価値増加分を、直ちに利益項目に含ましめることは不可能なのではあるまいか。筆者がかかる疑問を抱く所以は、継続企業の本質が投機的行為に存するのではなくして、継続的再生産活動によって利益を獲得することに存すると思うが故である。……機械や設備は利鞘を得るために転売さるべく購入せられるものではなくて、生産要因としてそれらを使用するために購入せられるものである。……かかる資産の生産要素としての価値は、それら資産によって生産せられた商品の販売を通じて間接的にのみ実現せられるものであって、直接的には決して実現せられない性質のものである。……それ故筆者の見解を結論的にいえば、継続企業の前提に立つ限り、投機的資産以外のものに関して未実現増価を利益項目に含ましめることは妥当ではないのである。……

終りに「一般的貨幣価値の変動による損益」についてであるが、……かかる損益項目を企業会計において表示することは十分に意義あるものと思う。スウィーニーの説く如く、現金やその他の貨幣価値的資産項目は、一般的貨幣価値が騰貴すれば利益を生み、それが下落すれば損失を招くという性質を持つ。これに反して、すべての貨幣価値負債項目は一般的貨幣価値が騰貴すれば損失を招き、それが下落すれば利益をもたらすという逆の性質を持つ。従って「一般的貨幣価値の変動による損益」を明示することは、企業の経済状態のありのままの姿を明瞭ならしむるために大いに有意義であると思われる(5)。

(1) 「スウィーニーの資本維持説と損益計算論(一)」『経済学論集』第十九巻第一号、一九五〇年一月、一～三〇頁。「スウィーニーの資本維持説と損益計算論(二)」『経済学論集』第十九巻第二号、一九五〇年二月、四六～五六頁。
(2) 前掲論文(一)、八～九頁。
(3) 前掲論文(二)、五〇～五一頁。
(4) 前掲論文(一)、二二～二四頁。
(5) 前掲論文(二)、五四～五六頁。

3 戦後初期の経済学部研究室

私が特別研究生、助手の時代、東京大学経済学部では舞出長五郎、大内兵衛、矢内原忠雄、上野道輔の四教授を四長老と称し、各長老を長とする四つの部会組織が制度化された。四つの部会とは、舞出教授を長とする第一部会(経済理論、統計学)、大内教授を長とする第二部会(各種政策論、財政学)、矢内原教授を長とする第三部会(国際経済論、経済史)、上野教授を長とする第四部会(経営学、会計学)の四つである。部会はほんらい教授会の内部組織で、教授会の構成員でない助手や特別研究生が参加するということはないはずであるが、部会制度成立の当初、第三部会のみは毎月のように部会研究会を開催し、研究分野に関係なく広く助教授や助手、特別研究生をこれに参加させ、部会長司会のもとに活発に報告討論を行わせたのである。特研生であった私も、矢内原ゼミ出身ということで毎回のように出席した。矢内原教授はこうした精力的な研究会の運営を通じて、日本における戦時中の学問の遅れを急速に取り戻そうと考えておられたのであろう。

この第三部会研究会は二年近くも続いたであろうか。研究会の開催場所は、経済学部研究棟二階の応接室だったと思う。ある冬の夕方、火の気の全くない応接室に参加者一同マフラーにオーバーコート着用姿で集まって討論しているうち、突然停電していつになっても電灯がつかない。当時停電は日常茶飯事だったので、暗闇の中で研究会は続行され、会が終ったあと各自手さぐりで自室に戻るというようなこともあった。

部会研究会は第三部会以外は殆ど行われなかったが、一度だけ例外的に第四部会研究会が開催され、報告者に私が指名された。この研究会は実は矢内原教授の発案によるもので、上野先生は矢内原教授の申し出を受け入れて第四部会研究会を開催し、報告者に私を指名されたのである。それはともかく、こうして開かれた研究会における私の報告テーマは、『経済学論集』に発表したばかりの田中耕太郎学説の紹介と批判であった。会場には、当時教授会用に使われていた経済学部研究棟三階の広い部屋が充てられた。上野先生の司会のもとに第四部会所属の馬場敬治、佐々木道雄、脇村義太郎、柳川昇の各教授をはじめ諸先輩の居並ぶ席での報告であるから緊張はしたものの、論点がすべて頭に入っているので不安を感じることはなかった。報告に当たっては、『経済学論集』掲載の「書評」では枚数制限の関係で省略した細部にまで亘って丁寧に説明を行ったので、研究会のあと上野先生から「書評」よりも説明が行き届いてよかったと褒めていただいた。上野先生から直接お褒めの言葉をいただいたのは、これが最初にして最後である。

当時、部会研究会とは別に、マルクスの『経済学批判』をテキストとする大内兵衛教授の勉強会もあった。この会にはマルクス経済学専攻の助教授や助手はいうまでもなく、私のような全く専門外の助手、特研生まで殆どすべてが参加し、参加者は各自の分担箇所について報告することになっていた。私はたしかG―W―G′のあたりを分担したと思うが、報告の準備のための勉強がたいへんだった記憶がある。この勉強会が終了するとき、大内先生はご自身のテキストの余白に、記念として参加者一同のサインを求められたことが思い出される。

近代経済学の研究会も古谷弘助教授（当時）を中心に少数の専門家を集めて熱心に開かれていたようだが、これは高度に専門的でとてもついていけない。その代り大石泰彦（当時特別研究生）、館龍一郎（当時助手）両氏が机を並べて勉強している研究室をよく訪れては、近代経済学についていろいろ耳学問させてもらうことが多かった。そこでの話題はしばしば文学論や作家論におよび、谷崎の『細雪』や太宰の『斜陽』等を論じあったことを覚えている。

以上のほか、たしか大内教授のご配慮で、ミス・ライカーというオランダ系アメリカ人が英会話指導のため定期的に経済学部研究室に来ていたことも、記録にとどめておきたい。会話教室に出席を渋っていると幹事の内田忠夫君（当時特別研究生）が催促に来るので、重い腰をあげて出席するという風だったから英会話は一向に上達しなかったが、ミス・ライカーを通じてアメリカの近刊書をあれこれ入手できたことは有難かった。あるとき彼女はわれわれがそれまで口にしたことのない飲みものを振舞ってくれたが、その飲みものとはコカコーラだったのである。

こうして古い記憶をたよりに戦後初期のことをあれこれ記していると、自分は実に恵まれた環境のもとに学問人生をスタートさせることができたものだと思う。経済学部に復帰されたばかりの矢内原、大内両先生は、後進の指導に頗る熱心であった。また、研究会その他で顔を合わせる若手研究者も各自の城に閉じこもることなく、積極的に意見交換し、広い視野のもとに意欲的に自らの学問を構築しようとしていた。経済学部研究室に在籍する特別研究生、助手の人数は多すぎず、昼休みには二階の一室に集って各自持参の弁当を食べたあとよくピンポンに興じたものである。

当時はこれが当たり前と思っていたが、それから五十年以上も大学人生を経験した今にして思えば、こうした状況は若い研究者を育て上げるうえでまことに得難い貴重な環境だったといわねばならない。いま思い出したが、昭和二十四年の春休みに、隅谷三喜男助教授（当時）にお願いして宇部と北九州の炭砿調査旅行に同行させてもらったことがある。

「一緒に連れていって下さい。」

「そうね、いいですよ。」

といった調子で話がまとまり、はじめて坑道にも入り、炭砿の実態に接することができたのである。

このエピソードから分かるように、当時の経済学部研究室の雰囲気は本当に自由で伸びやかであった。そして、その中で育ったことがその後の私の学問のあり方を大きく決定づけているのである。

4　駆け出しの頃の授業

東京大学経済学部では、助教授になって最初のうちは外国書講読を担当するのが慣行となっていた。私の場合もその慣行にもれず、昭和二十五年（一九五〇年）一月十四日付けで助教授に昇任したあと、昭和二十五年度には外国書講読第二部の英語と独語の二科目を担当した。ところで、これが私の最初の授業かというとそうではない。実は私は、昭和二十四年度に助手の身分で外国書講読第二部の英語を担当させられているのである。助手が単独で一科目をもち、学生の成績をつけるということは極めて異例に属するといわねばならない。どうしてこういう措置がとられたかというと、当時の経済学部商業学科では学生数に比べて教官数が少なく、とくに助教授はゼロという有様だったので、若手教官の不足を補う非常手段として助手まで動員せざるをえなかったのである。

私としては、助手の担当する外国書講読を選択する学生などいるだろうかと不安だったが、心配は無用で二十数名の学生が受講届を出してきた。テキストは

E. A. G. Robinson, *The Structure of Competitive Industry*, Cambridge Economic Handbooks VII, 1931

である。この本をテキストに選んだ理由は、戦時中の昭和十八年秋に高宮晋教授が本書をテキストとして外国書講読第二部を開講されたことを思い出したからである。もっともその授業は、例の学徒出陣で参加学生の殆どがいなくなったため途中で不成立に終わった。そのようなわけで学生の立場では読まなかった本を、こんどは教師の立場で読んでみようと思ったのである。学生なら自分に割り当てられたページだけを丁寧に読めば済むが、教師となると全体をきちんと読んでおかなければならない。少しでもよい授業をしようと毎回丹念に準備をしたが、はたして本書を経済学的に正しく理解していたかというと、それは些か疑問である。

E・A・G・ロビンソンのテキストは、翌年助教授になって担当した外国書講読第二部英語でも再び使用した。同じテキストを使ったのでこの年の英語は楽だったが、新たに加わった外国書講読独語は難物だった。私のような戦中派は高校時代における学年短縮のあおりで第二外

国語（私の場合はドイツ語）に弱く、とてもドイツ語文献を学生に教える資格はないと思ったが、幸い上野先生とさし向かいでメレロビッツを読んでいたので、その書物をテキストに指定してなんとか責任を果たすことができた。テキストの正式名称は次のようである。

Konrad Mellerowicz, *Allgemeine Betriebswirtschaftslehre*, Sammlung Göschen, 1932.

本書は経営経済学の入門書なので、言葉の点を別にすればロビンソンよりはるかに教えやすかった。

この独語の授業に関連して思い出すのは、授業にも出席し単位もとったF君という学生運動の闘士のことである。F君は私の授業を履修した翌年のストライキのさい授業妨害したかどで停学処分を受けたが、その処分解除に当たり私は彼（彼はゼミに参加していなかった）の保証人となって学部長宛に一筆書き、それを受けて彼の停学処分は解除されることになった。ところが、彼が学部長から復学許可を申し渡されて学部長室を出た数時間後、法文経二十五番教室において劇団ポポロの上演中に学生が私服警官から警察手帳を奪取するといういわゆるポポロ事件が発生し、F君はその容疑者として警察に検束されてしまったのである。事件の報を聞いた私は、身体が大きくよく目立つ彼はたまたま現場にいたというだけで検束されたにすぎず、実際に乱暴は働いていないと強く思ったものである。この事件が起きたのは昭和二十七年（一九五二年）二月二十一日のことで、それから一ヵ月余り経った三月二十七日夜、F君はひょっこりわが家を訪れ、暫く懇談ののち半紙に毛筆で丁寧に認めた「誓約書」を提出して帰っていった。「誓約書」には、自分の復学問題では懇切なるご指導を給わり心から感謝していること、今度の問題で得た教訓を身に体して今後の行動を律して行く決意であること等が記されていた。残念なことに、F君の消息はその夜限りで途絶えてしまった。いま、経済学部卒業生名簿のなかに彼の名前を見出すことはできない。

話題を授業のことに戻そう。助教授に昇任した昭和二十五年度には二つの外国書講読のほかに、はじめて演習を開講した。演習参加者は三年生が五名、二年生が一八名で賑やかであった。当時はまだ旧制時代で学部の年限は三年であり、演習には二年生になって参加し、以後卒業まで二年間同じゼミに所属するというのが普通であった。三年生参加者が五名もいるのは、私のゼミが新規で前年からの継続者がいなかったからである。ともかくこうして新規発足した諸井演習は、在外研究で留守をした一年間を除き、昭和五十九年に私が定年退官するまで延々と続くことになるのである。

演習開始当時私は二十六歳の若輩だったので、演習生の中には私より年長の学生が二、三人はいたように思う。そのうちの一人は海軍兵学校出身の元海軍大尉で、私の方は主計短現の元主計少尉であるから、世が世ならこちらから敬礼しなければならないのであった。また東京商科大学専門部の出身者もいて、彼は簿記会計の実務を私よりはるかによく知っていた。そういう人達を相手のゼミ運営は苦労も多かったはずだが、いま蘇ってくるのは楽しい思い出ばかりである。

演習のテキストとしては昭和二十五年度は、

木村重義『会計学の根本原理』同文館、昭和二十四年

を使った。著者の木村教授は当時は小樽商科大学教授で、東大教授になられたのは二年後のことである。翌昭和二十六年度には思いきって

W. A. Paton, A. C. Littleton, *An Introduction to Corporate Accounting Standards*, A. A. A., 1940

をテキストに採用したが、ゼミ生はよく勉強してこの年度の演習をきわめて充実したものとし

てくれた。

私がはじめて会計学第三部（のちの原価計算論）の講義担当を命ぜられたのは、昭和二十六年度のことである。その前年、私は佐々木道雄教授に呼ばれ、「来年度からは君にも会計学を分担してもらうが第一部（簿記）と第三部のどちらがよいか」と尋ねられたので、「第三部を希望します」とお返事したのであった。その当時佐々木教授は、商業数学のほか会計学第一部と第三部を担当しておられた。なお会計学第二部（財務諸表論）は、上野先生の定年後は黒澤清教授が非常勤講師で担当しておられた。

さて会計学第三部の授業では講義ノートを口述筆記させるという方式をとったため、はじめのうちは講義を行う前の晩は毎回暁方近くまでノート作りに追われるという状態が続いた。ノートの作成で最も苦労したのは、原価要素の分類と費目の設定とをいかにうまく結合させるかということであった。この問題は「原価計算基準」が第二章第一節と第二節において殆ど完璧な形で解決しており、今となっては「基準」に依拠すればそれでこと足りてしまう。しかし私が講義の準備をした昭和二十六年当時は「基準」はもちろん存在しておらず、前記の問題は未解決のむずかしい問題として残されていたのである。

会計学第三部の講義ノートの作成には多くの文献を参考にしたが、それらの中で最も新しいアメリカの文献は、前述したミス・ライカーを通じて入手した次のテキストである。

Carl T. Devine, *Cost Accounting and Analysis*, Macmillan, 1950.

なお、ミス・ライカーを通じて求めた洋書はこのほかにも数冊あるが、昭和二十六年度に駒場の教養学部で行った外国書講読英語のテキストもその一つで、書名は次のようである。

J. R. Hicks, Albert G. Hart, *The Social Framework of the American Economy, An Introduction to Economics*, Oxford Univ. Press 1945.

共著者の一人のJ・R・ヒックスは英国の高名な経済学者である。

5　はじめての学会報告

昭和二十六年（一九五一年）十月二十一日、中央大学において日本会計研究学会関東部会が開催されたさい、私ははじめてこの学会に出席するとともにはじめて学会報告を行った。この報告は私が希望して申し出たものではなく主催者側の要請にもとづくものであったが、ともかくこれによって私は学会へのデビューを果したのである。報告の論題は「営業外損益の性格」であるが、この論題を選んだのは、これよりさき岩田巖、片野一郎、松本雅男、番場嘉一郎四教授の責任編集による『簿記会計ハンドブック』（同文館、一九五二年）のなかの「営業外収益及び営業外費用」の項目を執筆しており、このテーマについて調べたことがあったからである。なお、同じハンドブックのなかの「予定原価計算」の項も私が執筆した。

私の手もとに保存されている関東部会当日の記念写真を見ると、会場に当てられた建物の入口の階段におよそ六十名の会員が立ち、最前列中央には太田哲三教授と岩田巖教授がにこやかに並んで立っておられる。研究会の司会者は岩田巖教授であった。もう半世紀以上も昔の写真なので、若干の若手会員を除き大部分の方が物故されているのは淋しいことである。

さて私の学会報告の草稿は、大幅に加筆訂正のうえ題名も「営業外損益に関する一考察」と改めて『會計』第六一巻第四号（一九五二年四月）に掲載された。この論文の冒頭の歴史的考察は現在でも参考になるかと思われるので、些か長文であるが次に引用することにしたい。

営業外損益すなわち営業外収益および営業外費用という言葉は、我が国においては従来余り使用されたことのない比較的耳新しい会計用語の一つである。この言葉が会計上の用語として一般的に使用されるようになったのは敗戦後のことであって、米国における会計制度と実務が我が国の会計の模範として広く採り入れられるようになってから後のことである。すなわち、昭和二十二年に公にされた連合軍総司令部経済科学局調査統計課の「工業会社及び商事会社の財務諸表作成に関する指示書」(*Instruction for the preparation of financial statement of manufacturing and trading companies*) は、我が国の産業界に営業外収益および営業外費用の用語を紹介した最初のものであった。右指示書はまず営業外収益について、「営業外収益(non-operating income) とは、その会社の主要業務に対して附帯的又は無関係の性質を有する収益を云う」と定義し、次に「営業外費用 (non-operating expense) とは同様に、会社の主要業務に対する附帯的又は無関係の性質を有する費用を云う」と規定している。そして営業外損益と営業損益とを分ける基準たるべき「会社の主要業務」の意味については、「会社の主要業務は普通には、商品の製造生産又は商品並びにサーヴィスの買付けののち転売により利益を獲得することである」と説明を加えている。

営業外損益に関するこれとほぼ同様な見解は、総司令部の「指示書」に遅れること二年にして公表せられた経済安定本部の「企業会計原則」において見られる。――中略――このようなわけで、営業外損益の定義に関しては「指示書」も「企業会計原則」も表面的には殆ど変りはないのであるが、唯重要な相違点は、前者が固定資産売却損益を営業損益の一項目となしているのに反し、後者はこれを営業外損益項目から除外し、利益剰余金の直接増減項目となしていることである①。

① 「企業会計原則」において固定資産売却損益が営業外損益から除外され、利益剰余金に対する修正項目となっていることは、非常に注目すべきことである。「企業会計原則」におけるかかる措置は、要するに当該原則がいわゆる当期業績主義に立脚するが故であり、これに反して「指示書」が固定資産売却損益を営業外損益に含めたのは、それがいわゆる包括主義に基くからである(1)。

以上は論文の冒頭の部分であるが、もう一つ学会報告に言及している箇所を引用することにしよう。

昨年秋の報告において、私は営業外損益の性格を企業の副次的な財務活動から発生する収益及び費用として説明した。――中略――これに対しては多くの批判があったが、それらの中で最も重要なものは、営業外費用のうちには貸倒金償却や原価差額等が含まれているが、これらは財務活動ではなくて生産活動から発生する性質のものではないかという質問であった。貸倒金償却は企業が得意先に信用を与えた結果発生するものではあるけれども、より根本的には企業の販売活動＝生産から生じたものであり、また原価差額は予定配賦率ないし予定原価計算制度の採用によって生ずるものではあるが、その発生の源泉が生産活動に存することは疑問の余地なきところである。このように考えてみれば、「企業会計原則」の規定する営業外損益に対して、それは企業の財務活動をその発生源泉とする収益及び費用であると一義的に論ずるわけにはゆかなくなるのである。それならば、この概念はどのように説明したらよいであろうか(2)。

このあと論文ではきめ細かい考察が続き、特に営業外費用についてはこれを（一）財務費用のグループ、(二)損失（経常的損失）のグループ、(三)その他、と三種に分けて詳細な検討を行っているのであるが、その内容にまで立ち入ることは避けたい。

いまこの古い論文を久しぶりに読みかえして感じることは、学会の席で出された質問をまともに受けとめ、それを契機に研究を深めている点が評価できるということである。この年になると、若い時代の論文はあたかも他人の書いたもののようにかなり客観的に読むことができるのである。

終わりに、この論文にまつわるエピソードを記しておくことにしよう。この論文の執筆に当たっては、次の文献を大いに参考にしている。

黒澤清『近代会計学』春秋社、一九五一年。

昭和二十六年十一月刊行のこの書物は関東部会開催当時はまだ発売されておらず、学会報告の準備段階でこれを読むことは不可能だったが、『會計』掲載論文を執筆する段階では本書はすでに刊行されており、私はこれを十分参考にすることができた。黒澤教授のこの労作のおかげで、私の論文は一段と内容豊富なものとなったのである。

（1）「営業外損益に関する一考察」『會計』第六一巻第四号、一九五二年四月、一二一〜一四頁。
（2）前掲論文、二〇〜二一頁。

第三章　企業会計制度対策調査会

1　企業会計制度対策調査会の成立と「企業会計原則」

経済安定本部（安本）が改組されて経済審議庁となり、安本設置法によって設けられていた企業会計制度対策調査会（これは当初の名称で、途中で企業会計基準審議会と改称された）が、名称を企業会計審議会と改めて大蔵省の所管に移ったのは昭和二十七年（一九五二年）八月一日のことである。それから少し経ったある日、東大経済学部の私の研究室に大蔵省理財局経済課の葛原秀治課長補佐が尋ねてこられ、新設の企業会計審議会の幹事に就任願いたいと要請された。上野先生が会長をされる審議会のことなので即座に承諾したことはいうまでもない。その日来訪された葛原氏は東大経済学部昭和九年卒の安本から移った満州引上げ組の一人で、いわゆるキャリアではないがきわめて仕事熱心な人であった。正確なことは分からないが、彼は昭和四十年ころまで課長補佐のまま審議会の仕事に専念されたのではないかと思う。こういう有能で誠意ある裏方が企業会計審議会の運営を長期に亘って支えたことは、記録に留めておかなければならないであろう。

さて、こうして私は企業会計審議会の幹事となり、以後さまざまな貴重な経験を積むことになるのだが、それについて述べる前に、企業会計審議会の前身である安本の企業会計制度対策調査会がどのような経緯で成立し、またそこにおいて「企業会計原則」がどのように制定されたかについて、黒澤清教授が遺された貴重な諸記録を手がかりに概観しておきたいと思う。調査すべき文献は多数あるが、時間の制約もあってその一部にしか目を通していない。ここでは黒澤清教授の遺作のなかの次の二点からの引用を主とし、必要に応じ他の記録の引用をも加え、適宜配列して参考に供したいと思う。

1、「座談会、企業会計四半世紀の歩み」『企業会計』Vol. 26, No. 1, 一九七四年一月（出席者、黒澤清、番場嘉一郎、青木茂男、浅地芳年）。

2、黒澤清解説「史料・日本の会計制度」（1）〜（16）『企業会計』Vol. 31, No. 1〜No. 12, Vol. 32, No. 1〜No. 4, 一九七九年一月〜一九八〇年四月。

はじめに、1の座談会記録において黒澤教授が述べておられるところを掻い摘まんで紹介することにしよう。

昭和二十二年の末ごろのこと、連合軍総司令部（GHQ）の経済科学局（ESS）に顧問として出向していた九州大学の高橋正雄教授が、会計制度についてある提案をされた。その提案というのは、そのころ創設された統計委員会にならって会計委員会を設置してはどうかというプランであった。「高橋正雄氏は、この件について上野道輔先生に相談したんです。統計法とならんで会計法を制定し、統計委員会と同格の会計委員会を設置しようという案です。――中略――上野先生は高橋構想に共鳴し、会計委員会の創設の上は、東大退任後の晩年は、会計委員会の事業の推進のために一生をささげたいと決意されたのです。それで上野先生は、これについて私にまず相談されました。私に相談されたわけは、会計委員会の委員長は上野先生がなり、事務局長は黒澤がなるという原案になっていたからです（ちょうど統計委員会の委員長は大内兵衛氏、事務局長は美濃部亮吉氏というわけで）。この件では上野先生は熱心であり、真剣でした。めったにない珍しい話だが、このときばかりは上野先生の方から私のところに尋ねて来られたのです。それで小生は大いに恐縮し、二つ返事で引受けることにしたのです(1)。」

「昭和二十二年末か、二十三年はじめごろ、上野先生の委嘱で私は企業会計基準法を制定するための原案をつくって経済科学局へ持って行ったが、マーチもヘスラーも、そんなものは必要がないという意見で承知しない。日本政府が承認したら認めてもよいというので、上野先生が大蔵省の伊原隆理財局長に相談したら、そのとき公認会計士法の制定でさんざん苦労していた伊原氏は、この上また新しい法律をつくらせられるのではたまったものでない、真平ごめんだという。その上、会計委員会の設置も大蔵省としては引受けかねるという意見なので、上野先生は烈火のごとく立腹するというさわぎ。けっきょく中西寅雄先生のとりなしで経済安定本部（安本）に話を持ちこむことになり、安本の佐多忠隆局長を訪問することになったのです。佐多忠隆氏(2)のところにたまたま財政金融課長の清島省二郎氏がいて、私どもと顔見知りだった。……清島氏の所属する財政金融局は局長は内田忠雄氏、清島課長の下には葛原秀治君、林隆善君、財前君などのメンバーがおり、内田局長をはじめ局課員のほとんど全部が満州国から引揚げた連中ばかりで、日本経済の再建復興のためには全力投入をしたいという意気に燃えていたのです。それで二つ返事で上野先生の申出を引受けました(3)。」

「私はそのころ、大蔵省理財局における公認会計士法制定のための委員……などをやっていましたが、公認会計士監査制度と会計原則および監査基準の制定を結びつけて考えなければならないという意見をもっていました。この意見は、私と岩田君のほかには当時は誰も考えていなかったといっていいでしょう。……会計原則をつくるという私の提案はさっそく上野先生の同意を得、太田先生も中西先生も賛成し、安本の企業会計制度対策調査会は会計原則を中心にその作業をすすめることになりました。昭和二十四年七月に、安本の名で企業会計原則を公表しました。同じ年に公認会計士制度も発足しました(4)。」

以上は、安本の企業会計制度対策調査会が成立し「企業会計原則」が制定されるまでのごく簡略なプロセスを、座談会記録からの引用によって示したものである。多くのエピソードが生々しく語られていて甚だ興味深いが、しかしこれだけでは重要事項が抜けていて不十分なので、次節において前掲文献2とそれ以外の記事によって、重要な二、三の事項について説明を補足しておくことにしたい。

(1) 「座談会、企業会計四半世紀の歩み」『企業会計』Vol. 26, No. 1, 一九七四年一月、六頁。
(2) 当時、佐多忠隆氏は安本の財政金融局長。昭和二十三年六月の人事異動で、内田忠雄氏が財政金融局長となった模様。
(3)(4) 前掲「座談会」七頁。

2　若干の重要事項

黒澤教授は文献2の冒頭において次のように述べておられる。「経済安定本部に企業会計制度対策調査会が設置されたのは、昭和二十三年七月八日のことである。それに先立って同年六月二十九日に、『企業会計制度対策調査会設置に関する件』が時の芦田内閣によって決定された。この閣議決定に基づき『企業会計の基準及び教育に関する恒久的組織』を設けることになり、この調査会の発足をみたのであった(1)。」

以上に続いてこの論稿には、「会計基準及び教育会議招請状」や「芦田総理大臣へ提出された建議書」（英文）などの実物の写真が掲載されるのであるが、肝腎の建議書の正本つまり日本文は示されていない。ところが、『會計』復刊第一号（昭和二十四年二月）を見ると、巻末の会計余録に昭和二十三年（一九四八年）五月十四日に開催された「会計基準及び教育会議」に関する詳細な記事が掲載され、その中に建議書の日本文が英文とともに収録されているのである。重要な意味をもつ資料なので、長文を厭わずその記事を紹介することにする。

「……去る五月十四日、民間情報局のモス博士の御尽力により放送会館第五スタジオにおいて『会計基準及び教育会議』(Conference on Accounting Standards and Education) が開催された。

会議次第は次の通りであった。

（イ）　開会の辞……………………………………上野道輔氏

（ロ）　議長の推薦

満場一致で上野博士が議長に推された。

（ハ）　本会議の目的……………………………上野道輔氏

（ニ）　総司令部代表挨拶……………民間情報局…モス博士

経済科学局…ヘスラー氏

（ホ）　本会議成立に関する経過報告………………高橋正雄氏

（ヘ）　自由討議

（ト）　建議案の決議

本会議の成果として左の建議書が決定された。即日、建議書は上野博士が会議を代表して総理大臣に提出した。建議書全文及び英文を次に掲げておく。

建　議　書(2)

日本経済の民主的再建に当り企業会計制度の改善は最も緊要な条件の一つである。欧米先進国の企業会計の進歩の実状に比較して、我国の会計実務が甚だしく立ちおくれていることは周知の通りであるが、この結果として企業の財政状態及び経営成績に関する正確な把握が困難であり、有効適切な経営統計を作ることも妨げられている実状である。先ず企業会計の近代化を図り、日本経済の健全化のための科学的基礎を確立しなければ、外資導入によって産業復興の緒をつかむことも困難であるし、物価体系の安定化、企業金融の合理化、証券投資の民主化、投資大衆の保護、企業課税の適正化、労働争議その他産業上の紛議に対する適正な企業経理資料の提供等近代会計と密接な関連のある諸問題の解決に寄与することも不可能である。

よって速やかに会計制度並びに会計教育委員会（仮称）を設置し、各方面の知能経験を総合結集して、企業会計の改善を計ると同時に、その前提となるべき会計教育の根本的刷新を行うため必要な基礎調査をなさしめ、その成果を直ちに実施普及すべき組織を設ける必要がある。

右建議する。

――これに続くResolution（建議書英文）は省略――

出席者の主な顔ぶれは次の通りであった。（順序不同）　マーチ氏、モス氏、ヘスラー氏、佐多財政金融局長（安本）、伊原理財局長（大蔵）、稲田教科書局長、荒木直氏、上野道輔氏、太田

哲三氏、中西寅雄氏、黒澤清氏、岩田巌氏、村瀬玄氏、橋本雅義氏、高橋正雄氏、小高泰雄氏、佐藤孝一氏、鍋島達氏、中瀬勝太郎氏、今井忍氏、西野嘉一郎氏、金子佐一郎氏、田口眞二氏等(3)」

右に示された建議書は上野先生によって直ちに芦田均総理大臣に提出されて受理され、それに基づいて六月二十九日の閣議決定がなされ、企業会計制度対策調査会が設置されることになるのである。黒澤教授は、この建議書が「わが国の企業会計制度史にとって、決定的に重要な資料であることを失わないと思う(4)」と述べておられる。

なお、この建議書は、それが決定されて芦田総理大臣に手渡された日の翌五月十五日に行われた、日本会計研究学会における上野道輔先生の講演記録「我国経済再建における会計学の意義(5)」のなかにもその全文が「決議」として掲載されているのである。

『會計』復刊号の会計余録の報ずるところによれば、企業会計制度対策調査会の第一回会合は七月十六日に開かれ、委員長、委員、幹事及び部会等の決定をみている。

2 若干の重要事項

座談会記録からの引用文に追加すべき事項として、次に「財務諸表作成のための指示書」を修正するための私設委員会について、文献2の述べるところを紹介することにする。

「戦後、進駐軍の総司令部（GHQ）は、日本の財閥解体、資本市場の民主化、自由企業の復興、国民経済の再建等を企図し、その一手段として全企業の財務状況に関する全面的な調査にのり出した。その際、GHQの経済科学局（ESS）は、前記の財務諸表準則（昭和五年に設置された商工省臨時産業合理局の財務管理委員会による財務諸表準則〈昭和九年〉――引用者）の利用をいちおう考えて、ESSの会計主任のヘッスラー氏とESS嘱託の村瀬玄氏の合作で、財務諸表準則の英訳ならびに『財務諸表作成のための指示書』なるものを作成した。しかしこれによって現実に財務状況調査を実施してみると、どうもうまく行かない。――中略――そこで、はじめ私どもはESSから『指示書』の修正を委嘱され、太田哲三先生を中心として産業経理協会のなかに私設委員会をつくり、その審議検討にとりかかった。昭和二十二年十月ごろのことだったと思う。委員会のメンバーは、太田先生のほか、岩田、黒澤、今井、鍋島その他の諸君だったと思う。――中略――

『指示書』の改作がまだ捗らないでいる間に……高橋正雄教授から新たに上野道輔先生に、会計法（われわれのいう会計基準法）の制定に関する提案がなされた。……会計基準法の制定問題について上野先生から相談をうけた私は、さっそく岩田、中西両氏にはかり、会計基準委員会の設立のための奔走をはじめた(6)。」

「指示書」修正のための私設委員会は、けっきょく作業を完了しないまま企業会計制度対策調査会に吸収されたものと思われる。

黒澤教授解説の「史料・日本の会計制度」のなかからもう一つ、「会計基準委員会の設置の必要」と題する提案文の草案を紹介することにしたい。これは一九四八年（昭和二十三年）九月開催の企業会計制度対策調査会第二回会議に提出された文書の草案（黒澤第一部会長執筆）で、正本は失われてしまったが、正本と草案との間には実質的には殆ど差異がないとされるものである。この草案は会計基準設定主体に関する議論であって、今日的意義の大なるものであるから、長くなるがその大部分を収録する。なお、第二回会議の段階では、会計基準法に基づく行政機関としての会計基準委員会の設置がなお期待されていた模様である。

「日本の統計制度の近代化を図るために統計委員会を設けたのと同様に、日本の企業会計制度の近代化を実現するために会計基準委員会を設置することが必要であると思う。

もし、いわゆる会計基準あるいは会計原則を作成してこれを宣伝することだけで目的を達することができるものとすれば、民間団体の任意に委ねてもよいであろう。しかし日本では一九三二年頃から何度もこの種の試みをしたが、一度も成功したことはなかったのである。今般漸く統計委員会にならって会計基準委員会を設置する機運が生じ、はじめて日本の企業会計制度の画期的な改善が行われることが期待されるに至ったのであるが、もし会計基準委員会の設置を否定し、会計制度の改善の問題を民間団体の自由意思に委ねることに変更せられるとすれば、再び以前の失敗をくり返すことになるであろう。――中略――

合衆国においてすらも、会計制度の改善は決して民間団体だけの手で行われたわけではない。会計士協会、商業会議所、同業組合等の民間団体が会計制度の発展に寄与したところは非常に多いが、Federal Reserve Board や Internal Revenue Bureau や Securities and Exchange Commission の協力にまたなければ、恐らくは今日のような成功をみなかったことと思う。殊に証券取引委員会が会計士監査に対して Regulation を加えるようになってから、米国でも Accounting Standards が真けんに研究されるようになったのである。そして証券取引委員会は公認会計士の監査の基準として幾多の証券取引委員会規則を設け、その中に会計に関する基本的事項を規定している。

私共は前述のような米国の制度にならって、日本の会計制度を改善したいと考えるのである。しかし日本にはAmerican Institute of Accountantsのような有力な民間団体はない。急に会計制度改善のために民間団体を組織せよといわれたところで、それはできない相談である。いわんや会計制度の改善は統計制度の改善と同様に、民間の自由意思だけでは絶対に困難である理由を持っている。

何となれば、企業会計は非常に多数の利害関係者の利害の焦点だからである。即ち会社の株主はもとより、会社の経営者、債権者、政府当局（特に租税の関係上）、会社の従業員（即ち労働組合）、会社に対する投資家大衆（将来の株主）等の利害関係者の利害は対立しており、これを調節する制度がなければならない。これがために日本でも公認会計士制度をつくり、証券取引委員会を設けたのであるが、米国と異なり、これ等の制度が長い歴史の所産ではなくて、戦後の民主的改革の気運に乗じて急激に作られたものであるから、機構や形式はできてもその内容がまだ存在しないのである。その内容を作るものが会計基準委員会でなければならない。形式をつくることだけすでにやってしまって、内容をつくる機関の設置を否認し、自然の発展に任せよという考え方は非科学的であると思う。もちろん私共は、会計基準委員会が作る会計原則や監査基準を法律として制定しようとするものではない。……しかし重要なことは会計に関する規定を含んでいる税法、商法、価格統制令等と新しい会計原則との関係を明らかにすることである。そして恐らくは税法の改正や商法の改正を必要とするに至るであろう。税法、商法等における企業会計に関係のある規定の改正を示唆するには、どうしても highest authority をもてる Commission としての会計基準委員会を設けなければならないであろう。しかのみならず、税法は大蔵省主税局の所管であり、価格統制令は物価庁の所管であり、商法は法務庁の所管であり、各官庁が自らのなわばりを厳守しているために、民間からの単純な進言ぐらいでは重要な改正は不可能であり、各官庁に対して authority を有する Commission を必要とするのである。――中略――

なお会計原則及び監査基準を設定し、改正するばかりでなく、会計原則を maintain するために、日本では会計基準委員会を恒久的機関とする必要があると思う。――下略――(7)」

草稿のところどころに英文が入っているのは、黒澤教授によれば(8)、占領下の当時、こうした文書は日本文と英文の二様に書かれたので、英訳の便宜を配慮したためだという。

十六回に亘って連載された「史料・日本の会計制度」はまことに貴重な文献であって、なお紹介すべき多くの事項を含むのであるが、ここでは第十六回に表明された黒澤教授の次の述懐を記して、この項を締め括ることとする。

「私は今にして思うのだが、もし上野道輔委員長の存在を欠いたとしたならば、おそらくこの『企業会計原則』は誕生し得なかったのではないかと思う。……なるほど会計原則の起草委員長（第一部会長）は黒澤委員であり、監査基準の起草委員長は岩田委員であったけれども、上野委員長の権威と庇護なくしては、万難を排してこの事業をなしとげることはできなかったのではあるまいか。

当時、会計原則の設定の第一線に立った人物の大部分すなわち上野、太田、中西、岩田諸氏はすべて故人となってしまった。黒澤委員ただ一人が、辛くも生き残ったのであった(9)。」

（1）黒澤清解説「史料・日本の会計制度」1、『企業会計』Vol. 31, No. 1, 一九七九年一月、九八頁。
（2）『會計』復刊第一号の記録では「建議案」となっている。
（3）『會計』復刊第一号、一九四九年二月、九三〜九六頁。
（4）前掲「史料・日本の会計制度」1、一〇〇頁。
（5）『會計』前掲号、一〜二五頁。

2　若干の重要事項

（6）「史料・日本の会計制度」3、『企業会計』Vol. 31, No. 3, 一九七九年三月、九八頁。
（7）（8）「史料・日本の会計制度」5、『企業会計』Vol. 31, No. 5, 一九七九年五月、九九、一〇一頁。
（9）「史料・日本の会計制度」16、『企業会計』Vol. 32, No. 16, 一九八〇年四月、九二頁。

3　企業会計制度対策調査会の業績

これまでみたように、われわれの先輩の諸先生は昭和二十二年の暮ごろから二十三年夏にかけて、「会計基準法」の制定と「会計基準委員会」の設置のために多大のエネルギーを投入されるのだが、しかしこうした努力はけっきょく実を結ぶに至らず、「会計基準委員会」に代って企業会計制度対策調査会が経済安定本部に設置され、この調査会を通じて会計制度の改革が進められることになるのである。この間の事情を黒澤清教授は次のように記しておられる。

「昭和二十二年十二月ごろ、上野道輔教授を中心として私どもが展開した、『会計基準法』の制定ならびに『会計基準委員会』の設置に関する運動はけっきょく挫折した。我々の企図によれば、はじめ会計基準法を設定してその総則に、今日の『企業会計原則』の一般原則を規定し、それを土台として財務諸表の基礎をなす諸原則（すなわち今日の損益計算書原則および貸借対照表原則、あるいは発生主義、実現主義、費用収益対応の原則、費用配分の原則、評価原則等から成る一般に公正妥当と認められる会計諸基準）を、コモン・ロー的方法によって確立しようと企画したのであった。

会計基準法に基づいて会計基準委員会を設置し、証券取引委員会と協力して公認会計士制度の新設、会計士監査制度の創始、その充実化、会計原則の維持・確保をはかることが期待された。しかし、ついに会計基準法は不成立に終り、会計基準委員会の設置は実現しなかった。会計基準委員会の代わりに企業会計制度対策調査会が経済安定本部に設置され、会計基準法の代わりにこの調査会によって『企業会計原則』が作成され、公表される結果となったのである(1)。」

「会計基準法」とそれに基づく「会計基準委員会」の設置運動はこうして不首尾に終ったけれども、その代わりに設置された安本の企業会計制度対策調査会はきわめて精力的に作業を進め、短期間のうちに大きな業績をあげたのである。私の手もとに「企業会計審議会の主なる業績」と題する大蔵省の古い資料が保存されており、それに安本時代から大蔵省移管後の昭和三十二年四月までの調査会ないし審議会の主要業績が列記されているので、そのなかから安本時代の部分を抜き出して左に紹介することとする(2)。

昭二三、一二　公認会計士法改正に関する意見書提出
二四、三　商法改正に関する意見書提出
〃　〃　資産再評価実施に関する意見書提出
〃　四　石炭鉱業統一財務諸表準則の設定に対する協力
〃　七、九　企業会計原則、財務諸表準則を中間報告として公表
〃　八　企業会計原則、財務諸表準則の解説会開催（財務局所在地）
〃　〃　シャウプ使節団に対しわが国企業会計制度の改善統一に関する意見書提出
〃　一一　建設業財務諸表規則の設定に対する協力（二六年二月公表）
〃　一二、二六　中小企業簿記要領の公表
二五、一　青色申告に伴う中小企業簿記普及運動に協力
〃　二　水産業財務諸表準則の設定に対する協力（二五年六月公表）
〃　四　証券取引法第一九三条の規定に基づく証券取引委員会規則（財務諸表規則）の設定に対する協力（二五年九月公表）

〃　五　地方鉄道業会計規則の設定に対する協力（二六年一月公表）
〃　七、一四　監査基準、監査実施準則を中間報告として公表
〃　〃　監査基準、監査実施準則の解説会並びに講演会開催（東京、大阪、名古屋）
二六、三　電気事業会計規則の設定に対する協力（二九年四月公表）
〃　五　自動車運送事業会計規則の設定に対する協力（二六年七月公表）
〃　七　ガス事業会計規則の設定に対する協力（二九年四月公表）
〃　九、二八　商法と企業会計原則との調整に関する意見書を中間報告として公表
〃　一〇　右意見書の解説会並びに講演会開催（東京、大阪）
〃　〃　造船業財務諸表準則の設定に対する協力（二六年一〇月公表）
二七、六、一六　税法と企業会計原則との調整に関する意見書を中間報告（小委員会報告）
として公表
〃　七　右意見書の解説会並びに講演会開催（東京、大阪、名古屋）

なお前にも触れたが、企業会計制度対策調査会は安本時代に途中で、名称を企業会計基準審議会と改めている。改称の正確な時期はいまのところ不明だが、昭和二十四年七月の「企業会

計原則」と「財務諸表準則」は「対策調査会」名で、また昭和二十五年七月の「監査基準」と「監査実施準則」は「基準審議会」名でそれぞれ公表されているのである。おそらく名称変更は、当初期待した「会計基準委員会」の設置の不可能なことが確定的となったことに関連して行われたものであろう。

（1）黒澤清解説「史料・日本の会計制度」16、『企業会計』Vol. 32, No. 16, 一九八〇年四月、九一頁。

（2）参考までに、大蔵省移管後の昭和三二年四月までの審議会の主要業績を記すと、左のようである。

昭二八、一〇　財務諸表規則、同取扱要領の改正に対する協力

二九、七、一四　企業会計原則、財務諸表準則の部分修正及び「企業会計原則注解」を中間報告として公表

二九、九　海運企業財務諸表準則の設定に対する協力（二九年九月公表）

三一、一　監査役監査と公認会計士監査との調整問題に関する審議検討

三一、一二、二五　監査基準、監査実施準則、監査報告準則を中間報告として公表

三二、四　原価計算基準（仮案）の民間団体に対する内示

第四章　企業会計審議会と私

1　企業会計審議会の発足

大蔵省企業会計審議会は、経済安定本部の企業会計基準審議会（旧称は企業会計制度対策調査会）を引き継ぐ形で、企業会計審議会令に基づき昭和二十七年（一九五二年）八月一日に発足した。企業会計審議会令は『會計』第六二巻第四号の会計余録にその全文が掲載されているが、ここではとりあえずその冒頭の部分を示すと左記のようである。

「政令第三〇七号

企業会計審議会令

内閣は、大蔵省設置法（昭和二十四年法律第百四十四号）第十七条第二項の規定に基づき、この政令を制定する。

（所掌事務）

第一条　企業会計審議会（以下「審議会」という。）は、大蔵大臣の諮問に応じて、左の各号に掲げる事項について調査審議する。
一　企業会計の基準の設定
二　企業会計の監査基準の設定
三　原価計算の統一
四　前各号に掲げるものを除く外、企業会計制度の整備改善その他企業会計に関する重要な事項
2　審議会は、前項各号の規定による調査審議の結果を、大蔵大臣又は関係各行政機関に対し、報告し又は建議する(1)。」

企業会計審議会の第一回総会は、昭和二十七年九月十六日午後一時半から日本銀行第一会議室で開催された。この第一回総会には、幹事の発令が遅れたらしく私は出席していない。幸い『會計』第六二巻第五号の会計余録に、当日の式次第、審議決定された議事規則と部会規程、さらには各部会の今後の予定に関する議事録が収録されているので、これによって第一回総会の模様がよく分かるのである。はじめに、当日決定された部会規程の第一条と第二条を紹介す

ることにしよう。

「企業会計審議会部会規程

第一条　企業会計審議会に第一部会、第二部会、第三部会及び第四部会を置く。

第二条　第一部会は、企業会計の基準の設定に関する事項及び企業会計制度の整備改善に関する事項並びに他の部会に属しない企業会計に関する重要な事項について調査審議する。

2　第二部会は、企業会計の教育及び普及啓蒙に関する事項について調査審議する。

3　第三部会は、企業会計の監査基準の設定に関する事項について調査審議する。

4　第四部会は、原価計算の基準の設定に関する事項について調査審議する(2)。」

この部会規程をうけて、総会ではこのあと部会長の指名が行われ、部会長より各部会の今後の計画が説明されることになるのだが、その詳細にわたる議事録も前述の会計余録に掲載されているので、長文ではあるがその全文を以下に引用することとする。なお、この議事録は大蔵省理財局経済課の担当官の執筆によるものと思われる。

「部会長は、従来のとおり第一部会黒澤氏、第二部会上野氏、第三部会岩田氏、第四部会中西氏が指名された。各部会の本年度以後の予定計画は次のとおりで、各部会長からそれぞれ説明された。

第一部会　部会長　黒澤清

一、企業会計原則・財務諸表準則の部分的修正

二、評価準則の設定

三、減価償却準則の設定

四、特殊財務諸表準則設定に対する協力（地方公営企業会計規則の設定、水産業財務諸表準則の改訂は現在準備中）

五、税法と企業会計原則との調整に関する意見書の審議

六、証券取引法に基づく財務諸表規則及び通牒の作成並びに改廃に対する協力

第二部会　部会長　上野道輔

一、企業会計の教育に関する件

二、企業会計原則・監査基準・中小企業簿記要領・原価計算基準等の普及徹底の件

第三部会　部会長　岩田巌

一、監査制度運営に関する協力

二、会計制度監査準則（内部統制の質問書を含む）、次年度監査準則等の審議
三、財務諸表監査のための内部統制組織要綱の設定
四、証券取引法に基づく監査証明規則及び通牒の作成並びに改廃に対する協力

第四部会　部会長　中西寅雄

一、原価計算基準の設定
二、原価計算手続に関する準則の設定
三、業種別原価計算要綱の設定に対する協力
四、予算統制要綱の設定

なお第一部会の計画中、企業会計原則の部分的修正に関しては特別研究会を設け、近くその研究調査に着手する予定になっている。研究会の成案は本年度中に報告され、第一部会において審議の上公表される段取となっている。

評価準則および減価償却準則についても、数名の委員および臨時委員からなる研究会が設置される予定である。この仕事は非常に困難なものであるから、成案を得るまで一両年かかるであろうと予想されている。

第三部についても早晩研究会が附置される筈であるが、第四部にはすでに一昨年末、原価計算研究会が附置されている。数名の臨時委員の手によって、原価計算基準の設定の準備のための基礎調査が行われているが、第四部会が原価計算基準の原案作成にとりかかるのはこれからの問題である。これも重大な問題であるから、性急に成案の作成を急ぐよりは、慎重な研究審議を行うことが望まれている(3)。」

(1)『會計』第六十二巻第四号、一九五二年九月、一五八頁。
(2)『會計』第六十二巻第五号、一九五二年十月、一二〇頁。
(3)『會計』第六十二巻第五号、一二一～一二二頁。

2　「企業会計原則」とその部分修正

企業会計審議会の発足とともに私は第一部会に所属して、前述の第一回総会議事録に予定として記されている「企業会計原則」と「財務諸表準則」の部分修正のための特別研究会メンバーに加わることになった。この研究会は極めて密度の高いもので、ここで多くのことを学習したのであるが、それについて述べる前に、時期的にいささか遡るが、『會計』復刊第三号に掲載されている「企業会計原則と財務諸表との関係について」と題する速記録に言及しておきたい。これは昭和二十三年十一月二十五日、日本銀行第三会議室において開催された企業会計制度対策調査会（第三回）の速記録で、「企業会計原則」の制定過程の初めにどのような論議がなされたかを知る上で甚だ貴重な資料である。ここでは、速記録の冒頭における上野委員長と黒澤委員の発言と、会議を締め括るさいのこれら両人の発言を紹介する。

「上野委員長　これから会計原則と財務諸表との関係についての審議に入りたいと思います。そこで問題の所在を明らかにするために一応準備した題目を読み上げたいと思います。

（イ）企業の会計、報告、監査上一般に承認されなければならない基準として次の四つの会計原則を設定すること。

（A）貸借対照表原則　（C）剰余金計算書原則

（B）損益計算書原則　（D）連結貸借対照表原則

（ロ）会計原則に基づいて財務諸表の統一様式を作成し、これを証券取引委員会規則の制定の基準とすること。

（ハ）連結貸借対照表については、税法及び独占禁止法のうちに規定を加えるよう進言すること。

上野委員長　それでは只今読み上げました草案について、先ず起案者の黒澤委員より御説明を願います。

黒澤委員　会計原則を損益計算書原則、剰余金計算書原則、貸借対照表原則、連結貸借対照表原則に分けるという考え方ですが、それは結局財務諸表の準則を設定するという目標に基づいています。財務諸表の背後に存する基本的な諸原則をいちおう会計原則と名付けておきたいと思います。会計諸原則の最後に列挙した連結貸借対照表については、独占禁止法とか税法とかの特定の法律に対して非常に微妙な関係を持っていますので、ただこの原則をここに掲げても、そうした法律的根拠に関する適当な方策が立てられてからでないと有効ではないと思います。この点については皆さんの御意見を伺ってから、どうするかを考えることにしましょう。次に剰余金計算書原則も、これを確立するためには、商法上における総会、取締役会の権限問題に若干の関係があるので商法の改正を必要としますが、商法の規定が改まらなければ改まらないなりに適当な考え方を立てる必要がありましょう。しかし、少くとも現在の商法の下においても剰余金の問題については何等かの一定の会計原則を確認しなければならないと思います。これは諸原則のうちの重点的な問題に属します(1)。」

このあと岩田委員をはじめ多くの委員から活発な発言があり、中身の濃い討論が熱心に続けられたのち、審議は次のようにして締め括られることになる。

「黒澤　以上のお話合いで、大体会計原則をつくるためのアイデアができたように思います。

委員長　そうすると、この次には相当会計原則について具体案が出てきて審議することになりますね。それでは今日はこれで解散致します。どうも有難うございました(2)。」

以上、速記録のはじめと終りを引用しただけだが、しかしこれだけでも当日の審議が企業会計原則の成立にとって重要な意味をもつものであることが理解されよう。

この引用を読んで注目すべきことは、第一に、黒澤委員が起案した検討項目のなかに一般原則が含まれていないことであり、第二に、それとは逆に連結貸借対照表原則が含まれていることである。それでは、一般原則が検討項目とされないのは何故であろうか。その理由は、後述するように、一般原則は「会計基準法」で取り上げるべき問題として別扱いされており、しかも九月開催の第二回調査会においてすでに一応の審議検討を済ませていたからである。「会計基準法」については前章で詳しく触れたところであるが、さらに付言するならば、企業会計制度対策調査会という一風変わった名称は、「会計基準法構想を実現するための対策を調査する会」の意味ではないかと思われる。

次に、連結貸借対照表原則が検討課題とされていることも注目に値する。審議の結果、連結貸借対照表原則は今後の宿題とされるのだが、しかし黒澤委員も岩田委員も連結の重要性を強く認識しており、また実務界でも連結重視の声は大きかったようである。ちなみに、サンダーズ、ハットフィールド、ムーアの『会計諸原則の表明(3)』では、その第四部で連結財務諸表が論じられている。

ここで一般原則の問題に戻って、黒澤清解説「史料・日本の会計制度」5における貴重な記述を紹介することにしたい。

「企業会計制度の第一回会議は……一九四八年(昭和二十三年)七月十六日に開催されたがこの日は形式的な議事……がとり行われただけで、内容的審議には入らなかった。第二回の会議の予定を九月某日とすることを定めて、この日の会議を終了し、そのあと、上野会長、黒澤第一部会長および岩田第三部会長の三名(外に清島課長参加)で、九月の第二回会議に提出すべき審議項目について協議した。この時点ではまだ、会計基準法の構想がその土台となっていたので、その総則にかかげるべき、企業会計の一般原則の草案をつくることが、中心的なテーマであった。提案のたたき台となるべき原案をつくることは、黒澤第一部会長の役割とされた。

しかし、黒澤私案をいきなり会議に提出することは、適当ではないと考えられたので、上野会長および岩田第三部会長からも、企業会計の一般原則として、最低限度要請しなければならない根本的なものが何であるかを指摘したメモを、あらかじめ提出してもらうことに決まった。

上野メモおよび岩田メモを、私が受けとったのは、その後……調査会の第二回会議に先きだつある日のことであった。場所は日本銀行の理事室だった。最も鮮やかに私の記憶に印しているのは、『上野メモ』の内容である。それは一枚の便箋の上に、次の二行の文字が書かれてあった。

第一　真実性の原則

第二　正規の簿記の原則

上野会長にしたがえば、この二つの命題が、会計にとって致命的に重要なものであった。

――中略――

岩田メモの内容は、だいたい次のようだった。

disclosure の原則

consistency の原則

materiality の原則

岩田メモの注記では、disclosure は明瞭性とし、consistency は継続性とし、materiality は重要性とするのが適当だろうとあった。

私は、上野メモおよび岩田メモを参照して、想を練った。そうして、ずっと後に『企業会計原則』の一般原則が生まれてきたのだが、この段階では、会計基準法の総則を構成するものとしての『企業会計一般原則』を問題としていたのであった。

一般原則に関する黒澤メモは、会計基準委員会の提案と併せて、第二回会議に提出されたのである(4)。」

以上に続いて、「史料・日本の会計制度」6(5)では、上野メモと岩田メモという二つの哲学の会計原則の形成における結合が述べられ、さらに7(6)では、会計基準法の一般原則（黒澤メモ）から企業会計原則の一般原則への推移が述べられているが、ここではこれ以上たち入らないこととする。

「企業会計原則」と「財務諸表準則」は周知のように中間報告として発表されたものだが、「中間報告」の意味するところを知るには、発表に際しての上野委員長の次の談話が参考となる。

「企業会計制度対策調査会は、昨年十一月以来第一部会において黒澤部会長の下に会計原則又は会計基準の確立のために慎重なる研究討議を重ねて来たのであるが、茲に漸くその中間報告を発表し得るに至った。即ち去る七月八日、政府に対して答申した本文二六頁表六種から成る左記の報告書である。――中略――

今回発表された『企業会計原則』並びに『財務諸表準則』は中間報告である。換言すれば確定の最終的成案ではなくて、第一次試案に過ぎない。今これを公表して博く学界並びに実務界の忌憚なき批判を仰ぎ、出来るだけ多数の批判的並びに建設的意見を得てさらに慎重な研究審議を重ね、以て完全な成案を作ることが、今後における企業会計制度対策調査会の責任である。――下略――(7)」

上野委員長の談話にもあるように、審議を開始したのは昭和二十三年十一月であるから、翌二十四年七月の発表まで八カ月の期間しか経過していない。「原価計算基準」が制定に十年以上の歳月を要したのは特別であるとしても、八カ月というのはいかにも短く、そのため細部には推敲の余地が少なからず残されていた。そのうえ、「企業会計原則」の発表後に商法と税法の改正があり、この面からも部分修正の必要性が生じていた。こうした事情から企業会計審議会の第一部会特別研究会は、「企業会計原則」と「財務諸表準則」を逐条審議して修正すべき点は修正するとともに、「企業会計原則」の必要箇所に注解を施すという作業を行ったのである。

特別研究会のメンバーは、黒澤第一部会長をチーフとし、その下に番場嘉一郎臨時委員と四人の幹事すなわち飯野利夫、矢澤惇、江村稔の各氏に私という顔ぶれであった。研究会成立時のメンバーの年齢を調べてみると、黒澤第一部会長は五十歳、番場嘉一郎臨時委員は四十歳そこそこ、四人の幹事は二十台後半から三十台前半という若さであった。あの頃は平均寿命も短く、若い人の活躍する時代だったといえよう。

当時、大蔵省は霞ケ関の庁舎が進駐軍によって接収されていたため、四谷駅近くの小学校の木造校舎に仮り住まいしていたから、特別研究会もその木造校舎のなかで行われた。研究会の開催頻度は高く、また泊り込み合宿も数回あった。なかでも思い出深いのは、昭和二十八年八月二十一日から二十三日まで、四谷駅近くのよつや旅館という小さな和風旅館で行われた二泊三日の合宿である。一列に並んだ三部屋をふすまを取り払って一室とし、そこにたしか矢澤幹事を除く研究会のメンバー全員と事務局の人が寝起きを共にしながら作業をしたのであるから、恰も学生時代に戻ってゼミ合宿するような騒ぎであった。ちょうど八月下旬の暑いさかりで、初日の八月二十一日の最高気温は実に摂氏三八度四分という記録的猛暑。その中を冷房なしで作業したのであるが、誰も文句はいわなかった。戦後の苦しい時期はまだ終わっておらず、夏は暑ければ豊作だと喜び、せいぜい旧式の扇風機をガタガタ回して額に汗しながら仕事をするのが当時の常識であった。

こうしたハードな研究会の作業も昭和二十九年（一九五四年）七月上旬をもって一段落し、同年七月十四日に、「企業会計原則及び財務諸表準則の部分修正について」という頭書付きの修正版が発表されたのである。

（1）『會計』復刊第三号、一九四九年七月、二二一～二三三頁。
（2）『會計』前掲号、四四頁。
（3）Thomas H. Sanders, Henry R. Hatfield, Underhill Moore, *A Statement of Accounting Principles*, American Accounting Association, 1938.
（4）黒澤清解説「史料・日本の会計制度」5、『企業会計』Vol. 31, No. 5, 一九七九年五月、九八頁。
（5）「史料・日本の会計制度」6、『企業会計』Vol. 31, No. 6, 一九七九年六月、九八頁。
（6）「史料・日本の会計制度」7、『企業会計』Lol. 31, No. 7, 一九七九年七月、一一四頁。
（7）「史料・日本の会計制度」16、『企業会計』Vol. 32, No. 4, 一九八〇年四月、九三頁。

3　部分修正の例示と注解

「企業会計原則」は昭和二十九年の改訂によってどのように修正されたのであろうか。この修正内容の詳細を知るためには、昭和二十四年の企業会計原則初版と昭和二十九年の修正版とを見較べなければならない。現在となっては初版と修正版を取り揃えることは必ずしも容易ではないが、『會計』のバックナンバーが揃っていれば、初版は復刊第三号(1)に、また修正版は第六十六巻第二号(2)にそれぞれ全文が掲載されており、しかも第六十六巻第二号の修正版には修正個所に傍線が引かれているので、「企業会計原則」がどのように修正されたかを知る上でたいへん都合がよいのである。

修正の具体例を知るために、試みに損益計算書原則の一の修正版をみることにしよう。

「損益計算書は、企業の経営成績を明らかにするため、一会計期間に発生したすべての収益とこれに対応するすべての費用とを記載し、当期純利益を表示しなければならない。」

傍線が三本あるが、初版ではどうなっていたかというと、「一会計期間」は「当該期間」、「これに対応する」は初版では「之に照応する」となっていたのである。漢字の之を仮名にするのは単純な字句の修正だが、他の二つ、とくに三つ目は重要な修正といってよい。初版において「対応」とすべきところを「照応」としているのは、初版当時にはまだ「費用収益対応」という専門用語が十分熟していなかったためであろう。

次に、貸借対照表原則のなかの有形固定資産に対する減価償却の規定について、修正版と初版とを較べてみることにしよう。修正版は左のようである。

「有形固定資産に対する減価償却は、一定の償却方法によって耐用期間の全期間にわたって行い、減価償却額は減価償却引当金としてその累計額を固定資産取得原価から控除する形式で記載する。」

これに見合う初版は傍線の個所だけでなく、全文を示すことにする。

「有形固定資産に対する減価償却は、固定資産取得原価からの控除の形式でその耐用期間の全期間に亘り減価償却引当金としてその累計額を記載する。」

初版は減価償却額の記載方法を述べるのみで減価償却計算には触れておらず、不備というほかない。修正版では、計算と記載方法が別個に分かりやすく規定されている。

いま一つ、貸借対照表原則における(三)資本のAの規定を比較することにしよう。はじめに修正版を示す。

「A　資本金は、発行済資本金を普通株、優先株等の種類並びに額面、無額面の別に従って記載しなければならない。会社が発行する株式の総数、未発行株式の数及び発行済株式の数は、これを資本金の区分に付記しなければならない。」

修正版の殆どすべてに傍線が引かれているが、これは初版が全面的に書き変えられたことを意味している。初版の全面的書き変えは、昭和二十六年の商法改正の結果必要となったものである。初版は次のようであった。

「A　資本金の区分は、資本金（受権株）、未発行資本金、発行資本金を表示し、それぞれ普通株、優先株、無額面株等株式の種類と金額を記載しなければならない。無額面株の資本金額は、払込剰余金を控除した金額で記載する。

〔註〕株式会社資本制度中無額面株式等の制度については、本報告書は未だ十分な検討を加えていない。」

このような註付きの規定は珍しいといわねばならない。商法改正をまって改めて検討するということであろう。

部分修正は財務諸表準則にもおよんでおり、とりわけ貸借対照表準則初版の第五十七以下の規定は殆ど全面改訂されている。

「企業会計原則」注解の起草が特別研究会の仕事に加わってきたのは、修正作業がある程度進行した段階においてであったと思う。作業を進める過程で、「企業会計原則」のなかの重要項目で解釈上疑義のあるものについては、注解を付してその疑義を明らかにする必要があるということになり、選定された十八項目について会計学の三人の幹事が分担して注解の起草を行うことになったのである。起草の分担は、私が注解の一から五までの損益計算書関係、飯野幹事が注解の六から一〇までの剰余金関係、江村幹事が注解の一一から一八までの貸借対照表関係であった。私の分担項目の内容をいうと、注一が「未収収益について」、注二が「積送品、試用販売、割賦販売及び予約販売における収益の実現について」、注三が「工事収益について」、注四が「低価主義等の評価基準の適用に基く評価損について」、注五が「内部利益とその除去の方法について」である。注解は必要十分にして簡潔でなければならないから、その起草はよい勉強になった。用意した草稿は謄写印刷のうえ全員に配布され、研究会の席で黒澤部会長はじめ研究会メンバーの審査をうけ、二、三度書き直して合格になったと思う。

昭和二十九年七月十四日、企業会計原則修正版が発表されるや、特別研究会メンバーに対する会計ジャーナリズムの執筆依頼攻勢がはじまった。私のような遅筆な人間もやむを得ず、『會計』をはじめ『企業会計』『産業経理』『税経通信』のための原稿を、短期間のうちにつぎつぎ執筆しては渡したものである。このうち『會計』には、「低価主義の適用に基く評価損の会計処理について(3)」と題する小論を発表した。また、『企業会計』には私の分担した注解の解説文を載せたが、これは後に中央経済社から刊行された黒澤清外解説付『企業会計原則（昭和二十九年七月改訂）』（昭和二十九年九月）に収録されるところとなった。

（1）『會計』復刊第三号、一九四九年七月、四五～八二頁。
（2）『會計』第六十六巻第二号、特集・修正会計原則問題、一九五四年七月、一一九～一六九頁。
（3）『會計』第六十六巻第二号、七五～八六頁。

4 「連続意見書」第三の起草

昭和二十九年（一九五四年）七月に企業会計原則修正版が発表されたあと、企業会計審議会第一部会研究会は暫くはなかば休止状態にあったが、翌三十年に入ると新しい任務を課されて、かつてのようなハードな合宿こそなかったものの、再びもとの忙しさに舞い戻ることになった。新しく課された任務とは、「企業会計原則と関係諸法令との調整に関する連続意見書」（「連続意見書」と略称）の作成である。「連続意見書」においてとり上げるべき項目としては、当初は十数項目があげられていたと記憶するが、それらのうちまず第一陣として作業が開始されたのは、財務諸表の体系、財務諸表の様式、および有形固定資産の減価償却の三つであった。これら三項目に関する意見書の起草は、注解のときと同じく三人の幹事が分担した。すなわち、財務諸表の体系は飯野幹事、財務諸表の様式は江村幹事、そして有形固定資産の減価償却は私がそれぞれ担当することになった。

この分担について黒澤清教授は、前述した座談会のなかで次のように述べておられる。

「……その当時の少壮学者に、主査をそれぞれ委嘱したわけですね。体系は飯野教授に原案を書いてもらった。それから様式は江村助教授に頼んだ。それから固定資産の減価償却については諸井助教授に委嘱した。もちろん、企業会計審議会でそれをさんざんたたいて仕上げたのです(1)。」

さて、審議の順序は体系が最初で次が様式であり、この二つがある程度固まった段階で減価償却に移ったのであるから、私が減価償却の意見書草案を書きはじめたのは昭和三十年の秋になってからではなかったかと思う。

よく知られているように、「連続意見書」第三「有形固定資産の減価償却について」は、次の三部から構成されている。

第一　企業会計原則と減価償却
第二　商法と減価償却
第三　税法と減価償却

これら三部のうち私がまず草案を執筆し、それについて研究会で審議がなされたのは、第一ではなく実は第二の商法と減価償却だったのである。どうしてそうなったかというと、当時、「連続意見書」は商法と税法に対して「企業会計原則」の立場から意見を述べればそれでよいのだという認識が、私のみならず研究会のメンバー全員に共通してあったからである。こうした認識の背後には、いずれ減価償却準則(2)が設定され、そこで「企業会計原則」にもとづく減価償却の詳細な規定がなされるという了解が存在していたと考えられる。

こうした事情のもとに私は、商法関係の文献をあれこれと読みあさり、さらに東大法学部の鈴木竹雄教授（企業会計審議会の委員でもあった）を港区榎坂町のお宅にお尋ねしてご意見をうかがったりもして、商法批判の草案を作成した。私の執筆した草案は研究会の席で検討され修正をうけたのだが、しかし商法批判の部分は比較的修正されることが少なく、かなりよく原形をとどめていると思われるので、「連続意見書」第三の正文のなかからその箇所を抜粋して、当時の思い出とすることを許されたい。

「商法の条文のうち減価償却に関係あるものは、固定財産の評価に関する次の二条である。

第三十四条　財産目録ニハ動産、不動産、債権其ノ他ノ財産ニ価額ヲ附シテ之ヲ記載スルコトヲ要ス其ノ価額ハ財産目録調製ノ時ニ於ケル価格ヲ超ユルコトヲ得ズ

営業用ノ固定財産ニ付テハ前項ノ規定ニ拘ラズ其ノ取得価額ヨリ相当ノ減損額ヲ控除シタル価額ヲ附スルコトヲ得

第二百八十五条　財産目録ニ記載スル営業用ノ固定財産ニ付テハ其ノ取得価額又ハ製作価額ヲ超ユル価額、取引所ノ相場アル有価証券ニ付テハ其ノ決算期前一月ノ平均価格ヲ超ユル価額ヲ附スルコトヲ得ズ

第二百八十五条の固定財産の評価に関する条文の解釈については、商法学者の間に意見の対立がみられる。本条をもって第三十四条第二項を受ける規定と解するものは、本条の取得・製作価額は当然に減価償却費を控除した価額でなければならず、固定財産について評価益を計上することはできないと主張する。

これに対して本条をもって独立の規定と解するものは、いったん減価償却した後に時価が上

がれば、償却額を元にもどして取得・製作価額まで評価を高めることができると論ずる。後者は企業会計原則と全く相いれない解釈であるが、かかる見解が存在するのは、ひっきょう、商法の固定財産の評価および減価償却に関する規定がはなはだしく不備であるからにほかならない。

ところで、これら二つの解釈のうち前者をとるにしても、これによって直ちに費用配分の原則に基づく正規の減価償却の観念が商法に存することにはならない。

けだし、第三十四条第二項の規定の文言からいえば、取得原価から控除されるべき相当の減損額は、正規の減価償却の方法によらなくともこれを評価することができると解釈される余地があるからである。……上記の解釈による場合には、減損額は企業の判断によってそのつどしかるべく評価されるわけである。第三十四条第二項にいわゆる『相当ノ減損額ヲ控除』するとは、かかる任意、不規則の評価方式を意味するものと解されるおそれが大である。」

(1)「座談会、企業会計四半世紀の歩み」『企業会計』Vol. 26, No. 1, 一九七四年一月、一八頁。

(2) 減価償却準則の設定は、企業会計審議会第一回総会(昭和二十七年九月)において報告された第一部会の予定計画の一つであった。本章の1、八六頁参照。

5　研究会再開後の審議

企業会計審議会第一部会研究会における「連続意見書」第三の審議は、審議会の都合で、私の商法批判の草案を二、三度検討したあと一年半近くも中断された。第一部会研究会が再開されたのは、昭和三十二年の七月末になってからである。研究会が中断されていた期間に第一部会は何をしていたかというと、「監査基準」等の改訂作業に追われていたのである。「監査基準」はほんらい第三部会の事項であるが、第三部会長の岩田巖教授が昭和三十年三月三日に惜しくも逝去されたため、黒澤第一部会長が急遽第三部会長を兼務し、「監査基準」等の改訂作業に当たられたわけである。なお、再開後の研究会はそれまでの四谷の仮庁舎ではなく、進駐軍による接収が解除された霞ヶ関の本庁舎で行われるようになった。

再開後の研究会の空気はこれまでとは大きく異なり、商法批判よりも「企業会計原則」の補完の方が先だという意見が支配的となっていた。こうした情勢の変化をうけて、私は商法や税法批判はさしおいて、減価償却準則ともいうべき内容の草案を、「企業会計原則と減価償却」の見出しのもとに執筆することになった。

「第一　企業会計原則と減価償却」における小見出しは次のようである。

一　企業会計原則の規定
二　減価償却と損益計算
三　臨時償却、過年度修正
四　固定資産の取得原価と残存価額
五　費用配分基準と減価発生の原因
六　減価償却計算法
七　取替法
八　耐用年数の決定
九　一般的耐用年数と個別的耐用年数
十　個別償却と総合償却
十一　減価償却引当金

これら十一項目からなる第一部の草案執筆はなかなかの苦労だった。太田哲三先生の『固定資産会計(1)』をはじめ多くの文献に目を通し、それらを参考にして草案を書くうち夜が明けたこともしばしばだった。書き上げた原稿は事務局の手によって謄写印刷のうえ研究会の席に配布され、私の説明のあと審議が行われる。その審議に基づいて原稿の訂正を行い、さらに新しい部分を書き足して次回の研究会に望む。およそこのようなプロセスで作業は進んでいったのである。

小見出しの二の減価償却と損益計算は、次の文章ではじまる。

「減価償却の最も重要な目的は、適正な費用配分を行うことによって、毎期の損益計算を正確ならしめることである。このためには、減価償却は所定の減価償却方法に従い、計画的、規則的に実施されねばならない。利益におよぼす影響を顧慮して減価償却費を任意に増減することは、右に述べた正規の減価償却に反するとともに、損益計算をゆがめるものであり、是認し得ないところである。」

この文章は「連続意見書」第三の眼目ともいうべき部分で、そのなかの「計画的、規則的に実施」および「正規の減価償却」は、キーワードといってよいものである。

第一部の審議が一通り済むと、第二の商法、第三の税法と進んでゆく。第二の商法は前にかなり検討してあったので比較的早く済んだが、第三の税法は難物で、法人税法、租税特別措置法をはじめとする税制に明るい大蔵省内の人の応援を受けつつ起草したように記憶する。

「連続意見書」第三は、「連続意見書」第一、第二とともに昭和三十五年（一九六〇年）六月二十二日付けで発表された。発表後、一般人を対象とする説明会で一、二度講師を務めたり、また二、三の雑誌に解説文を掲載したりした。

苦労して起草し、長い時間をかけて審議した「連続意見書」第三が、昭和三十七年（一九六二年）の商法改正に影響をおよぼしたことは嬉しいことであった。改正商法の第二八五条ノ三は、固定資産の評価について次のように規定する。

第二八五条ノ三　①固定資産ニ付テハ其ノ取得価額又ハ製作価額ヲ附シ毎決算期ニ相当ノ償却ヲ為スコトヲ要ス

②固定資産ニ付予測スルコト能ハザル減損ガ生ジタルトキハ相当ノ減額ヲ為スコトヲ要ス

この条文を先の引用文にある改正前の第二八五条と比較すると、大幅な改善ということができよう。また第二項は、減損会計規定として注目すべきものである。

第一部会研究会が審議を重ねた「連続意見書」には前記の三点のほかに、なお「連続意見書」第四「棚卸資産の評価について」と「連続意見書」第五「繰延資産について」がある。起草者は棚卸資産が番場委員、繰延資産が江村幹事であった。第四と第五の「連続意見書」が発表されたのは、昭和三十七年（一九六二年）八月七日である。

（1）　太田哲三『固定資産会計』一九五一年、国元書房。

6　商法学者との交流

この回顧録を執筆するようになってから、私は机の奥深くしまいこんでいた古い手帳のメモ書きを丹念に読むようになった。走り書きした簡単なメモは、それまで忘れかけていた往年の出来事をはっきり思い出させてくれる。こうして私は、東京大学法学部主宰の企業会計法規研究会のことを思い出したのである。

企業会計法規研究会は、昭和二十八年度と二十九年度の二年間に亘って実施された文部省科学研究費による法経合同の研究会で、研究会のメンバーは法学部における商法担当の鈴木竹雄教授、石井照久教授、矢澤惇助教授（当時）と、経済学部における会計学担当の木村重義教授、江村稔助教授（当時）、それに私の六名のほか、法学部関係者がもう一、二名加わっていたように記憶する。定例報告会は毎回報告者を決めて討論する形で二十回ほども続けられ、私も三回報告をした。報告会が済んでから会社を訪問し、会社経理の実態を調査したこともある。こうした合同研究会を通じて商法学者と交流を持ち得たことははなはだ有益で、私が「連続意見書」第三の起草にさいして鈴木竹雄教授からいろいろご教示を得ることができたのも、この交流のおかげである。

東大法学部の矢澤教授は、当時の商法学者には珍しく企業会計に対して強い関心と並々ならぬ理解をもっていた。同じ企業会計審議会の幹事として、また同じ企業会計法規研究会のメンバーとして、私と矢澤さんとの付き合いは浅からぬものがあったが、昭和三十一年十一月には、彼が米国留学から帰国して最初に開講した意欲的な講義「企業会計法」において、私は彼の委嘱により簿記入門を二回にわたって法学部の学生相手に講義をした。二回の講義で簿記を一通り説明しおわるためには、教材がよほどしっかり出来ていなければならない。そのため、私は簿記の教材作りに多くの時間と労力を費やすことになった。このとき作成した教材は、のちに出版された

矢澤惇『企業会計法講義』有斐閣、一九五八年

の第二部前半に収録されているのである。

なお、商法学者との交流は、昭和三十五年四月から三年間私が法制審議会幹事として商法部会に出席することによって、いっそう深められることになった。

法学部諸教授との交流に関連して、つぎに商法学者ではないが、学生時代の私に強い影響をおよぼした法哲学者でしかも私の母方の叔父、尾高朝雄について思い出を記しておきたい。尾

高朝雄については私は別の機会に小論を書いているので、そのなかの一節を次に引用することにする。

東大経済学部に入学して間もない昭和十七年十二月中旬、私は神田の岩波書店の店頭に朝雄叔父の著書『実定法秩序論』の第二刷が数冊積まれているのを偶然見つけた。物資窮乏の戦時中のこととて、良書は店頭に並ぶとまたたく間に売り切れてしまう。専門違いの法律書を理解できるかどうかいささか心もとなかったが、いま買わねばまず入手はできなくなると思い、その場で定価四円八十銭を支払って一部を買い求め、家に帰ってさっそく読みはじめた。読んでみると、底に真理探求の激しい情熱を秘めながら、複雑多岐にわたる問題を広い視野のもとに冷徹明快に論じていて、文字どおり巻を措く能わずといった魅力がある。家で読み、大学に持参して授業の合間に図書館で読みつぐというふうにして、正味五七四ページの書物を一週間かけて精読した。読みおわって、なんだか急に自分が大きく成長したような心持ちになった。

このあと、『国家構造論』（昭和十一年）をも読み上げてから、当時、京城帝大教授として京城（今のソウル）に在住していた叔父にあてて読後の感想をこまごまと書き綴った手紙を送った。叔父からは、折りかえし、自分の本を熱心に読んでくれて嬉しいといった趣旨の返事が届いた。こうした手紙の往復を通じて、これまで怖くて近づきにくかった朝雄叔父との心の交流がはじまったのである。……

『実定法秩序論』の刊行は太平洋戦争のさなかの昭和十七年三月であり、同年七月には日本出版文化協会の推薦を受けているのであるが、この時代の著作にありがちな「聖戦完遂」とか「八紘一宇」とかいう時局迎合的な言葉はこの本のどこにも見当たらない。もちろん叔父といえども時代の大きな制約から自由ではなかったが、しかし本書を貫く精神は純粋に学問的であり、それだからこそ若者の心を強く惹きつけたのである(1)。

私の田中耕太郎学説批判の眼は、尾高の『実定法秩序論』によって養われたものである。なお、ここで私が学問的に影響をうけたもう一人の叔父、尾高邦雄についても触れておきたい。尾高邦雄は社会学者で東京大学文学部教授であったが、私は学生の頃からその家庭をよく訪問し、さまざまな面で感化をうけたのである(2)。

（1）「朝雄叔父―二人の叔父(一)―」『青淵』第五七二号、平成八年十一月、一〇〜一一頁。『青淵』とは渋澤青淵（栄一）記念財団竜門社の機関誌である。

（2）詳しくは、「邦雄叔父―二人の叔父(二)―」『青淵』第五八四号、平成九年十一月、を参照。

第五章　「原価計算基準」とその周辺(1)

1　原価計算研究会

「原価計算基準」(「基準」と略称)は企業会計審議会の第四部会で起草され審議されて制定されたものであるが、審議会の前身である企業会計制度対策調査会が昭和二十三年(一九四八年)七月に発足した当初は、まだ第四部会は存在していなかった。第四部会が設置されたのはそれから一、二年経ってからのことのようである。それはともかく、第四部会が当初存在しなかったということは、「原価計算基準」のその後の産みの苦しみの大きさを暗示しているように思われる。

「原価計算基準」制定のための作業開始時期は昭和二十五年(一九五〇年)十二月とされているが、当時その作業を実際に担当したのは第四部会長の中西寅雄教授と、同部会の三人の有力メンバーすなわち、山邊六郎、鍋嶋達、番場嘉一郎の各教授であった。作業開始当初の状況を山邊教授は次のように記しておられる。

「将来制定されるはずの原価計算基準のおよその『型紙』を作ることを目指して、中西教授を会長としてわれわれが原価計算研究会をはじめたのは、昭和二十五年の暮も押し詰った頃のことである。それ以来毎週一日を潰して研究しつづけて丁度一年半になるが、未だ完成には至らない。まことに牛の歩みである。——中略——

ところで、アメリカでも英国でも、原価および原価計算の基準だけを問題とし、これにもとづく実施手続（準則）を取上げることをしないようである。これは、これらの国々——殊にアメリカ——においては原価計算実務の水準が高く、しかもそれが経営の規模、生産工程の態様、製品の種類に応じて多彩な発達を遂げており、原価計算基準はこれを土台として作られるためであろう。しかし、我国の場合はこれと事情を異にする。もし仮りに、われわれが英国のアングロ・アメリカン協議会のように、我国産業の原価計算の実情調査を行ったとしたらどうであろうか。その結果は、おそらく物価庁の原価計算要綱の線にだいたい一致してくるであろう。したがって我が国においては、どうしても原価計算要綱に代わる新しい原価計算手続を例示する必要があり、実際界もこれを熱望している(2)。」

右の引用文にある原価計算研究会が、中西第四部会長をチーフとし、山邊、鍋嶋、番場の各教授をメンバーとする組織であることはいうまでもない。この研究会では、山邊教授も述べておられるように物価庁の原価計算要綱に代わるべき新しい原価計算手続の探求に苦心が払われ、文献研究のほか、優れた工場の原価計算実務の見学調査も精力的に行われた模様である。

ここで物価庁の製造工業原価計算要綱について述べておくと、これは戦後の統制経済下における公定価格決定のための原価計算の要綱であって、昭和二十三年（一九四八年）三月、総理庁令第一四号の原価計算規則別記として公布されたものである。この物価庁要綱には、戦時中の企画院の製造工業原価計算要綱という前身がある。企画院要綱は戦時における軍需品調弁価格決定のための原価計算の要綱であるが、価格決定という共通目的のゆえに、これに若干の修正を加えて物価庁要綱が制定されたのである。

ところで、物価庁要綱も企画院要綱も、原価計算の目的として価格の決定をあげるだけでなく、「経営能率の増進の基礎たらしむること」という目的を加えていることに注意しなければならない。「経営能率の増進の基礎たらしむる」とは、いいかえれば、原価計算によって原価管理を行うということである。両要綱とも材料費における材料消費量の計算や、労務費における作業時間ないし作業量の計算を規定しているが、こうした物量計算は、価格決定のための計算である以前に原価管理のための計算といわねばならない。

公定価格決定の基礎となる原価、あるいは軍需品調弁価格決定の基礎となる原価は、不能率な製造を前提とするものであっては公益を損なう。原価計算の目的として、価格決定目的とならんで「経営能率の増進の基礎たらしむること」という目的が掲げられたのは、以上のような理由からである。

それはさておき、物価庁の製造工業原価計算要綱は法的強制力を有し、しかも企業にとってなじみの深い戦時中の企画院要綱と実質的に同じものであったから、企業に広く受け入れられるところとなった。山邊教授が、実情調査を行えば結果は物価庁要綱の線にだいたい一致してくるであろうと述べておられるのは、このためである。

ところで、山邊教授をはじめ原価計算研究会のメンバーにとっては、物価庁の要綱の水準をもって原価計算のあるべき姿と考えることは到底できない。古めかしく水準の低い物価庁要綱に代わって、真に企業経営に役立つ自由で新鮮な原価計算のあり方を探求することが、原価計算研究会の大きな目標とされたのである。

なお、米国会計学会「原価概念および基準委員会報告(3)」が、「基準」の作成に少なからぬ影響をおよぼした重要文献であることを付言しておきたい。

(1) この章の執筆に当たっては、諸井勝之助「『原価計算基準』とその制定過程」『産業経理』Vol. 49, No. 4, 一九九〇年、に依拠するところが大きい。但し、「原価計算基準」の理解については、私はその後考え方を改めている。

(2) 山邊六郎「原価計算基準の問題点」『産業経理』昭和二十七年七月号、九二〜九三頁。

(3) Report of the Committee on Cost Accounting and Standards, *Accounting Review*, April 1952, pp. 174〜188.

2 「原価計算基準及び手続要綱(案)」

原価計算研究会の作業は昭和二十八年(一九五三年)の初頭には一段落して、山邊教授のいう「型紙」が一通りでき上がり、同年三月三十一日には日本銀行の会議室で企業会計審議会第四部会が開催され、審議資料として「原価計算基準及び手続要綱(案)」(「基準及び要綱(案)」と略称)が配布されて中西部会長の説明があり、そのあと審議が行われた。当日、私は幹事の一員としてこの会に出席して資料の配布を受けた。粗末なざら紙にガリ版刷りしたその時の審議資料は、今でも私の手許にあるので、次にそれを紹介することにしたい。この資料は原価計算基準と題する第一部と原価計算手続と題する第二部とから構成され、かなりの量があるが、史料価値を考慮してその全文を掲載する。

原価計算基準及び手続要綱(案)

(二八、三、三一、企業会計審議会第四部会)

前言

第一部　原価計算基準

第一章　総説

一、原価計算の目的

(一)1　企業会計における決算財務諸表作成に対する援助

2　一期間の利益目標設定に役立つ予算(見積財務諸表)作成に対する援助

(二)原価管理に必要な原価数値の提供

(三)経営意思の決定、計画の樹立に必要な原価資料の提供

二、原価の概念

(一)原価

(二)原価の諸概念

1　実際原価、見積原価、標準原価

2　製造原価、販売費、一般管理費

3　部門原価、製品原価

4　期間原価、製品原価

5　直接費、間接費

6　部門個別費、部門共通費

7　固定費、変動費
8　統制可能費、統制不可能費
9　特殊原価概念

三、原価計算
(一)原価計算の概念
(二)原価計算の種類
1　購入原価計算、製造原価計算、営業費計算
2　個別原価計算、総合原価計算
3　実際原価計算、見積原価計算、標準原価計算
(三)原価計算期間

四、企業会計と原価計算
(一)継続性の原則
(二)重要性の原則
(三)評価の原則
(四)製品原価と期間原価
(五)原価差額処理の基準

五、予算統制と原価計算
(一)予算統制の概念
(二)予算と企業会計
(三)予算と原価計算

六、原価管理と原価計算
(一)原価管理の概念
(二)原価管理の手続
1　原価責任制の確立
2　原価標準の指示
3　原価実績の記録
4　原価の分析と報告
5　原価引下に関する改善措置

1　直接賦課の原則
2　共通費、補助部門費の配賦の原則
五、製品原価計算の基準
(一)原価単位の決定
(二)直接賦課の原則
(三)間接費配賦の原則
(四)当期業績測定の原則
六、原価計算手続の選択と適用

第二部　原価計算手続

第一章　購入原価計算

一、購入原価計算の意義
二、購入費の分類
三、購入品（材料）原価の算定
四、購買事務費及び受入保管費の計算
五、仕入値引、割戻及び割引の処理
六、材料副費の管理

第二章　製造原価計算

A　個別原価計算

一、個別原価計算が適用される場合
二、個別原価計算における指図書
三、製造原価要素の分類
(一)製造直接費の分類
(二)製造間接費の分類
四、直接材料費の計算
(一)直接材料の消費量の計算
(二)直接材料の消費価格の計算
(三)自家生産材料の庫入価格及び消費価格
(四)直接材料費の管理
五、直接労務費（直接賃金）の計算

(一)直接労働に関する作業時間及び作業量の
計算
(二)直接労働の賃率
(三)直接労務費の管理
六、直接経費の計算
七、製造間接費の計算
(一)間接費の予定把握
(二)間接費の実際把握
八、部門費計算
(一)個別原価計算における原価部門
(二)部門費計算の対象
(三)部門費計算の手続
(四)部門個別費と部門共通費
(五)補助部門費の配賦
(六)実際間接費部門別分類表及び実際部門費
配賦表の作成
(七)予定による部門費計算
(八)部門費の管理
九、製品原価の算定
(一)直接費の賦課
(二)間接費（又は加工費）の配賦
(三)仕損の処理
(四)作業屑の処理
(五)個別原価計算における総括的な生産量と
単位原価との表示

B　総合原価計算

一、総合原価計算が適用される場合
二、総合原価計算の種類
(一)純粋（単純）総合計算と組別総合計算
(二)単一工程総合計算と工程別総合計算

（三）単一製品総合計算、等級別製品総合計算、
差引製品総合計算
三、総合原価計算における製造指図書
四、原価要素の分類
五、直接材料費の計算
六、直接労務費の計算
七、直接経費の計算
八、製造間接費の計算
九、部門費計算
（一）総合原価計算における原価部門
（二）部門費（又は工程費）計算
（三）部門費（又は工程費）の管理
一〇、製品原価の算定
（一）製造日報及び月報
（二）完成品換算量の算出
（三）製品及び仕掛品原価の算定
（四）先入先出法と平均法と後入先出法
一一、各種総合原価計算における計算方法
（一）単一工程総合計算の方法
（二）工程別総合計算の方法
（三）等級別総合計算の方法
（四）連産品計算の方法
（五）副産物、仕損品等がある場合の差引総合
計算の方法
一二、減損、仕損の処理

C　標準原価計算

一、標準原価計算実施の前提
二、標準原価計算の適用
三、標準原価計算の意義と種類
四、標準原価（当座標準原価）

五、標準原価の設定
（一）標準原価の設定者
（二）原価標準の設定方法
——原価単位の選び方——
——直接材料の標準価格及び標準消費量
等——
（三）原価標準の改訂
六、原価標準による製品原価の計算
七、原価差異の分析及び原因帰属
材料費差異等
八、基準標準原価計算

第三章　営業費計算

一、営業費計算の特異性
二、営業費の要素把握
（一）営業費の費目指定番号
（二）営業費の分類
（三）直接営業費と間接営業費
（四）変動営業費と固定営業費
三、営業費の製品種類別（又は販売地域別、顧客クラス別、販売方法別）の分析と管理
四、営業費の予定計算
（一）総説
（二）営業費の標準設定の可能性と統制

第四章　原価計算と企業会計

一、財務諸勘定と原価諸勘定との有機的関連
二、勘定科目表の作成と記番号制度
三、原価に関する統轄勘定と補助簿
四、工場元帳の独立
五、原価計算に関する伝票、帳簿等の連絡関係
——材料関係の伝票帳簿の連絡関係等——

一、原価報告の意義
二、原価報告の種類
三、原価報告の作成及び提供についての要件

以上によって明らかなように、「基準及び要綱(案)」はいわば目次のようなもので、各見出しについての文章による肉づけはまだなされていない。しかし、第四部会の原価計算研究会のメンバーが、当時「基準」をどのように構想していたかは、前記の文書によってかなり明確に知ることができるのである。

3　審議会の審議結果

昭和二十八年三月三十一日午後一時三十分より日本銀行会議室で開催された企業会計審議会第四部会は、きわめて劇的なものであった。というのは、「基準及び要綱(案)」は審議会の承認を得られず、その結果、第四部会は構想を改めて作業のやり直しをせざるをえないことになったからである。当時の状況を、原価計算研究会のメンバーの一人である番場嘉一郎教授は、昭和四十九年の座談会記録において次のように回顧しておられる。

「原価計算基準の作成・審議は企業会計審議会の第四部会の担当でした。中西寅雄先生が部会長で、鍋嶋教授、山邊教授および私に基準草案を書き上げる仕事を託されたのです。われわれは長期間にわたり、何回となく会合を重ねました。泊り込みの会合もしばしばやり、一応の草案を作り上げました。

これを企業会計審議会の部会に出しましたところ、それはコスト・コントロールを強調したマネジメント用の原価計算の基準という色彩が強かったために、こんなのは企業会計原則の補足としての意味があるか、審議会としては企業会計原則の補足としての原価計算基準を作ってもらいたかったのだ、ということで殊に岩田巖委員からこっぴどく批判され、落第いたしました。

いわれてみれば、まことにその通り。原価計算と企業会計原則とのからみ合いの問題が強調されていない。あのころはアメリカから新しい原価計算の思考が盛んに入ってまいりまして、戦争時代から終戦後にわたって利用された原価計算要綱（終戦後は戦前の要綱を若干改訂して物価統制の基礎としての原価計算に利用した）では駄目だ、新しいセンスを盛った原価計算基準でなければいけない……という意気込みで一生懸命やったのですが、いまいったような理由で落第したので、あらためて原価計算基準設定の目的について反省し、企業会計原則の補足的な性格を盛るものに衣替えをする作業を続けた。そして昭和三十二年四月三十日に原価計算基準仮案を公表し、各方面の批判を求め、しかるのちに最終草案のとりまとめ段階に入りました(1)。」

「基準及び要綱(案)」が「岩田委員からこっぴどく批判された」のは番場教授のいわれる通りである。ただ番場教授は触れておられないが、私の記憶によれば、岩田委員は特殊原価調査が審議資料に含まれている点を強く批判され、そのような企業の自由裁量に任されるべき原価計算までも「基準」に含ませるべきではないと主張されたのである。岩田委員の主張を私なりに解説すると、次のようになるであろう。

およそ原価計算には財務諸表の数値と直接関連を有する領域と、そのような関連を持たない領域とがある。企業会計審議会が「基準」を設定して統一をはかるべき領域は、前者すなわち財務諸表と直接関連を有する原価計算である。これに対して特殊原価調査のように、財務会計の枠の外で行われる原価計算は企業の自由裁量に任せるべきであって、これに対して「基準」が口を出すべきではない。「基準」は企業の従うべき原価計算のあり方を指示するものであって、たんに企業を啓蒙するための文書ではないのである。

岩田委員の批判の主旨は概ね右のごとくであるが、こうした批判の背景を理解するためには、『産業経理』（昭和三十一年）の座談会記録における黒澤清教授の発言に注目する必要がある。

「企業会計審議会は元来三部からなっておったわけで、第一部は会計原則に関する部会、第二部は会計教育に関する部会、第三部は監査部会で、第四部というものはなかったわけです。第四部は会計原則を原価計算の領域に拡大するという観点のもとに、第一部の発展形態として設けられたのですね。

はじめ企業会計審議会が第四部を持っていなかった理由は、原価計算というものは企業のいわば内部会計なんで、これに対して公の基準を制定するということは非常に困難ではないか。——中略——それで、会計原則や監査基準と同じレベルで、果して原価計算基準というものを設定することが可能であるかどうか、これが非常に問題になって、岩田巌教授は不可能論をとなえていた。しかし、会計原則は製造原価報告のところで原価の概念にふれておるので、やはりその内容を明らかにしなければいけないのではないかということから、彼も納得するに至った(2)。」

以上は第四部会設置の経緯についての貴重な証言である。ところで、黒澤教授はもう一つ同じ座談会において、大蔵と通産との微妙な関係について重要な証言をしておられるのである。「原価計算基準の在り方に関連して……企業会計審議会の在り方が、ひとつの問題として考えられてくる。元来それは、安定本部にあったわけでしょう。安定本部にあったときに第四部を設置したわけで、大蔵省へ移管するときに、大蔵省設置法の中にこれを規定した。そのときに、通産省から文句の出るおそれがあった。通産省の合理化審議会でやれないことはないからです。しかし、『そちらでは啓蒙的にやるんだが、こちらは啓蒙的なものではないんだ。会社の経理に対して、ちょうど会計原則と同じような役割を演ずるものなんだ。』こういう考え方で、原価計算部会の存在理由がきまったのです。こういう事情を併せて了解してもらわないと、原価計算基準に関する問題の焦点がぼやけてくるのではないだろうか(3)。」

すでに第四章の1で紹介した大蔵省設置法に基づく企業会計審議会令には、企業会計審議会の調査審議事項の一つに「原価計算の統一」があげられているが、この項目が加わるについては、黒澤教授のいわれるような通産省との話し合いがあったとみなければならない。そして、「原価計算の統一」には、通産省の合理化審議会でとり上げるのがふさわしいような啓蒙活動は含まれないという点で、両者の合意が成立していたと考えられるのである。

（1）「座談会、企業会計四半世紀の歩み」『企業会計』Vol. 26, No. 1, 一九七四年一月、一六〜一七頁。
（2）「座談会、原価計算基準の在り方」『産業経理』第十六巻第七号、一九五六年七月、一二四頁。
（3）前掲『産業経理』座談会、一二二頁。

4　新しい陣容による起草作業

「原価計算基準」の起草作業は、「基準及び要綱（案）」が審議会の承認を得られなかったことを契機として、これまでとは異なる新しい陣容のもとに進められることになった。原価計算研究会（第四部会研究会）は次の二つ研究資料をまとめたのち、活動を停止したと思われる。その研究資料の一つは、「原価計算基準に関する研究資料（一）」（第四部会研究会、昭和二十八年四月三十日）であり、いま一つは、特殊原価概念ならびに特殊原価調査についての詳しい説明を含む「原価計算基準に関する研究資料（二）」（第四部会研究会、昭和二十八年五月二十六日）である。両者については私は別稿(1)で論じているので、ここではこれ以上立ち入らないことにする。

ところで、ここで気になるのは中西第四部会長の心境である。審議会の席上みずから説明された「基準及び要綱（案）」がその席で否決されたことに対して、中西部会長は深刻なショックを受けられたのであろうか。それとも、ショックは受けたにしても、それほど深刻にはこれを受けとめられなかったのであろうか。私の考えを述べれば、おそらく後者であろう。なぜなら、中西部会長は原価計算研究会のチーフではあっても、実際の作業は若い三人の委員に任せ、ご自身はあまり口を出さないようにしておられたのではないかと思うからである。このことは、さきに紹介した番場教授の座談会発言のなかに、「中西寅雄先生が……鍋嶋教授、山邊教授および私に基準草案を書き上げることを託されたのです（傍点引用者）(2)」とあることからも、首肯されるところである。中西部会長は、戦後の新しい基準の草案は、戦時中の企画院「製造工業原価計算要綱」（昭和十七年）や「陸軍軍需品工場事業場原価計算要綱」（昭和十四年）等に深くかかわってきた自分よりも、若く新鮮な頭脳によって作成される方がよいと考えられたに違いないのである。

こうした配慮からそれまで遠慮気味だった中西部会長も、審議会で「基準及び要綱（案）」が否決されてからは率先陣頭に立って構想の抜本的練り直しをはかり、鍋嶋達委員の献身的ともいえる協力のもとに「基準」の草案作成を強力に推進していくことになった。私は昭和三十年からこの起草グループに参加したが、中西先生が草案作成に注いだ情熱と意気込みはまったくたいへんなものだったのである。

「基準」起草の作業は、中西部会長が広い視野と深い思索とから得たご自身の考えを説明し、それを鍋嶋委員が文章化するという形で進行した。一度書き上げた文章も、中西部会長の得心がいくまでは何度も書き改められた。私の役割は、時おり文献調査(3)をしたり、気づいた点について意見を述べたりする程度のものであったが、しかし第一部会研究会に所属するかたわら、開催頻度の高い起草グループの会合に出席することは、大いに勉強にはなったものの私をすこぶる多忙にした。

起草グループのメンバーは事務局を除くとわずか三人だったので、その会議は臨機応変に開かれる傾向があった。昭和三十一年七月、当時大阪大学経済学部長だった中西部会長の都合で大阪で会議が開かれたときには、私は十二日の夜行（急行銀河）で大阪に向かい、十三、十四の両日をたっぷり作業に費やして、十四日の夜行（急行大和）で帰京した。（当時は新幹線などむろんなく、東京・大阪間は急行で十時間くらいかかった。）その十四日の夜、大阪に残る中西先生は、帰京する鍋嶋さんと私を心斎橋や道頓堀でご馳走したあと今はない湊町駅まで見送りに来られ、夜食にと、清酒と鯛寿司を二人分三等車の窓ごしに差し入れられたのを覚えている。

また、同じ年の十一月のある日曜日には神田の学士会館で午前十時から会議が開かれ、夜九時の閉館後は近所の粗末な支那料理屋に席を移して切りのよいところまで作業が続行された。日曜であろうと、大阪であろうと、三人の都合がつけば集って、事務局の人をまじえてとことん議論をするというのが中西さんの流儀なのであった。

（1） 諸井勝之助「『原価計算基準』の制定」、青木茂男編『日本会計発達史』一九七六年、同文舘所収。

（2） 前掲『企業会計』座談会、一六頁。

（3） この種の文献調査の一例として次の論文がある。諸井勝之助「研究開発費について――米国におけるその実務――」中西寅雄編『近代原価計算』一九五八年、同文舘所収。

5 「原価計算基準（仮案）」とその問題点

中西部会長を中心とする新陣容によって推進された「基準」の起草作業も、昭和三十二年（一九五七年）の春には一段落し、同年四月に「原価計算基準（仮案）」（「仮案」と略称）が第四部会小委員会の一応の審議を終えて、意見聴取のため関係各方面に配布される運びとなった。この「仮案」は会計学界にも広く配布されて検討されたが、とりわけその年の五月、同志社大学と立命館大学の両校で開催された第十六回日本会計研究学会大会においては、第一日（五月二十三日）に原価計算基準仮案報告会（報告者は中西寅雄、鍋嶋達、黒澤清）が開かれ、また第二日（五月二十四日）には「原価計算基準仮案をめぐって」と題する円卓討論会（座長は山下勝治、説明者は中西寅雄、鍋嶋達、山邊六郎、松本雅男、諸井勝之助）が開かれて、「仮案」についての説明・討論が活発に行われたのである。この円卓討論会の速記録は、『會計』(1)に二号にわたって掲載されている。

ここで「仮案」の目次を示すと、左記のようである。

原価計算基準(仮案)

企業会計審議会第四部会

目　次

第五章　原価差額の会計処理　　　　　　第六章　原価報告

以上の「仮案」の目次を現行の「基準」のそれと比較すると、「基準」では第一章が原価計算の目的と原価計算の一般的基準となっており、第二章の第二節が原価の費目別計算、第三節が原価の部門別計算、第四節が原価の製品別計算となっている。また、第四、第五の各章における原価差額は原価差異に改められ、さらに第六章の原価報告は「基準」では全面的に削除されているのである。

ところで、「仮案」はこれから各方面の意見を聴取して修正を加えようとする未完成品であるから、不備な点、問題点があっても少しもおかしくないのである。そうした問題点を二つあげると、その第一点は原価計算制度の定義についてである。「仮案」は第一章の二を原価計算制度と題し、そこで、原価計算制度は異なる目的が相互に調整され共同に達成されるべき一定の計算秩序であること、かかるものとしての原価計算は常時継続的に一定の秩序をもって行われ、会計機構と有機的に結びついた計算秩序であること、したがって特殊原価調査は制度としての原価計算の範囲外に属することを論じたあと、制度としての原価計算の意味を次のように説明する。

「この基準において原価計算とは、制度としての原価計算をいい、それは実際原価を計算するだけでなく、原価の標準を設定し、これを指示し、これと実際とを比較して差異を分析し、原価に関する報告をなす一定の計算体系を意味する。」

右の定義にしたがえば、原価計算制度とは標準原価計算制度を指しており、実際原価計算制度は不適格となりそうである。事実、「仮案」は第三章において標準原価計算制度を定義しているが、実際原価計算制度に関する定義はどこにも見当たらないのである。それでは「仮案」は実際原価計算制度を認めないのかといえば、そうではない。なぜなら、「仮案」は第二章において製品別実際原価計算を詳細に規定し、また第四章において実際原価計算制度における原価差額を、ならびに第五章において実際原価計算制度における原価差額の会計処理を規定しているからである。

一方では実際原価計算制度を前提とする規定をおきながら、他方ではこの制度が認められないかのような定義を下すのは明らかに矛盾であり、不備といわねばならない。こうした不備は、現行の「基準」では、「原価計算制度を大別して実際原価計算制度と標準原価計算制度とに分類することができる」とした上で、両制度について明確な定義を下すことによって完全に解決されている。

「仮案」における問題点の第二は、標準原価概念である。「仮案」はその第三章において、「標準原価は第一に、それが標準として適用される期間すなわち標準改訂の頻度に関して、当座標準原価と基準標準原価との二種の類型に、第二に、達成さるべき水準に関して理想的標準原価、現実的標準原価および正常的標準原価の三種の類型に分かつことができる」として、まず当座標準原価と基準標準原価を説明し、ついで理想的標準原価、現実的標準原価および正常的標準原価を説明している。以上によって標準原価に各種の類型のあることは分かるが、それでは標準原価計算制度において用いられるべき標準原価は何であるかというと、必ずしもはっきりしない。ただ、この点に関連して次のような規定がある。

「当座標準原価と基準標準原価とは、いずれも上掲の三種の水準（理想的、現実的、正常的各水準——引用者）に基づいて決定することができるが、当座標準原価は現実的な達成可能水準を基礎とするのが通例であり、かかる水準の当座標準原価は、実際において原価管理に最も適当するのみならず、棚卸資産価額の算定および予算作成のためにも用いられる標準原価である。」

現実的水準を基礎とする当座標準原価が棚卸資産価額の算定に用いられるということは、この種の標準原価が標準原価計算制度で用いられてよいことを意味すると解されるが、他の標準原価を標準原価計算制度にとり入れてよいか否かは、「仮案」では明らかにされていない。基準標準原価や理想的標準原価は、原価管理のためにはそれぞれ意味をもっているであろうが、財務会計的には問題がある。「仮案」は、原価計算制度において用いられるべき標準原価を特定する必要があったのである。

この点に関して「基準」は、「標準原価計算制度において用いられる標準原価は、現実的標準原価又は正常原価である」として、その内容を明確化している。また「基準」は、当座標準原価と基準標準原価という両概念の使用をやめ、理想的標準原価については、それが「基準にいう制度としての標準原価ではない」ことを明らかにしている。

（1）『會計』第七二巻第四号、一九五七年十月、六三〜九八頁。『會計』第七二巻第五号、一九五七年十一月、四一〜八三頁。

6 「仮案」における啓蒙的規定

いま改めて「仮案」の全文に目を通してみると、「仮案」には経営管理のための啓蒙的性格の規定がたいへん多いことに気づくのである。以下に紹介する第四章の後半における原価差額の分析に関する規定は、簡にして要を得た優れた内容のものであるが、その啓蒙的性格のゆえに現行「基準」では削除されている。

「原価差額は、それぞれたとえば次のごとき発生原因にさかのぼってこれを分析する。

(一) 価格差異

価格差異(材料の受入価格差異及び消費価格差異を含む)は、材料種別に送状、出庫票等に基き、

1 市場価格の変動、不適当な予定又は正常価格の適用等の諸原因及び

2 不利な購入量、購入先、購入方法又は条件の採用等購買能率に関する諸原因、に分析する。

(二) 数量差異

数量差異は、材料種別に出庫票、仕損報告書等に基き、

1 不適当な消費数量標準の適用等の諸原因及び
2 規格外又は不良材料の使用、製品規格、機械工具、作業方法の変更、仕様書の不完全、作業能率の低下等材料消費能率の如何による諸原因、に分析する。

(三) 賃率差異

賃率差異は、部門別、作業種別に賃金日報に基き、
1 賃金水準の変動、賃金支払制度の変更、不適当な予定又は正常賃率の適用等の諸原因及び
2 指定以外の労働等級の使用、緊急作業のための高賃率の支払等経営の労務管理の如何による諸原因、に分析する。

(四) 作業時間差異

作業時間差異は、部門別、作業種別に作業時間報告書、仕損報告書に基き、
1 不適当な作業時間標準の適用等の諸原因及び
2 労働の熟練度、勤惰、従業員の選択、訓練、配置の不良、労働移動の頻発、各種原因による作業手待等作業能率に関する諸原因、に分析する。

（五）　製造間接費差異

部門間接費差異は、部門別間接費月報、作業時間月報、操業度月報等に基き、予算差異、能率差異、操業度差異等につき更にその原因を次のごとく分析する。

（イ）　予算差異については、

1　間接費要素について生じた市場価格、賃金水準等の変動、不適当な予算価格の適用等の諸原因

2　季節的な間接費発生額の変動

3　間接費の濫費等の諸原因、に分析する。

（ロ）　能率差異については、作業時間差異の諸原因に準じて分析する。

（ハ）　操業度差異については、

1　季節的な操業度の変動

2　販売市場、調達市場の変動、不時の災害等、に分析する。」

すでに述べたように「仮案」には、「基準」にはない原価報告と題する第六章がおかれてい

た。この第六章は大きく二つに分かれていて、その前半は外部報告としての製造原価報告書等に関する部分、後半は内部報告としての原価報告に関する部分であり、後半の部分では原価管理のための報告についての詳細な規定と、経営計画設定のための原価報告についての簡単な規定がなされていた。第六章の内容は概ね以上のようであるが、前半の外部報告はほんらい「企業会計原則」で扱うべき問題であり、また後半の内部報告は啓蒙的性格のものであるという理由でいずれも不必要と判断され、第六章は全面削除となったのである。ここでは後半の部分すなわち、内部報告としての原価報告に関する「仮案」の規定を紹介することにしよう。

「内部報告としての原価報告は、原価管理のための報告と経営計画設定のための報告とに分かたれる。原価報告の種類、様式、報告頻度、報告先等は、経営の実情に応じてそれぞれ原価管理及び経営計画設定に最も役立つようにこれを定め、原価計算部門において作成し、経営管理者に提供するものとする。

（一）　原価管理のための報告は、原価の実際発生額、これと原価の標準（理想的には標準原価）との差異並びに差異発生の原因に関する分析結果等を、経営管理者の各階層に対して報告するものであり、おおむね次の原則によってこれを作成し、提供する。

1　原価報告は、現場管理者、中間又は部門管理者、総括経営者等各階層の経営管理者に対し、その原価管理の必要と目的に応ずるようにこれを作成提供する。これがために、

(1)　現場管理者層に対しては、金額よりもむしろ数量、時間等の物量をもって具体的、且つ詳細に報告し、上級管理者層に対しては総括的に金額数字をもって報告する。

(2)　現場管理者層に対しては、日々の管理に必要な原価資料を、日報、週報、旬報のごとく頻繁に報告し、上級管理者層に対しては、月報、四半期報のごとく比較的長期間にわたる報告を行う。

2　原価報告は、報告を受け取る経営管理者の権限と責任に応ずるように、その内容を管理責任の範囲に限定して、これを作成する。たとえば、ある部門管理者に対する部門間接費の報告は、管理可能費についてのみ行うがごとくである。

3　原価報告は、例外の原則に従い、標準を著しく離脱した異常な事項に経営者の管理の注意を集中せしめるようにこれを作成する。

4　原価報告は、形式的完全性よりもむしろ直截簡明を旨とし、経営管理者が容易に理解し得、これに基いて必要な改善措置をとるに要する時間と労力を、できる限り少くするよう

にこれを作成する。

5　原価報告は、経営管理者のすみやかな改善措置に役立つようにこれを迅速に作成提供する。

6　原価報告は、原則として一定の文書により経常的に作成提供するが、必要に応じ、口頭その他便宜な方法により臨機に行うものとする。

(二)　経営計画設定のための原価報告は、原価資料の比較表示によって原価に関する趨勢変化を明らかにし、且つ、経営内外の諸条件の変化に対応して原価がいかに変化するかを分析解明して、これを経営管理者に提供するものとする。」

7　「原価計算基準」の完成と経過

「原価計算基準」は、昭和三十七年（一九六二年）十一月八日付けで大蔵省企業会計審議会中間報告として公表された。安本時代の原価計算研究会発足から数えておよそ十二年、「基準及び要鋼（案）」が審議会で否決されてから九年半、「仮案」が各方面に配布されてからでも五年半という長い歳月をかけての完成であった。完成すると間もなく、審議会の委員・幹事は二、三の講師団を編成して東京ほか主要都市において説明会を開催し、私も講師団の一員として東京、名古屋、福岡の説明会に参加した。

それにしても「仮案」の配布から「基準」完成までの五年半という長い期間に、審議会第四部会は何をしていたのであろうか。記憶に残る最初の作業は、「仮案」に対する各方面とくに産業界からの意見聴取を時間をかけて行ったことである。経団連、企業経営協会、企業研究会、産業経理協会等の団体はそれぞれ研究会を設けて「仮案」の検討を行い、その結果をとりまとめて意見書を提出した。私はそれらの研究会に呼ばれて説明を行ったり、また時には意見書のとりまとめを手伝ったりもした。そういう会合でよく同席した実務家のなかに日本電気の中山隆祐氏がおられ、その後ながく親しくさせていただいた。

こうして産業界から意見書が提出されると、それに基づいて「仮案」の手直しが検討されることになる。「基準」の第二章第五節三九の技術研究費に関する規定は、産業界からの意見を取り入れた代表例である。念のためその規定を示すことにしよう。

「新製品又は新技術の開拓等であって企業全般に関するものは、必要ある場合には、販売費および一般管理費と区別し別個の項目として記載することができる。」

「仮案」から「基準」完成までの期間には、産業界からの意見とは関係なく中西第四部会長自身の深い思索から導かれた改良が数多くなされた。それらのうち中西部会長が最も力を注がれたと思うのは、「基準」第二章第二節一〇の「費目別計算における原価要素の分類」である。この規定は「仮案」にはなく、「基準」においてはじめて加えられたもので、その冒頭において「費目別計算においては、原価要素を、原則として形態別分類を基礎とし、これを直接費と間接費とに大別し、さらに必要に応じ機能別分類を加味して、たとえば次のように分類する」と述べたのち、費目別計算における原価要素の分類の模範例を示しているのである。この規定は一見地味ではあるが、よく考えてみれば、「基準」が標榜する原価計算制度が財務会計目的にも、管理会計目的にもともに役立つための不可欠の条件を示すものとして、極めて重要な意味をもつといわなければならない。

もし「仮案」のままであるらば、要素別原価計算（「仮案」ではまだ原価の費目別計算という名称は使われていない）における原価要素の分類は、物価庁の要綱における分類と同じになったと思われる。このことに気づかれた中西部会長は、実際原価計算の第一段階における新しい原価分類について深く思いをめぐらし、その成果を、昭和三十三年に発表された論文（1）において詳しく展開されたのである。

「原価要素の分類について」と題するこの論文は、その第三節において次のように述べている。

「原価要素計算は、一般会計における費用計算たると同時に、原価計算の第一段階である。したがって、この計算における原価要素の分類は、一般会計上の要請と原価計算上の要請を同時にみたすものでなければならない(2)。」

以下、中西論文を要約すると次のようになる。すなわち、一般会計上の要請としては、計算の正確性と監査の容易性を保証するために、支出に基づく分類すなわち形態別分類が基礎となっている必要がある。また、原価計算上の要請を満たすためには、第一に、部門別計算と製品別計算を適切に実行しうるために直接費と間接費の分類が不可欠であり、第二に、原価管理上の要請にこたえるために機能別分類が重要である。そして、次のように締め括られる。

「一般的にいうならば、原価要素計算における原価要素の分類は、形態別分類を基礎とし、これを直接費と間接費に大別し、さらに必要ある場合に機能別分類を加味して分類することになる(3)。」

このあと、製造原価要素についての分類が例示されるが、その内容は「基準」の例示とほぼ同じである。

ところで、「仮案」の手直しははじめ三年くらいは比較的順調に進んだが、昭和三十六年に入ってからはテンポが著しく遅くなった。その主たる理由は、原価差異の会計処理についての意見の調整に手間どったからである。

「基準」の規定する原価差異の会計処理が社会的制度として広く承認されるためには、「基準」の規定は税法との調整を経たものでなければならない。そのため、少数の審議会メンバー（主として中西部会長と黒澤第一部会長および私）と税務当局との間に何度か話し合いが持たれることになり、審議会側が譲歩せざるをえないこともあった。その顕著な例として、材料受入価格差異に関する左記のような特異な会計処理規定をあげることができる。この規定における「この場合」以下の文言は、材料受入価格差異は付随費用以外は認められない、という税務当局の強い主張の結果生まれたものである。

「材料受入価格差異は、当年度の材料の払出高と期末在高に配賦する。この場合、材料の期末在高については、材料の適当な種類群別に配賦する。」（「基準」第五章、四七、（一）の2）

いま一つ特記すべきは、予定価格等が不適当なため、比較的多額の原価差異が生ずる場合の個別原価計算における会計処理をめぐって、中西部会長と黒澤第一部会長との間に意見の対立があり、その調整に一年近くもかかるという騒ぎがあったことである。中西説は、個別原価計算においても総合原価計算と同じく科目別配賦法(4)だけでよい（税務当局も同意見）というものであったが、黒澤第一部会長は、個別原価計算の場合には科目別配賦法のほかに指図書別配賦法(5)も認めなければならないと強く主張され、両雄譲らず暫くは膠着状態が続いた。けっきょく原価差異の会計処理は財務会計上の問題だからという理由で、中西部会長が譲歩して、現行規定（「基準」第五章、四七、(一)の3の(1)のように決まったのである。参考までに、往時を回顧して語る黒澤教授の座談会記録を掲げることにしよう。

「原価計算基準が十年も年数をかけたというのにはいろいろな理由があるわけです。あれは税法との関係が非常に微妙に作用している。中西寅雄部会長はあとで、『黒澤君と岩田君が延ばしたんだぜ』なんていわれた。私は特に原価差額の会計処理で文句を言った。――中略――まあ、原価計算基準が面倒になったのは、中西先生のいわれるように、岩田、黒澤が障害物になっていたことは確かだが、ぼくの方は、基準に対してよりは税法に対してなんです。

岩田君の方は会計原則の延長なんだから、管理会計的なことを基準に入れちゃいけないというのが彼の主張だったんです(6)。」

(1)　中西寅雄「原価要素の分類について」、中西寅雄編『近代原価計算』同文舘、一九五八年、第二章。
(2)　中西論文、前掲書、二八頁。
(3)　中西論文、前掲書、二九頁。
(4)(5)　科目別配賦法とは、原価差異を当年度の売上原価と期末におけるたな卸資産に科目別に配賦する方法であり、指図書別配賦法とは、原価差異を当年度の売上原価と期末におけるたな卸資産に指図書別に配賦する方法である。
(6)　「座談会、企業会計四半世紀の歩み」『企業会計』Vol. 26, No. 1, 一九七四年一月、一七頁。

8　「原価計算基準」の基本的性格

すでに述べたように、経済安定本部の企業会計制度対策調査会が発足した当初は、第四部会は設置されていなかった。原価計算について、「企業会計原則」や「監査基準」と同じような社会的規範としての基準を設定することは不可能ではないか、という意見が強かったからである。しかしその後、「企業会計原則」は製造原価報告のところで原価の概念に触れているのだから、その内容を明らかにする必要があるということで第四部会が設置され、原価計算の基準作りが開始されることになったのである。

ところで、こうした過去の経緯を強く意識すると、原価計算の財務会計的目的のみが強調され、その結果、「原価計算基準」は「企業会計原則」のサブシステムないしサブルールとして位置づけられることになる。次に引用するのは「中西寅雄と日本の原価計算」と題する黒澤清教授の論文の一節であるが、これを読むと、黒澤教授も「基準」を「企業会計原則」のサブシステムと理解しておられたことが明らかである。

会計制度の歴史的発展の第四期すなわち、戦後の会計原則時代においては、「企業会計原則の展開の延長線上に、原価計算基準の設定が行われた。第三期（一九四〇年代の原価計算制度化時代—引用者）における価格統制ならびに経営統制上の機能を遂行するための原価計算とはその役割を異にする、自由経済における原価計算制度を確立するために、財務会計のサブシステムとしての原価計算に関する基準を確立するためであった。原価計算基準の確立のために、企業会計審議会の第四部会長として、中西寅雄が再び登場した(1)。」

企業会計審議会に長く関係し、また過去の経緯を知ることの多かった私は、比較的最近まで黒澤教授と同じような考え方をしていたのであるが、先に紹介した中西教授の論文を読み返すうち、その考え方は「基準」の正しい理解ではないと思うようになった。私は「基準」に対する自分の新しい理解の仕方を、平成十年十月三日の青山学院大学における日本原価計算研究学会年次大会の特別講演会において発表した。その講演草稿は加筆の上、「『原価計算基準』の解明」と題して同学会機関誌に掲載されているので、その核心ともいうべき冒頭の部分を引用することにしたい。

「企業会計原則」をはじめとして、大蔵省企業会計審議会から発表された数多くの会計ルールに関する報告書のなかで、「原価計算基準」はひとり特別の地位を占めている。すなわち、「基準」は管理会計的色彩を濃厚に有するという点で、他に類をみない存在なのである。それは、「企業会計原則」の要求する真実の原価を算定するための財務会計的基準であるだけでなく、製造業における原価管理や予算統制等に必要な原価資料提供のための管理会計的基準でもある。つまり、「基準」は財務会計的側面と管理会計的側面という二つの面を併せもっており、しかもこれら両側面は「基準」において対等であると考えられる。したがって、「基準」はたんなる「企業会計原則」の下位ルールではなく、「企業会計原則」に欠落した管理会計原則を事情の許すかぎり取り入れた、独自の実践規範といわなければならない(2)。

「原価計算基準」の基本的性格を以上のように理解すれば、「基準」全体を無理なく説明することが可能となる。「基準」は第一章の六を「原価計算の一般的基準」と題し、そこにおいて、(一)財務諸表の作成に役立つために、(二)原価管理に役立つために、(三)予算とくに費用予算の編成ならびに予算統制に役立つために、原価計算制度が従うべき「原価計算の一般的基準」を示すのであるが、「基準」の性格を前記のように解することによってはじめて、こうした規定がおかれた趣旨を的確に説明することが可能となるのである。

「原価計算基準の設定について」と題する「基準」の前文には、次のような一節がある。

「企業の原価計算制度は、真実の原価を確定して財務諸表の作成に役立つとともに、原価を分析し、これを経営管理者に提供し、もって業務計画および原価管理に役立つことが必要とされている。したがって、原価計算制度は、各企業がそれに対して期待する役立ちの程度において重点の相違はあるが、いずれの計算目的にもともに役立つように形成され、一定の計算秩序として常時継続的に行なわれるものであることを要する。ここに原価計算に対して提起される諸目的を調整し、原価計算を制度化するため、実践規範としての原価計算基準が設定される必要がある。」

右に述べられている「諸目的を調整」するということは、「基準」の大きな特質といわなければならない。ところで、諸目的の調整の最も顕著な例は実際原価と標準原価の調整である。実際原価は財務会計的目的に重点があり、標準原価は管理会計的目的に重点があるが、しかし「基準」は原価の正常性を強調し、また、標準原価計算制度において用いられる標準原価として現実的標準原価を導入することによって、両者の調整をはかっているのである。

私は前記論文においてこの点について論じているので、その該当箇所を引用することにする。

実際原価と現実的標準原価を比較してみることにしよう。まず消費量についてみると、実際原価では「経営の正常な状態を前提とする」実際消費量であるのに対し、現実的標準原価では「良好な能率のもとにおいて、その達成が期待されうる」消費量であるから、後者のほうが消費能率において前者に勝ることになる。とはいえ、後者には「通常生ずると認められる程度の減損、仕損、遊休時間等の余裕率」が含まれることを考えれば、両者における消費能率の差はそれほど大きくないといってよいであろう。

次に価格についてみよう。実際原価では実際の取得価格又は予定価格を用い、標準原価では予定価格又は正常価格を用いるというのが「基準」の規定するところである。もし両者において予定価格を用いるならば、実際原価と標準原価との価格面での違いはなくなる。問題は実際の取得価格であるが、これについても正常性の条件は課せられるのであるから、実際の取得価格が予定価格と大きくかけ離れるとは考えられない。

このように考えてくると、「基準」における実際原価と現実的標準原価との差はごく軽微であるといわざるをえない。現実的標準原価が「基準」のいうように「原価管理に最も適する」だけでなく、財務会計目的にも適するのは、それが実際原価と近似の原価であり、正常性の要件を満たしているからである。他方、原価管理目的からみていかに望ましくとも、理想標準原価が制度としての標準原価たりえないのは、実際原価との距離が大きく、正常性の範囲から逸脱した高能率を前提とするからである(3)。

ここで、「基準」の基本的性格を知る上で重要と思われる中西教授の考え方を示す一節を、昭和三十三年発表の前記論文から抜き出すことにしよう。

「今日における原価計算制度の課題は、原価計算と一般会計とを有機的に結合し、これによって、原価計算を企業会計機構に組入れること、ならびに原価計算における原価管理ならびに計画設定職能すなわち、管理会計的職能を重視して、一般会計、予算統制、原価計算を、一つの統一的な計算制度に組織化することである(4)。」

中西教授は、原価計算と財務会計とを有機的に結合することによって、一つの統一的な計算制度の構築を目指されていたのである。教授は晩年、日本生産性本部において「統合的会計情報システム研究会」を主宰された。その研究会に私は参加していないので詳しいことは分からないが、この研究会の課題が、前記の考え方の延長線上にあることは間違いないと思われる。

「原価計算基準」が制定されてからすでに四十年の歳月が流れたが、「基準」はこれまで一度も改訂されたことがない。その理由は、「基準」が「企業会計原則」とは別個独立の性格をもち、しかも中間報告とはいいながら、その内容がきわめて完成度の高いものだからである。

（1）黒澤清「中西寅雄と日本の原価計算」『中西寅雄経営経済学論文選集』一九八〇年、千倉書房、xxvi頁。
（2）諸井勝之助「『原価計算基準』の解明」『原価計算研究』Vol. 23, No. 2, 一九九九年、日本原価計算研究学会、一頁。
（3）諸井、前掲論文、八〜九頁。
（4）中西論文、前掲書、一七〜一八頁。

9　中小企業原価計算委員会

昭和三十三年（一九五八年）七月、私は中西寅雄教授の依頼により、社団法人日本生産性本部（現在の社会経済生産性本部）に設置された中小企業原価計算委員会のメンバーとなった。この委員会は昭和三十二年の発足で、委員長は中西寅雄教授、委員には鍋嶋達教授、松本雅男教授、青木茂男教授、それに東京都商工指導所の山田一郎氏ほかがおられ、私が参加したときには『中小企業のための原価計算(1)』というA5判一〇〇頁足らずの本が近く刊行される運びとなっていた。この書物の「はしがき」には、次のように記されている。

「中小企業の統一的原価計算制度を確立し、これによって得られる数値を基礎として、経営管理の近代化を計り、また原価その他の経営数値の業種別標準を作成して、過当競争の防止、経営相互の組織化に役立たしめることは中小企業の生産性向上にとって、もっとも重要な方策である。

日本生産性本部はかかる見地から、業種別の統一原価計算の方式を作成し、これを一般に施行するために昭和三十二年以来中小企業原価計算委員会を設置し、慎重に審議研究しきたった。

本書はこの委員会の研究の成果として生じたものであり、中小企業の業種別統一原価計算の方式の基礎となるべき一般的指針を示すものである(2)。」

これによって、中小企業原価計算委員会の目的が中小企業の経営管理を近代化し、その生産性の向上に役立たせるために、業種別統一原価計算の方式を作成して普及させることであり、また本書が、業種別統一原価計算の方式の基礎となる一般的指針を示すものであることが明らかである。

『中小企業のための原価計算』の「はしがき」は、以上に続けてこの一般的指針の特質を五つあげているが、それらのなかで「原価計算基準」との関連で特に注目すべきものは、次に引用する第一の特質である。

「一、原価計算と一般企業会計および予算制度との有機的結合を配慮し、もって総合的な経営計算制度を樹立することを考えた(3)。」

これは、いうまでもなく中西教授の考え方を端的に表現したもので、「原価計算基準」の背後にも、「総合的な経営計算制度を樹立する」といった思考が潜在していたと考えられるのである。

「はしがき」には以上のほかに、一般的指針の特質としてなお左記の二から五まであげられている。

二、原価計算手続の簡素化と迅速化のため、いわゆる集計表方式を採用したこと。

三、計算の経済性を考慮して、間接費の部門別計算を省略し、仕掛品の評価を簡略化したこと。

四、原価計算が財務会計的目的のみならず、管理会計的目的にも役立ちうるように考慮したこと。歩留《ぶどまり》計算や工数計算等の物量計算を重視したのはそのためである。

こと。
五、予算統制、経営比較に役立たせるため、予算諸表ならびに諸経営比率を示すようにした

中小企業原価計算委員会は、以上のような特質を有する一般的指針に基づいて、さまざまな業種について業種別統一原価計算の方式を精力的に作り上げていった。その第一号は機械靴工業、第二号はビスケット工業、第三号はクリーニング加工業、第四号は洋食器工業、第五号は捺染工業、第六号は自動車整備業といった調子で作業は進行し、各号ごとに、『○○業の原価計算』と題する通常三、四十頁ほどの冊子が刊行された。試みに、比較的単純な第六号を例にとると、『自動車整備業の原価計算』と題する冊子の冒頭に、自動車整備業の統一的原価計算方式の概要が次のように述べられている。

「(1)自動車整備業の原価計算においては、原則として整備工事別にその原価を集計する。
(2)原価要素は、これを直接材料費、外注費、直接労務費および製造間接費に大別し、直接材料費、外注費は各工事別に賦課し、直接労務費および製造間接費は加工費として一括し、作業時間を基準として予定率により当該工事別に配賦する(4)。」

このあと製造原価要素分類表が示れ、さらに記帳手続の説明が続くのである。

ところで、私がはじめて主査として手がけたのはメッキ工業だった。メッキ工業協同組合の人の説明を受けたのち、中小のメッキ工場をいくつか見て回ったが、補助材料に猛毒の青化ソーダが使われ、その水溶液をたたえた水槽が工場内にいくつもあるのには驚かされたものである。『メッキ工業の原価計算』は第十三号として一九六〇年に刊行された。

工場見学では、東京都鋳物工業協同組合理事長の案内で、都内の亀戸、砂町、板橋の鋳物工場を見学したことが強く印象に残っている。このあと鍋嶋教授を主査として、『鋳鉄鋳物工業の原価計算』が第九号として刊行されたが、鋳物は工程が複雑で統一的原価計算の方式をまとめるのは容易ではなかったように記憶する。

昭和三十五、六年の頃、中小企業原価計算委員会に新たに山口達良教授、岡本清教授、石塚博司教授（当時これらの諸氏はまだ助教授か助手だったのではないかと思う）という三人の強力なメンバーが委員として参加されることになった。三人の新委員を迎えて委員会の活動は一段と活発化し、昭和四十年までに刊行された冊子の種類は、私の知る限り四十三の多きに達したのである。

中西寅雄教授を中心にこうして展開された中小企業原価計算運動は、中小企業の経営近代化と生産性向上に役立つことを通じて、折しも高度成長期にあった日本経済に少なからず貢献したと考えられる。

（1）日本生産性本部中小企業原価計算委員会著、日本生産性本部刊、一九五八年。翌一九五九年には、『増補版、中小企業のための原価計算』が刊行され、さらに、同じ委員会の手になるその解説書が『原価計算のてびき』という題名で、一九六〇年に刊行された。
（2）（3）『中小企業のための原価計算』一九五八年、一頁。
（4）日本生産性本部中小企業原価計算委員会『自動車整備業の原価計算』日本生産性本部、一九五九年、七頁。

第六章　助教授時代

1　中西、黒澤両先生と上野先生の追悼会

私が東京大学経済学部において助教授として過ごしたのは、昭和二十五年（一九五〇年）一月から昭和三十八年（一九六三年）三月までの十三年間である。この期間の研究活動は、大きく二つに分けることができる。その一つは、これまで三章にわたって詳述した大蔵省企業会計審議会の幹事としての研究活動である。企業会計審議会は当時の私にとっては一種の学校で、「企業会計原則」を扱う第一部会は黒澤教室、「原価計算基準」を扱う第四部会は中西教室ともいうべきものであった。黒澤教室の参加者は番場嘉一郎、飯野利夫、矢澤惇、江村稔の諸教授に私であったが、ここで黒澤先生指導のもとに諸教授と会計原則を論じ、商法・税法を批判し、時には監査を論ずることによって、私は財務会計について実に多くのことを学び研究することができたのである。

つぎに中西教室についていうと、鍋嶋達教授と私を参加者とする第四部会という教室のほかに、前章で述べた日本生産性本部の中小企業原価計算委員会（委員長は中西先生）という中西教室も存在したのであった。この日本生産性本部の中西教室には、われわれとともに松本雅男、青木茂男、山口達良、岡本清、石塚博司の諸教授が参加しておられ、教室には若々しい活気が溢れていた。私はこれら二つの中西教室への参加を通じて、制度としての原価計算について理論と実務の両面から深く、しかも広く学習し、研究することができたのである。このことは、東大において原価計算論を担当する私にとって本当に大きな幸運だったといわなければならない。

中西先生といい、黒澤先生といい、いずれもスケールが大きく、学問的情熱に富み、リーダーシップがあった。もう一人、早世された岩田巖先生を加えた三人の先輩の大きな努力によって、日本の会計制度の基礎は築かれたのである。

ところで、「原価計算基準」の公表に少しく先立つ昭和三十七年（一九六二年）一月四日に、上野道輔先生が永眠された。享年七十二歳であった。同月九日に、その上野先生を偲ぶ東大経済学部主催の追悼会が法文経二十八番教室で開催されたが、そのさい中西、黒澤両先生が述べられた追悼の辞は価値ある資料と考えられるので、ここにその一部を紹介することにしたい。はじめは中西先生の追悼の辞からの抜粋である。

「私は、上野先生が東京大学の助教授としてはじめて会計学の講義をされたその第一回の学生でありました。……会計学という学問は非常に難しいものであるということのほかに、当時の印象として残っておりますのは、先生からラスキンを教えていただいたことです。その当時、商業学科はわずか三十人くらいの学生しかおりませんでしたが、先生はその学生のため特別に読書会を作って本を読んで下さった。本はラスキンの *Unto this Last* です。会計学を研究するかたわらラスキンを好まれたことは、上野先生の非常なる特徴であったように考えられます。――中略――

世間一般では、上野先生はドイツの会計学を輸入され、その学風はドイツ系統であるといわれておるようでございます。確かに簿記理論においては、最初はドイツの諸学説を参酌されたのですが、しかし私は、上野先生の学風をドイツ系統とわり切ってしまうことは、上野先生の本心に著しく沿わないのではないかと思います。――中略――

上野先生は最初レーム、ジモンあるいはフィッシャーなどのドイツ貸借対照表論を研究されたのですが、その研究に当たってはっきり制度派的な立場をとっておられた。それが上野先生にぴったりくるところの会計学の立場であったわけです。その後私たちが会計学を勉強するにつれて、たとえばシュマーレンバッハとか、ニックリッシュ、シュミットの学説をやかましく申したのですが、上野先生はそれらを非常によく読んでおられたにもかかわらず、殆どこれを摂取されようとはなさらなかった。それはなぜかというと、先生の解釈によるとこういう人たちの会計学は本当は会計学ではなくて、経営学の一部にほかならない。つまり経営計算論に過ぎないのであって、一つの社会制度としての会計の原理というものが論じられているのではない。先生はこのように会計学と経営学的計算論とを厳格に区別しておられたのです。

一方、上野先生は、やはり制度派的な立場に立っているペイトンとか、ケスター、ハットフィールドなどのアメリカ会計学をきわめて重視され、それらが先生の会計学を作り上げていく重要な要素となった。——中略——このことは、また戦後、上野先生が企業会計審議会—初めは名前は違いましたが—の会長になられ、そうして日本の会計原則を作り、監査基準を作り、また公認会計士制度その他いろいろの会計に関する制度を作り上げられた、そのお仕事を理解する上できわめて大切なことであるように思います。上野先生の制度派的な会計学の立場が、戦後のお仕事をしてゆく上で大きな力となったことは疑いないところです(1)。」

次に、黒澤先生の追悼の辞の一部を紹介することにしよう。

「私は、三十数年前東大で先生のお教えをいただきましたにもかかわらず、先生の学風にはさっぱりなじまず、卒業後二十年もの間は、先生のところにお伺いすることも稀でありました。何となく敷居が高く、ときに東大の研究室にお伺いしましても数分くらいしかお話をすることもなかったというような有様で、全くの不肖の弟子でありました。ところが、昭和二十四年上野先生が東大を停年退官されました後、大きな事情の変化が生じ、私は先生と最も親しく接触し、直接に先生の御指導に浴することになったのであります。それは企業会計審議会の創設を機縁とするもので、この審議会ができましたのは、昭和二十三年のことでございます。先生が停年で東大を退かれます一年前、昭和二十三年の三月頃、先生がわざわざ横浜の私の学校までお見えになりまして、審議会の創立について御相談になったのであります。このようなことは全く破天荒の出来事であるといわなければなりません。——中略——

こうして先生の晩年十四年間に直接の御指導にあずかることにより、私ははじめて先生の心の琴線に触れるに至りました。顧みるに大学を出てから三十六年のうち、はじめ二十年もの間は、先生にまったく御無沙汰をつづけ、そればかりでなく先生の気に入らないようなことをたくさんして来たように思われてなりません。たとえば上野先生は雑誌に論文を書く場合でも、国家学会雑誌、あるいは経済学論集でなければほとんど書かれるようなことがなく、一般の商業的な雑誌のようなものに論文をやたらに書き散らすなどは、厳に戒められていました。それからまた研究業績を発表するにしても、岩波とか有斐閣といったような筋の通ったところでなければいけないのです。非常に折り目の正しい学者でした。頼まれればあっちでも書きこっちでも書くというような態度は甚だよろしくないわけであります。ところがそのようなよろしくないことばかりしておったのが私でございます。むやみに論文を書いていたずらに論敵を作り、常にチャンバラのごとくわたり合っておりましたが、これはアカデミシャンとして最も慎むべきことでありますが、私はそのような意味において、上野先生の不肖の弟子でございました。しかしながら幸いにして先生の晩年十四年間、企業会計審議会を通じて先生は私のことを十分お認め下さり、また私は先生の全幅の御信頼と御指導の下に会計原則の確立という活動をすすめることができるようになりました(2)。」

上野先生の追悼会では、私も最後に追悼の辞を述べた。そのさい私は、先生は東大の研究室をたいへん愛されて研究や執筆活動は必ずそこでなさり、夏休みに鎌倉へご一家で避暑されたおりも、論文執筆のためわざわざ本郷へ通われたというエピソードを話した。昭和四十年の夏に経済学部が新設の建物に引越すまえの二年あまりを、私は上野先生がお仕事をされたその研究室で過ごしたのであるが、これはまったくの奇縁というほかなく、引越すのがたいへん惜しまれた。

(1) 中西寅雄「追悼の辞」『経友』第二二・二三合併号、一九六二年六月、東京大学経友会、二七〜三一頁。
(2) 黒澤清「追悼の辞」『経友』前掲号、三三〜三五頁。

2 「Opportunity Cost について」

企業会計審議会を別にすると、助教授時代の私の主要な仕事としては、原価理論の研究、同僚との共同研究、翻訳、資本予算の研究をあげることができる。この順にしたがい、まず原価理論の研究から述べることにしよう。

学生時代から私は近代経済学に対する関心が強く、戦時中には安井琢磨助教授（当時）の特別講義を、また戦後すぐには木村健康助教授（当時）の特別講義を受講した。このうち特に印象に残っているのは安井助教授の講義で、その内容は消費者選択の理論、企業の理論、市場の理論の三部からなる体系立ったものであった。もっとも勤労動員などの関係で、市場の理論は途中で時間切れになったように思う。また木村助教授については、試験が自由論題だったので、シュンペーターの『理論経済学の本質と主要内容（1）』を読んでレポートを書いた記憶がある。

右に述べたような素地があるため、原価計算論（はじめは会計学第三部といった）を担当するようになってからは、原価の経済学的アプローチに興味をもち、機会原価（opportunity cost）について考察することが多くなった。そして、一九五二年に米国会計学会の「原価概念および基準委員会報告書」が発表されるに及んで、これまでの考察をまとめて書いたのが次の論文である。

「Opportunity Cost について――その会計学的性格と経済学的性格――」『會計』第六四巻第一号、一九五三年七月。

この論文は、はじめに前記報告書が述べる機会原価と付加原価（imputed cost）を紹介したのち、近代経済学における原価理論と、その流れを汲む馬場敬治教授の原価本質論について考察を加え、最後に、支出原価と対比される意味での機会原価の会計学的応用について論じたものである。ここでは、論文のなかからライオネル・ロビンズの所論と馬場教授の原価本質論に関する箇所とを、続けて紹介することにしたい。

経済学において原価概念を、opportunity costあるいはこれと同じ内容を有する別の用語によって説明しようとする立場は、オーストリー学派のウィーザーから始まったようである。この立場に立つ一人であるライオネル・ロビンズは、「原価理論の一局面に関する考察」と題する論文の中で次のように述べている。「近代経済理論における原価概念は、排除せられる二つのうちの一方という概念（a conception of displaced alternatives）である。何物かを獲得することの原価は、それを得るために放棄されねばならぬところのものである。評価の過程は本質的に選択の過程であり、原価はこの過程の反対の側面である。それ故、交換の理論においては、原価は放棄されるものの価値を反映する。生産の理論においては、それはまた、生産要素の二つある用途のうちいずれか一方の価値、を反映する。右のごとき原価概念は、ウィーザーによって初めて系統的に展開せしめられたものであり、英語使用国においては、グリーン、ウィックスティード、ダァヴェンポート、ナイト、ヘンダースンによって普及されたものである。パンタレオーニおよび他の多くの人びととの用法に従って、われわれはそれを、簡単にウィーザーの法則（Wieser's Law）の名で呼ぶことが出来る①(2)。」

① Lionel Robbins, Remarks upon Certain Aspects of the Theory of Costs, *The Economic Journal*, March, 1934, p. 2.

経営学の立場から原価の本質を究明せられたのは、馬場敬治教授である。馬場教授は、原価の本質を支える基礎的事象として次の四つがあることを指摘せられる①。第一は、人間の有する目的が単一種ではなくて種々のものに亘っていること。第二は、人間がこれら種々の目的を達成するために処分しうる諸手段が、いずれも量的に有限であること。第三は、これら諸手段は単一種の目的（用途）にのみ使用されるものではなく、二つまたはそれ以上の目的に利用しうること。第四は、人間の有する諸目的は当該主体に対するその重要性においてそれぞれ異っていること。

教授は、「これら四種の事象のいずれもは、すべて普遍的事象としてすべての時代に見られるものであり、従って、これに支えられる原価の本質なるものも自ら普遍的事象である②」と論ぜられる。かくして、教授の原価理論は、四つの基礎的事象に支えられた目的と手段との関係論であるということができる。以下、筆者の理解に基づいて教授の理論の骨子を述べることにしよう。

いま、ある経済主体がA・B・Cの三種の目的を有しており（第一事象）、これに対して手段Xが自由に処分しうるものとして与えられていると仮定しよう。手段Xはこれら三種の目的（用途）のいずれにも利用することができる（第三事象）。しかしXの量は限られているから、経済主体はXの処分によってA・B・Cのうちいずれか一つの目的を達成することは出来るが、二つ以上の目的を共に達成することは出来ない（第二事象）。かかる状況において、彼は考慮の結果、Xを目的Aの実現のために役立てたものとする。さてA・B・Cは目的であるが故に、それは経済主体にとって価値（重要性）を有する。この価値の大きさは相互に異なるが、仮にそれらをA＝一〇〇、B＝九〇、C＝八〇としよう（第四事象）。彼が手段Xの処分に当たってAを選択したわけは、この目的が彼にとって最高の価値を有しているからである。かくしてAの選択によって他の目的B・Cは達成を断念せられ、その結果ここに価値の犠牲が生ずる。この価値犠牲は、排除されたる諸目的のうちで最高の価値をもつものによって測定されるが、かかる最高の価値がとりもなおさず原価である。即ち、Aの実現のためにXを処分することの原価は、Bの価値九〇によって決定される。（この際、三種の目的の間の選択は第一段としてBとCとの間で行われ、その結果Bが選ばれる。次に第二段としてBとAとの間の選択が行われ、その結果Aが残る。従ってAを選ぶことの原価は、Bの価値によって決定されるわけである。(3)）

① 馬場敬治「原価の本質を中心とする若干の考察」『経済学論集』第十巻第五号、四～一七頁を参照。

② 前掲論文、一七頁。

「Opportunity Cost について」と題する論文は、昭和二十八年（一九五三年）の関西学院大学における日本会計研究学会第十二回全国大会において発表した報告に手を加えたものである。この報告のさい、中西寅雄先生は講壇のすぐ前に陣取って私の報告をきかれ、一つの質問をされた。その質問は、半製品を市場価格で次工程に振替える場合、半製品の市場価格とその製造原価（支出原価）との差額が機会原価となるという私の説明に対するものであった。中西先生によれば、半製品の市場価格そのものが機会原価だというのである。つまり、機会原価を私のようにネットでみないでグロスでみるべきだというのが中西先生の意見であるが、調べてみるとどうやら中西説の方が通説のようなので、それからは中西説に従ってグロスで考えることにし、論文もそのように書き改めてある(4)。なお、ネットで考えれば、機会原価は付加原価(imputed cost)の性格をもつものとなる。

第十二回全国大会の報告会場における中西先生との一対一のやりとりに関連して思い出すのは、昭和三十三年二月に産業経理協会の企画で行った中西先生との対談である。テーマは「経営管理と原価計算」というもので、その記録は『産業経理(5)』に写真入りで掲載されている。

ところで、機会原価の研究は前記の論文を発表したあとも継続して行い、翌年になってさらに次の論稿を発表している。副題にもあるように、これはソロモンズの興味深い論文(6)の紹介を中心とするものであるが、ここでは内容にまで立ち入ることは控えたい。

「用途の選択と Opportunity Cost ―― ソロモンズの設備利用論 ――」『會計』第六五巻第三号、一九五四年三月。

後年、私が財務論の研究に専念するようになってから、機会原価は再び重要な研究課題となった。なぜなら、財務論における基礎的概念である資本コストは、機会原価にほかならないからである。

（1）木村健康・安井琢磨訳『シュムペーター、理論経済学の本質と主要内容』日本評論社、一九三六年。
（2）諸井勝之助「Opportunity Costについて―その経済学的性格と会計学的性格―」『會計』第六四巻第一号、一九五三年七月、五一～五二頁。
（3）諸井、前掲論文、五四～五五頁。
（4）諸井、前掲論文、五九～六二頁。
（5）「会計研究室、経営管理と原価計算」『産業経理』第十八巻第四号、一九五八年四月、一一四～一二三頁。
（6）David Solomons, "Cost Accounting and the Use of Space and Equipment", *Studies in Costing*, edited by D. Solomons, Sweet & Maxwell, 1952.
　右の論文集の中には、後にノーベル経済学賞を受けたR・H・コースの長大な次の論文も収められていることを付記しておきたい。R. H. Coase, "Business Organization and the Accountant".

3　ビジネス・ゲーム――同僚との共同研究――

昭和三十二年（一九五七年）春のことだと思う。それまで計量経済学を専攻していた同僚の宮下藤太郎助教授（当時）が経営統計学を担当することになって、経済学部教授会の第四部会（経営学・会計学のグループ）に配置換えとなった。それを機に経営学の研究をはじめた彼は、ビジネスの世界に強い関心を抱くようになり、上智大学におけるマーケティング担当の大澤豊助教授（当時）と組んで、斬新かつ重要な経営学上のテーマについて共同研究をはじめることになり、私も二人に勧められてその研究に参加することになった。共同研究のテーマは二つあって、その一つはビジネス・ゲーム、いま一つはわが国企業経営の実態調査である。研究開始の時期はビジネス・ゲームの方が早く、昭和三十三年の春からであった。その年の秋に、私は「ビジネス・ゲームについて(1)」と題する小論を『企業会計』に発表しているので、ビジネス・ゲームの意義と種類について述べたその冒頭の部分を紹介することにしたい。

総合的視野のもとに企業の各部門を調整し、企業全体を望ましい方向に誤りなく導いてゆくことは、経営者にとって欠くことのできない能力である。――中略――

今日、経営者の果すべきもっとも重要な任務は、企業の総合的経営管理であり、またそれを実行する能力が、経営者に対して強く要求されているのである。ところで、このような能力はいかにして養成され、獲得されるのであろうか。現実には、それは経験の積重ねによって獲得されるのが通例である。すなわち、経営者は、失敗と成功の貴重な経験をくりかえすうちに、いつしかそれを体得するのである。しかし、成功はともかく、失敗を重ねることによってかかる能力を得るということは、現代のように企業の公共性が高まっている時代においては、非常に危険な犠牲の大きい方法といわねばならない。そこで、このような経験のみに頼る方法に代るものとして、経営者養成のために種々の手段が研究され、実施されるようになった。たとえば、講習会への参加とか委員会制度の活用等がそれである。

ところが、これらの方法はいずれも間接的な教化を目標とするもので、それによって実地の経験を通して得られるような真の理解に到達することはなかなか困難である。経営者に必要な総合的判断力を養うためには、ひとから教えられるだけでは不十分で、どうしても実地に経験を積むことが要求される。そこで、この要求をみたす新しい経営者教育が、軍隊における戦術訓練等を手がかりとして研究されることになった。その結果生まれたのが、ここに問題とするビジネス・ゲームである。

ビジネス・ゲームは、模型企業による経営実験という形で、プレーヤーが、経営者として実地に経営計画をたてるとともにその結果が計数的に提示され、これによって経営者としての経験を積むところに、その特徴があり、また経営者教育としての長所があるのである。

現在われわれに知られているビジネス・ゲームには、三種の型がある。すなわち、ＡＭＡ（アメリカ経営者協会）型、ＵＣＬＡ（カリフォルニア大学・ロスアンゼルス校）型、アンドリンガー型の三種である。ＡＭＡのゲームでは、消費財を生産する五組の会社が一つの市場において競争するのであり、各社の経営計画の結果はＩＢＭ六五〇を用いて計算される。ＵＣＬＡにおいても消費財産業が対象であり、計算にはやはりＩＢＭ六五〇が用いられる。アンドリンガーのゲームは、ハーバード・ビジネス・レビュー誌本年（一九五八年）三、四月号に掲載された彼の論文“Business Games-Play One!”によって世に紹介されたものであり、生産財を生産する三ないし四組の会社が四地域の市場において競争するのである。各会社が提出する経営計画の結果は、あらかじめ定められた確率に従い乱数表を用いて計算される。高価な計算機によらないで計算がなされることは、この型をわれわれの近づきやすいものにしている。

このアンドリンガーのモデルは、東大の宮下藤太郎助教授および上智大学の大澤豊助教授によって改訂が加えられ、それによって若干の改訂型がつくられている。

この改訂型のゲームは昭和三十三年の七月から九月にかけて、有名な財界人をも含む実務家を対象として何度か実施され、私はその殆どすべてに審判（各社の提出する経営計画の結果を一定のルールに従って判定する係り）の一員として参加した。なかでも思い出深いのは、八月二十四日から二十七日まで、箱根宮の下の富士屋ホテルで行われた日本科学技術連盟主宰の長期のゲームである。このときは助手として数人の大学院生（その中には、若き日の津曲直躬君や土屋守章君がいた）も参加し、当時日本では殆ど知られていなかったビジネス・ゲームについて、私ともども相当突っこんだ勉強をすることができたのである。この時のことは、のちのちまで語り草となった。

（1）　諸井勝之助「ビジネス・ゲームについて」『企業会計』第十巻第十一号、一九五八年十月。
（2）　前掲論文、九五～九六頁。

4 「代表一〇〇社にみる経営の実態」

――東洋経済新報社との共同調査――

助教授時代における同僚との共同研究の第二は、わが国企業経営の実態調査である。この実態調査は二種あって、その一つは東洋経済新報社の調査スタッフと共同で行ったもの、もう一つは経済同友会の委嘱をうけて五年間にわたって行った大掛かりなものである。はじめに、時期的に早い東洋経済新報社の方から見ることにしよう。

この実態調査の調査報告は、はじめ『週間東洋経済』に昭和三十四年九月十二日号から昭和三十五年十月十五日号まで、ほぼ毎月一回のわりで十三回連載された。全体を通しての表題は、「代表一〇〇社にみる経営の実態」である。その第一回目の冒頭におかれた「この調査の構想」と題する文章は、調査の動機、協力者、調査対象と方法について次のように述べている。

「わが国の企業経営の実態がどのようになっており、いわゆる経営学ブームといわれている今日、経営の近代化・合理化が現実にはどの程度まで実現しているのか、についてわれわれはかねてから深い関心を持っていた。ところが、いざそういった『日本の企業経営の実態についての総合的な調査は……』というと、残念ながら見当らないのが実情ではなかろうか。そこで、こうした問題についての手がかりをつかんでみようということになった。

幸いなことにこの調査を進めるに当っては、東大助教授諸井勝之助、同宮下藤太郎、上智大助教授大澤豊、武蔵大講師岡本康雄など経営学第一線の諸氏や東大大学院の方々のご支援があり、また調査対象会社の方々も調査の主旨をよく理解して、予期以上のご協力を惜しまれなかったので、必ず少なからぬ成果が挙げられると、ひそかに自信を深めている。

この調査では、調査対象として、わが国の代表的企業一〇〇社を選定し、この会社に対し調査票による質問や、記者のインタビューなどを行っていく。そして、それから得られた結果を、いくつかのトピックにまとめて、今後毎月一回（倍大号）ずつ連載していく計画である。」

この『週間東洋経済』の連載記事は、その後大幅に書き改められて、次の単行本として刊行された。

東洋経済新報社編『日本経営の解明』東洋経済新報社、一九六一年。

昭和三十六年（一九六一年）九月刊行の『日本経営の解明』についてその章別編成を示すと、第一章が戦後の経済発展と企業経営、第二章が経営組織の近代化、第三章が事業部制と権限委譲、第四章が長期経営計画、第五章が企業予算と原価管理、第六章が労務と人事、第七章がマーケティング活動、第八章が結論にかえて、となっている。執筆陣は主として東大大学院出身者および院生で、第一、第二、第三章のなかの計六節を土屋守章氏、第四章と第八章第二節を岡本康雄氏、第五章を津曲直躬氏、第六、第七章を高柳暁氏がそれぞれ分担執筆し、それ以外の部分は東洋経済新報社の編集局員が執筆した。全般の監修者は宮下藤太郎と岡本康雄の両氏に私である。

東洋経済新報社との共同調査は、続いて行われた経済同友会の大規模な委嘱調査の足慣らしといった意味をもっていたといえるであろう。

5 「わが国企業における経営意思決定の実態」
——経済同友会の委嘱調査——

「わが国企業における経営意思決定の実態」というタイトルのもとに、経済同友会の委嘱をうけて行った第二の実態調査は、前述した東洋経済新報社の調査よりやや遅れてスタートした。この調査が実施されるに至った経緯を語るには、まず東京経済研究センターのことから説明しなければならない。財団法人東京経済研究センターは、近代経済学専攻の若手研究者グループが財界人に働きかけて昭和三十年代初期に設立した学術研究機関で、宮下藤太郎、大澤豊の両氏とともに私もその会員となっていた。この研究センターは比較的潤沢な資金のもとにいくつかの研究プロジェクトを発足させていたが、やがて経営学グループも研究をはじめようということになり、有力なスポンサーである経済同友会と連絡をとり、その支援のもとに実態調査をはじめることになったのである。この調査は五年間にわたるもので、第一年度の調査結果は昭和三十五年（一九六〇年）四月に『わが国企業における経営意思決定の実態』の題名で、正式には経済同友会の「調査報告」として、またその別刷は「東京経済研究センター・リプリント・シリーズNo. 4」として公表された。この第一回報告書の「はしがき」は、経済同友会の木川田一隆氏（東京電力副社長〔当時〕）によって次のように記されている。

「……今回の調査は、経営意思の決定が具体的にどのようにして行われているかを知ることに重点をおいた。それは、意思決定がトップ・マネジメントの最も重要な任務の一つであり、とくに貿易為替の自由化という新しい事態のもとでは、その如何が国民経済の消長に決定的な影響力をもち、これからの経営近代化と経済の安定的発展を図るには、先ず経営意思決定の実態をつかむことが必要であると考えたからである。

もとより、このような調査は、わが国では始めての試みであり、本調査にもなお問題はあるであろう。しかし、今回はアンケートによるだけでなく、一部インタビュー方式をとり、静動両面から実態を把握することに努めた。これにより、わが国企業における意思決定の様態はかなり正確につかむことができたと信ずる。この機会に、調査にご協力下さった会社に対し厚くお礼申し上げる次第である。

終わりに、本調査の実施を担当した東京経済研究センターの方々、とくに東京大学助教授宮下藤太郎、同　諸井勝之助、上智大学助教授　大澤豊、武蔵大学講師　岡本康雄の四氏に対し、ここに改めて感謝の意を表したい。」

第一年度の調査では、われわれはわが国企業の行動を包括的に把えることを目指した。具体的にいうと、(一)長期経営計画に関して、その普及度、期間、内容、目標、短期計画との関連、使用資料、(二)経営意思の立案・審議・決定の機関、(三)組織に関して、取締役の選任理由、常務会、事業部制の現状、子会社の所有理由、権限規程、ラインとスタッフ、および(四)個別計画に関して、経済政策に対する要望、財務、労務、生産・販売、研究開発などについて調査したのである。

調査方法としては五年間を通じてアンケート調査を主とし、これを補うものとしてインタビュー調査を行った。アンケート調査をする場合、アンケート票をいかに作成するかが決定的に重要となる。毎年夏休みの数日を、宮下、大澤、岡本、諸井の四人と津曲、土屋ほか数名の大学院生とが、当時虎ノ門の近くの第四森ビル三階にあった東京経済研究センターの一室に集って、あらかじめ分担執筆してきたアンケート調査票の原案について一同で討論審議し、手直しの末に調査票を完成させたのである。アンケート票の作成は私もはじめてだったのでよい勉強になった。

表1　発送会社と回答会社

年度	発送会社	回答会社	回答率
1	526 社	229 社	43.5 %
2	495	200	40.4
3	1,231	436	35.4
4	1,449	484	33.4
5	1,447	397	27.4

アンケート票を発送した会社数と回答会社数は表1に示すとおりである。第三年度から会社数が急に増えているが、これは、その年度から日本経済新聞社発行の『日経会社年鑑』に記載されているすべての会社を調査対象とすることにしたためである。

アンケート票の発送・回収の時期は年度によって必ずしも一定しないが、第三年度（昭和三十六年度）についていうと、十月下旬に発送し、十二月下旬までに回収された。回収されたアンケート票は大澤豊教授によって統計処理され、回答項目を規模別・業種別に分類集計した質問事項ごとの統計表が作成される。統計表が作成されると、それについての解説を分担執筆し、各自の草案を持ち寄って審議修正のうえ最終稿が出来上がるのである。

統計数値の解釈については大澤教授はたいへん厳しく、気のきいた解説文を書いたつもりでも、「この統計からそんな解釈を勝手に引き出されては困る」という大澤君の苦情が出て、苦労した作文が大幅にカットされることも少なくなかった。そうした訓練を積んで、われわれの統計数値に対する接し方もしだいに学術的なものとなっていったように思う。

ここで、前述した第一年度を除き、第二年度以降のアンケート調査の中心テーマを記すと、第二年度がトップ・マネジメントの組織と機能、第三年度が市場競争と企業の行動、第四年度が労働市場の変化と企業活動、第五年度が経営理念と企業活動、である。

このうち会計・財務の研究者にとって関心が深いと思われる第三年度では、前記の主題のもとに、㈠企業の成長率と市場占有度、㈡価格政策について、その目的、価格決定方法、価格と市場条件、㈢原価の切下げ、㈣マーケティングについて、販売計画、市場調査、広告と販売促進、(五)研究開発活動、(六)設備投資について、その対象、過去三年以内に着手された最大の投資プロジェクト、投資判定基準と資金コスト、(七)子会社の管理について、過半数の株式所有による子会社、その他の子会社、子会社の設置、子会社を専門的に管理する部課、(八)下請会社の管理、などを調査した。

これらのうち(六)の設備投資では九つの質問項目を設けたが、その中の一つに、「設備投資をする際に、いくつかの代替案を比較して採否を決定する場合、主としてどのような判定基準を用いますか」と問いかけ、あらかじめ用意した七種の回答のなかから一つを選んでもらうという質問項目がある。参考までにその調査結果を示すと、表2(1)のようである。

この調査は昭和三十六年（一九六一年）の実施であるから、この種の調査としてはおそらく最初のものであろう。それだけに質問者側も準備不足で、判定基準としてあげた投資利益率や原価比較法の中身は必ずしも明確でなかったといわざるをえない。なお、現価法は現在価値法のことであり、ＭＡＰＩ法は当時ジョージ・ターボー(2)によって提唱され、世の注目を集めていた設備取替えに関する方式で、ＭＡＰＩとは Machinery & Allied Products Institute の略称である。

表2　設備投資の採否を決定する際の判定基準

	全体	投資利益率法	現価法	原価比較法	MAPI法	資金回収期間による方法	自社独自の判定基準	特定の基準は用いない	無回答
全体	100.0	32.6	1.8	11.9	2.1	10.8	10.3	24.1	6.4
総資産200億以上	100.0	32.8	4.0	8.0	1.6	11.2	13.6	17.6	11.2
100億～199億	100.0	28.1	—	17.2	3.1	14.1	6.3	20.3	10.9
50億～99億	100.0	38.5	—	17.9	3.8	6.4	7.7	21.8	3.8
49億以下	100.0	31.4	1.8	10.1	1.2	11.2	10.7	31.4	2.4
鉱業	100.0	42.9	—	14.3	—	7.1	14.3	14.3	7.1
石油・化学	100.0	43.5	4.8	11.3	—	17.7	6.4	14.5	1.6
電力・ガス	100.0	—	22.2	33.3	—	—	22.2	11.1	11.1
鉄・金属	100.0	39.1	—	13.0	—	21.7	13.0	8.7	4.3
諸機械	100.0	34.4	—	6.6	3.3	11.5	6.6	36.1	1.6
電機・電線	100.0	31.0	—	10.3	10.3	6.9	6.9	31.0	3.4
車輌・造船	100.0	36.1	—	19.4	11.1	8.3	11.1	13.9	—
運輸・倉庫	100.0	33.3	7.4	7.4	—	7.4	11.1	25.9	7.4
食品	100.0	28.6	—	9.5	—	23.8	4.8	28.6	4.8
繊維	100.0	44.1	—	17.6	—	17.6	5.9	14.7	—
金融	100.0	23.4	2.1	4.3	—	—	17.0	31.9	21.3
商事	100.0	4.8	—	4.8	—	4.8	14.3	33.3	38.1
窯業・セメント	100.0	36.8	—	21.1	—	5.3	15.8	21.1	—
その他	100.0	24.2	—	18.2	—	9.1	12.1	33.3	3.0

表2を見ると、全体として「投資利益率法」が多いなかで、電力・ガスのみは「投資利益率法」がゼロである反面、「原価比較法」が三三・三%、「現価法」と「自社独自の判定基準」がそれぞれ二二・二%と高い回答率を示しているのが注目される。一部の電力・ガス会社では、この頃からすでに現在価値法を採用していたと思われる。

設備投資の判定基準に続く質問項目は、「設備投資計画において用いられる資金コストの基準」である。資本コストでなく資金コストとしたのは、この当時、設備投資計画における採否の決定に当たっては、企業は利子率であらわされた資金コストを考慮するのが普通だったからである。表3(3)は、前記の質問項目に対する回答を、規模別・業種別内訳を削除して全体だけで示したものである。これによると、基準を答えた会社は一二八社、そのうちの七八・二%すなわち一〇〇社は資金コストの基準を五・一%から一〇%の範囲内としているのである。

アンケート調査を補足するためのインタビュー調査は、第一年度から第四年度まで四回にわたり、アンケート調査が一段落してから行われた。質問の内容は、原則として次年度のアンケート調査事項とし、宮下、諸井、大澤、岡本のうち少なくとも一人がチーフとなり、数人の大学院生が書記役となる班をいくつか編成し、手わけしてわが国の代表的企業のトップ・マネ

表3　設備投資計画において用いられる資金コストの基準

	全体	基準を答えた会社	とくに決めていない会社	無回答	基準を答えた会社全体（カッコ内は実数）	5.0%以下	5.1%〜10.0%	10.1%〜15.0%	15.1%〜20.0%	20.1%〜25.0%	25.1%以上
全体	100.0	29.4	59.4	11.2	100.0 (128)	3.1	78.2	9.4	7.0	1.6	0.8

ジメントに面接し、あらかじめ決めた質問事項について彼等の意見を聴取したのである。訪問した会社は多い年で十一社、少ない年で八社であった。

アンケート調査の事例として、設備投資の立案・審議・決定に関する質問に対する二社の回答を、次に紹介することにしよう。

「E社　設備投資については、委員会、審議会、常務懇談会で協議する。立案のアイディアがどこからでるかはっきりしないが、それぞれの部課で生み出されるといえよう。今回の大規模な設備投資の決定は、トップとくに社長によって行われた。それは長期計画に織り込まれ、またそれに対する予算管理も完全に遂行されている。経済計算もその案件に応じて行われている。この設備投資は、広大な土地の埋立てから始められたため、漁業補償等々すべての問題が重視された。とくに技術者や管理者を得ることが難問題であった。それらの人々の養成は重大な仕事である。

Ｆ社　設備投資のイニシアティブは、社長がとることが多い。新しい設備投資については、企画部が中心となって経済計算を行い、その是非を検討する。そのさい、さきゆき四〜五年ぐらいまでの需要予測を行い、年収入、年支出、資金計算などの予想をたてている。設備投資にあたって苦労する問題は、人員の確保である。採用計画を事前に設定しても、なかなかそれが果せない(4)。」

第五年度にはインタビュー調査は行わず、東京、関西においてそれぞれ経済同友会の幹事を中心とする経営理念に関するラウンド・テーブル・コンファレンスが開催され、われわれ一同も出席して五年にわたる調査が締め括られた。その記録は第五年度の報告書に掲載されている。

これまでその概要を紹介した経済同友会調査は、昭和三十年代の高度成長期におけるわが国企業経営の実態をさまざまな角度から詳しく伝える第一級の資料といわなければならない。調査終了後、英訳の話も出たが、沙汰止みとなったのは残念である。

終わりに、参考の便のため、重複を厭わず五年にわたる調査報告書の東京経済研究センター・リプリント・シリーズ版を列記することにしよう。

1　宮下藤太郎・諸井勝之助・大澤豊・岡本康雄『わが国企業における経営意思決定の実態』東京経済研究センター・リプリント・シリーズNo. 4, 一九六〇年、（本文一〇七頁）。

2　――『――（II）、トップ・マネジメントの組織と機能』リプリント・シリーズNo. 9, 一九六一年、（本文一三〇頁）。

3　――『――（III）、市場競争と企業の行動』リプリント・シリーズNo. 14, 一九六二年、（本文一九二頁）。

4　――『――（IV）、労働市場の変化と企業活動』リプリント・シリーズNo. 28, 一九六三年、（本文二八五頁）。

5　――『――（V）、経営理念と企業活動』リプリント・シリーズNo. 34, 一九六四年、（本文二二二頁）。

なお、調査書はいずれもA5判で、各年度のアンケート調査票と回答会社一覧が収録されている。

（1）　第三年度調査報告書、リプリント・シリーズNo. 14, 九四頁。

（2）　ジョージ・ターボーには次の著書がある。George Terborgh, *Dynamic Equipment Policy*, 1949.

——, *Business Investment Policy, A MAPI Study and Manual*, 1958.

（3）　前掲調査報告書、九五頁。

（4）　第二年度調査報告書、リプリント・シリーズ、No. 9, 一〇一頁。

6 『損益分岐点分析』と『企業予算』

助教授時代、私は翻訳を二つ手がけた。書名は次の通りである。

1　アメリカ会計協会編、諸井勝之助・山口達良訳『損益分岐点分析』日本生産性本部、一九五九年。

2　G・A・ウエルシュ、諸井勝之助訳編『企業予算』日本生産性本部、一九六一年。

はじめに、前者すなわちアメリカ会計協会編『損益分岐点分析』について、訳者である私の序文を紹介することにしよう。

本書は、N. A. C. A.（National Association of Cost Accountants）の調査報告書『原価・営業量・利益関係の分析』（*The Analysis of Cost-Volume-Profit Relationships*）を翻訳したものであ

る。原著のはしがきにもあるように、この報告書は、はじめ当協会の連続調査報告書第十六、十七、十八号として、一九四九年から五〇年にかけて三回にわけて各章ごとに発表された。これらを一冊に合本するに当っては、多少の改訂が加えられているが、それらは合本に必要な字句の修正ないしは重複した説明の削除であって、内容的にはほとんどもとのままである。原著の標題は、前述のごとく「原価・営業量・利益関係の分析」であるが、訳書の標題には、内容的にこれとほとんど同じ意味をもち、しかもわが国になじみの深い「損益分岐点分析」を用いた。N. A. C. A. は原価計算を中心とする米国会計実務家の研究団体で、最近N. A. A.（National Association of Accountants）と改称された。この協会の戦後における研究活動はまことに目覚ましいものがある。その研究成果は、組織的な実証的研究を基礎とする手堅いものであり、学問的にも最高の水準を示すものが少くない。N. A. C. A. 調査部の研究成果が高く評価されていることは、わが国においてすでに、当協会の調査報告書が数多く翻訳されていることからもうなずけるところである。

昭和二十年代後半から三十年代前半にかけて、N. A. C. A. ないしN. A. A. の報告書は原価計算研究者の関心の的となり、新しい報告書が出ると皆すこしでも早くこれを手に入れようと心を砕いたものである。損益分岐点分析と密接に関連する直接原価計算について左記の調査報告書が刊行されたときも、私は早速これを入手して熱心に読んだ記憶がある。

N. A. C. A. Research Series No. 23, *Direct Costing*, 1953.（染谷恭次郎監訳『直接原価計算』日本生産性本部）。

『損益分岐点分析』の翻訳をどのような経緯ではじめたかは、記憶が定かでない。原著が七二頁と短く、山口講師（当時）の熱心な協力を得て、作業は順調に進んだように思う。

G・A・ウエルシュ『企業予算』は、日本生産性本部が企画した全十巻からなるアメリカ経営学大系の第九巻で、責任監修者の一人である中西寅雄先生からの委嘱によって翻訳したものである。原著は、

Glenn A. Welsch, *Budgeting : Profit-Planning and Control*, Prentice-Hall, 1957

である。

この原著は四八七頁に及ぶ大冊で、全訳すれば六〇〇頁は優に越すと思われるが、そうせず

に要点を解説する形で三〇〇頁くらいにまとめて欲しいというのが、生産性本部側の要望であった。これまで十分読みこんだ本なら解説書を執筆することもできようが、私にとってウエルシュはかねてよい本だとは聞いていても、それまで殆ど目を通したことがない。そういう状態では解説書の執筆はとても無理なので、私は基本的部分である第一編から第三編までは、各章末の討論用質問を除いてすべて訳出し、企業予算の特殊問題を扱った第四編と巻末に付された相当量の「問題と事例」はすべて割愛することによって、訳書の圧縮をはかったのである。

翻訳に当たっては、福島大学講師であった若杉明氏、横浜国大助手であった奥村悳一氏、東大大学院生であった津曲直躬氏が下訳を行い、その下訳を私が原著と比較対照して校訂を加え、訳文の統一をはかるとともに、訳文がこなれた日本文となるように努めた。

この訳書は絶版となって久しいが、いまでも企業予算の入門書として十分読むに値すると思っている。訳書の末尾にある私の「解説」の引用によって、ウエルシュの『企業予算』の基本的性格がどのようなものであるかを明らかにして、本項の結びとすることにしよう。

ウエルシュの「企業予算」には、一つの基本的態度が一貫してみられるように思う。すなわち、かれは企業予算を経営管理のプロセスにおいて統一的に解明しようとしているのである。最近の経営管理論の成果を基礎にふまえながら、企業予算にとり組むという正攻法的アプローチは、豊富な内容と、全編を通じて連続して展開されるＳＰ製造会社の具体的計算例とともに、本書のいちじるしい特色であり、また大きな魅力ともなっているのである。――中略――

予算計画ないし予算作成の段階においては、互に競合する代替的諸事項についての慎重な選択がきわめて重要である。この点に関するウェルシュの次の説明は、注目に値する。「業務計画の設定は、計画の一局面から他の局面へと円滑に推移する計画設定の流れを意味しないであろうし、また意味すべきではない。計画のその後の展開において、すでに選択された事項をとりやめ、別の代替事項を再び考慮すべきことが示されるかもしれない。このように、設定、破棄、再設定という過程を通じて、望ましい業務計画が展開されるのである。」

――中略――

ウェルシュは、予算を作成すること（to prepare the budget）と、予算を編成すること（to compile the budget）とをはっきり区別し、前者はラインの責任であるとし、かくして見積られた各予算を最終的形態に編成するための技術的補佐と監督とがスタッフの責任であると説明する。……販売予算とか製造予算の作成は、販売ないし製造担当経営者の責任であって、その場合には、予算はcompileされるのではなく、prepareないしdevelopされるのである。——中略——

本書における重要な概念として、——包括的予算管理あるいは包括的予算プログラムがある。包括的予算管理については、それは、「予算原則および予算技術を企業のあらゆる活動領域に適用すること、および下位部門予算を総合予算プログラムに統合することを意味している」と説明される。包括的予算管理に対するものは、部分的予算管理である。「この部分的予算管理はたしかにある種の組織において価値を有している。しかしながら予算管理に潜在する可能性のすべては、あらゆる活動領域を包含し、しかも計画、調整、および統制目的に利用される包括的予算管理によって最高に実現されうる」のである。

包括的予算管理と包括的予算プログラムの相違は必ずしも明らかでないが、強いて区別すれば、前者が経営管理プロセスとしての動的側面を強調するのに対し、後者は予算の制度面を強調していると考えてよいのではなかろうか。包括的予算プログラムは多くの関連技術を含んでおり、次の四つをその基本的構成要素として成立するものである。

1　計画設定予算　3　補助的統計
2　変動経費予算　4　経営管理者に対する予算報告書

これらの構成要素のうちで、変動経費予算もしくは変動予算のとり扱い方には、かれ独得の考え方がうかがわれる。ウエルシュにおいては、計画設定予算と変動予算とは互に矛盾するものではなくて補完的に作用するものであり、両者は統合的に把握されねばならない。変動予算は予算ではないという見解もあるが、以上の理由から、かれは予算の体系の中に変動予算の占める座を与えたわけである(2)。

(1)　アメリカ会計協会編、諸井・山口訳『損益分岐点分析』日本生産性本部、一九五九年、一頁。
(2)　G・A・ウエルシュ、諸井訳編『企業予算』日本生産性本部、一九六一年、三三一頁〜三三五頁。

7　資本予算の研究

第一章の1で述べたように、資本予算は私が会計学から財務論へ移行するに当たって橋渡しの役割を果たした研究領域である。資本予算の研究は、戦後米国において主としてジョエル・

ディーンによって進められており、彼の左記のモノグラフとHBR誌掲載の論文とは、この分野における代表的文献と目されていた。

1. Joel Dean, *Capital Budgeting, Top-Management Policy on Plant, Equipment, and Product Development,* Columbia University Press, 1951（1）.
2. ——, "Measuring the Productivity of Capital", *Harvard Business Reveiew,* January-February, 1954.

これらの文献が刊行された当初、私はまだ内容を十分咀嚼するだけの学力がなく、途中で読むのを止めざるを得なかった。暫く年月を経て、全体を正確に読むことができるようになってから、私はその概要を紹介しているので、いささか長文になるがその重要箇所を抜き出して記すことにしよう。

はじめに、第一の文献すなわち、一九五一年のモノグラフからみることにしよう。本書によれば、……資本予算には四つの側面がある。その第一は、資本需要すなわち、次の期に合計していくらの資金が資本支出のために必要とされるか、という問題である。資本支出の目的は利益をあげることであるから、資本支出要求は生産性（productivity）によって測定されなければならない。……なお、ここに生産性とは収益性と同義であって、未来収益の現在価値を投資額に等しくする割引率によって測定されるべきものである。

資本予算の第二の側面は、資本供給すなわち、投資のために合計していくらの資金が次の期に利用可能であるか、という問題である。この問題は二つの部分に分かれる。その一つは、減価償却および利益留保によって内部的にいくらの資金が調達されるかであり、いま一つは外部調達される資金はいくらかである。資金を外部調達しようとする場合には、資本コストが問題となる。……ディーンによれば、資本コストは理論的には留保利益についても機会コストの形で成立するが、しかしかかる資本コストは実際に利用されることは滅多にない。

第三の側面は資本割当（capital rationing）で、ここでは提案された投資要求に対して資金をどのように割当てるかが問題とされる。……資本割当の解決のためには、投資プロジェクトを収益性の高い順に配列するとともに、資金を割当てるに値しないプロジェクトを分離するために、却下率ないし切捨率を設ける必要がある。却下率ないし切捨率は、資本支出に対して要求される最低必要収益率で、およそ投資プロジェクトが採用されるためには、そのプロジェクトはこの最低収益率以上の収益率をもたらすものであることが必要条件となる。

資本割当のあり方は、資本支出の種類によって異ならざるをえない。かくして、ディーンは資本支出を、取替投資、拡張投資、製品投資、および戦略投資の四つに大別し、それぞれの投資における資本割当について詳細な考察を行っている。

資本予算における第四の側面は、資本支出のタイミングをどうするかである。彼は、景気変動との関連で資本支出の時期をどうするかを問題としている。

ディーンの『資本予算』は以上四つの側面を十章に分けて論じたものである……。――中略――彼の『資本予算』を今日読み返してみると、実務的配慮が先行していて、たとえば拒否率と資本コストとの関係が明確でないというような理論的未熟さが目立つのは事実である。しかしながら、一九五一年当時、本書はいかに新鮮なものとして読者の目に映じたことであろうか。企業の財務といえば資金調達のみを考えがちであった当時において、財務にはいま一つ投資という重要な側面があり、しかもそこには、投資の意思決定というきわめて興味深い研究の沃野が未開拓のまま放置されていることを、本書は人びとに教えたのである。

「資本の生産性の測定」と題して、*Harvard Business Review* の一九五四年一・二月号に発表された第二の文献は、投資プロジェクトの決定基準を豊富な実務経験にもとづいて論じたもので、よく整理された手堅い内容をもち、この問題に関する古典的文献として評価の高いものである。この論文においてディーンは、投資の決定基準として通常用いられるのは、必要度（degree of necessity）、回収期間（payback period）、および収益率（rate of return）の三つであるが、これらのなかでは収益率がすぐれていること、また、収益率を計算する方法には会計的方法（accounting method）と割引キャッシュ・フロー法（discounted - cash - flow method）の二つがあるが、両者を比較すると割引キャッシュ・フロー法がすぐれていること、を明らかにするのである。割引キャッシュ・フロー法によって計算される収益率は、いわゆる内部収益率（internal rate of return）にほかならない(2)。

これまで紹介した二つの文献は資本予算研究のパイオニアであるジョエル・ディーンの代表作であるが、すでに述べたように、それらの刊行当時まだ私には内容をよく理解するだけの準備ができていなかった。私が資本予算の何たるかをある程度理解できるようになったのは、昭和三十六年（一九六一年）の春ビヤーマンとシュミットの次の著作を入手して熱心に読んでからのことである。

H. Bierman Jr., S. Smidt, *The Capital Budgeting Decision*, Macmillan, 1960.

本書は本文二〇六頁、A5版ほどのサイズの小型の本だが、中身はたいへん分かりやすく充実していて、「投資価値の測定方法の例示」と題する第二章と「現在価値と利回り（yield）」と題する第三章とを読むだけで、回収期間法ならびにその他の伝統的方法の問題点と、より合理的な現在価値法と内部収益率法の内容およびその優劣について、一通りの理解が得られるのである。現在価値法について本書は、「一般的にいって、われわれには現価法のほうが簡単であり、安全であり、容易であり、しかも直接的である。本書は、以下この方法によって議論を進める(3)」としている。なお、ディーンは内部収益率法のみを重視し、現在価値法についてはまったく触れるところがない。

さて、ビヤーマン／シュミットを読んで間もなく、私は、『経済セミナー』という日本評論新社の月刊誌が「ビジネス・エコノミックス入門」という特集を組んださい、特集論文の一つとして「設備投資計画」という小論を発表した。この小論はビヤーマン／シュミットに依拠したもので、投資選択の方法としてまず回収期間法等の伝統的方法を紹介・批判し、つぎに現在価値法（論文では純現在価値法）と内部収益率法（論文では投資利益率法）について解説し、さらに現在価値法に関連して資本コストに論及しているのである。資本コストについての私の説明は以下のごとくである。

資本コスト（cost of capital）は、設備投資計画の理論のなかでもおそらく最も困難な問題であり、論者によって見解がわかれている。たとえば、ソロモンは資本コストを株主にとっての資本コストと定義して理論を展開するのであるが、ビヤーマンとシュミットはこれを企業にとっての資本コストとしている。ここでは、ビヤーマンとシュミットの理論をかいつまんで紹介することにしよう。

企業はその資本を種々の方法で調達するが、ここにいう資本コストは、これら各種調達方法における個別的な資本コストを加重平均して求められるものである。いま、企業に必要な資本が普通株の発行および借入金ないし社債の発行によって調達されているとしよう。資本コストを計算するには、まず普通株の資本コストを求め、つぎに他人資本コストを算定して、その加重平均を行うのである。

普通株のコストは、普通株主の要求する利回りに等しい。それは、普通株の時価に対する将来の見積配当金額の比率として示されるが、実際には次のようにして計算される。ただし、γを普通株コスト、D_0を現在の一株当り配当金額、P_0を一株当り時価、gを将来の配当金の見積年次増加率とする。

$$\gamma=\frac{D_0}{P_0}+g$$

他人資本のコストすなわち、借入金や社債の発行によって調達される資本のコストは、その企業の現在における有効な借入れないし社債利子率である。この場合、他人資本について各種の調達形態がとられるならば、それらの平均が求められねばならない。さて、現在価値法において用いられる資本コストは、個々の資本コストではなくてそれら全体の加重平均値である。いま、D_0を一〇〇円、P_0を八円、gを二%とすれば、普通株コストは次の計算によって一〇%となる。

$$r=\frac{¥8}{¥100}+0.02=0.10,\ 10\%$$

次に、他人資本コスト（平均）を六％と仮定しよう。ここで注意しなければならないのは、支払利子は課税所得の計算上損金に算入されるから、他人資本コストについては税率を考慮して修正する必要のあることである。（キャッシュ・フローの計算において税金は控除されるが、支払利子は控除されない。）税率を五二％と仮定すれば、他人資本コストは二・八八％〔6％×(1－0.52)＝2.88％〕となる。このようにして、普通株コストと他人資本コストが求められたならば、次には、その企業における普通株と他人資本との割合を考慮して平均資本コストが計算される。その企業の普通株と他人資本の構成比を六対四とすれば、表1によって平均資本コストは七・一五％となるわけである。なお、ここで資本構成を考慮しているのは、ある投資計画に対して特定の資本が調達されるにしても、全体的に調和のとれた資本構成を維持するためには、他の種類の資本もそれに応じて調達されねばならないという考慮

表1

資本源泉	構成比		コスト
	(a)	(b)	(a)×(b)
普通株	0.6	10.00%	6.00%
他人資本	0.4	2.88	1.15
	平均資本コスト………		7.15%

からである(4)。

資本予算の研究をはじめるに当たっては、伝統的な発生主義会計の思考をひとまず停止し、頭をカラにしてかからなければならない。正味現在価値ないし内部収益率の計算にあっては、投資はその全額が当期の支出であって資産として翌期以降に繰延べられてはならず、したがってまた、その投資からもたらされるキャッシュ・フローから減価償却費を控除してはならないのである。このように資本予算において投資を支出とし、投資効果をキャッシュ・フローで測定するのは、貨幣の時間価値を重視するからである。現在の一万円と将来の一万円とでは、貨幣の時間価値を考慮すれば同じでなく、現在の一万円のほうが将来の一万円より価値が高い。したがって、たとえば五億円の設備投資をする場合、この五億円を一括してその期の支出（費用）に計上するのと、これを五年間にわたって毎期一億円ずつ減価償却するのとでは、時間の要素を考慮しない伝統的会計では五年間の費用はいずれも五億円で変わらないが、貨幣の時間価値を重視する資本予算の観点からは両者の費用価値ははっきり異なり、投資をその期の支出（費用）とする方が費用価値はより大きなものとなるのである。投資の効果は通常、投資直後にすべてがもたらされないで、投資後時間の経過とともに徐々に発現するものである。したがって、投資効果の測定に当たっては時間の要素がきわめて重要となり、貨幣の時間価値を反映した測定が不可欠となるのである。

なお、さきに引用した小論「設備投資計画」の中で、私は「ソロモンは資本コストを株主にとっての資本コストと定義して理論を展開する」と述べているが、これは

Ezra Solomon, "Measuring a Company's Cost of Capital", *The Management of Corporate Capital*, edited by E. Solomon, Free Press of Glencoe, 1959

に基づく見解である。しかしソロモンは、私の小論発表後に刊行されたモノグラフ（これについては後述する）では、ビヤーマン／シュミットと同じく加重平均資本コスト説をとっているのである。

いま『経済セミナー』掲載の小論に目を通すと、資本コストについての説明はいちおう妥当といえるように思う。もっとも普通株の資本コストをあらわすゴードン・モデルの前提条件がどのようなものであるかについては、当時はまったく分かっていなかったといわざるをえない。

（1）本書には次の訳書がある。中村常次郎監修、一ノ瀬智司、岡本康雄、高柳暁訳『経営者のための投資政策』東洋経済新報社、一九五九年。
（2）諸井勝之助・若杉敬明編著『現代経営財務論』東京大学出版会、一九八四年、五～七頁。
（3）H・ビヤーマン／S・シュミット著、染谷恭次郎／鎌田信夫訳『資本予算の決定方法』ダイヤモンド社、一九六二年、四二頁。
（4）諸井勝之助「設備投資計画」『経済セミナー』No. 58, 日本評論新社、一九六一年七月、二八～二九頁。

8 「資本予算の基本問題」

東京大学経済学部において助教授が教授に昇任するさいには、学部長から論文の提出を求められ、教授のみの教授会においてその論文を中心に審査がなされたのち投票が行われて、教授昇任の可否が決定された。投票には教授人事に限らずすべての人事について碁石を使うのが慣例で、その人事を可とする者は白石を、また否とする者は黒石を投ずることになっていた。

それはさておき、私の場合、昭和三十七年（一九六二年）のたぶん夏頃に学部長から論文提出を申し渡され、そのあと二、三か月かけて懸命に書き上げた論文に、既発表論文十九篇を合冊製本したものを補助論文として添えて、秋も半ばに提出したのだと思う。新しい論文の題名は「資本予算の基本問題」である。この論文は教授昇任後、加筆訂正のうえ『経済学論集』に三回に分けて発表された(1)。発表論文の目次は次のとおりである。

Ⅰ　資本予算の性格
1．資本支出、2．資本支出の種類、3．予算、4．資本予算における提案と決定
Ⅱ　資本予算の研究
1．ディーンの資本予算論、2．『資本予算』以後の展開、3．エンジニアリング・エコノミー
Ⅲ　投資選択の指標
1．回収期間、2．会計的利益率、3．利益率（内部収益率）、4．正味現価、5．利益率と正味現価との対比、6．収益性指数と年次利益（年額利益）
Ⅳ　資　本　コ　ス　ト
1．資本コストの重要性、2．投資のための資金調達、3．普通株のコスト、4．新株引受権の行使による普通株のコスト、5．留保利益のコスト、6．自己資本と借入資本の結合コスト

内容を説明すると、Ⅰは資本予算についての管理会計的説明であり、Ⅱはジョエル・ディーンの一九五一年のモノグラフ『資本予算』の概要説明と、その後における米国の資本予算研究についての学界展望であり、ⅠとⅡを合わせて序論となっている。以下本論にはいるが、Ⅲでは一九五四年にHBR誌に発表されたディーンの論文をはじめとして、ビヤーマン／シュミット、ウエストン(2)、アンソニー(3)、ソロモン(4)、ジョンソン(5)、シリングロー(6)、グラント／アイアソン(7)など、各種の文献を参照しながら、投資選択の指標について詳細な議論を展開している。こうした議論は、のちの私の『経営財務講義』(初版は一九七九年)の第二章の原型ともいうべきものである。なお、Ⅲについては、提出論文に手を加えたところが少なくない。

資本コストと題するⅣは純粋に財務論的性格の内容で、論文提出後間もなく刊行されたエズラ・ソロモンのモノグラフ

Ezra Solomon, *The Theory of Financial Management*, Columbia University Press, 1963(8)

によって提出論文を大幅に書き換えている。当時は財務論が米国において急激な変貌をとげつ

つあった時期だったので、私もソロモンの最新作に敬意を払って、彼の新しい考え方に従って論文の書き直しを行ったのである。その書き直し論文の一部を紹介することにしよう。

資本コストの計算においては、内部資金と外部資金の分類も重要であるが、いっそう重要なのは、株主とくに普通株主の出資による資金と、普通株主以外の出資による資金との分類である。……このように、普通株主の出資によるか否かを基準とする分類が重要となるのは、のちにも触れるように、資本コストないし資本予算の理論が一般に普通株主の観点から展開されることと密接に関連するのである。――中略――

企業の新投資に必要な資金を普通株の発行によって調達する場合、その資本コストをいかに計算するかについては多くの見解がわかれているが、それらのなかでアメリカのほぼ通説的立場にたち、しかも理論的によく整備されていると思われるのはソロモンの学説である。彼によれば、普通株の資本コストk_eは次の式によって示される。ただし、E_Aは新投資が行われない場合に得られるであろう一株当たりの将来利益の見積りを、またPは普通株の発行による企業の一株当たり純手取り額すなわち、普通株の市価Mから発行手数料等の新株発行費用を控除した額をあらわす。Sはすでに発行済みの普通株数、Xは新たに発行しようとする普通株数である。

$$k_e=\frac{E_A(S+X)-E_A(S)}{PX}=\frac{E_A}{P}$$

分子の$E_A(S+X)-E_A(S)$は、増資後の一株当たり予想利益が増資前のそれと等しくなるために必要な、新投資による追加利益の総額をあらわしており、分母のPXは、その新投資に投下される資金総額をあらわしている。この分子分母の割合は、簡単にE_A/Pと書きかえることができる。

いま、六〇〇万ドルの資本支出が提案されているとして、Mを二二ドル、新株発行費用を一株について二ドルとすれば、Pは二〇ドルとなるから、Xは三〇万株でなければならない。さらに、Sを一〇〇万株、E_Aを三・三ドルとすれば、$E_A(S+X)-E_A(S)$は九九万ドル、PXは六〇〇万ドルとなって、普通株のコストは一六・五%となる。もちろん、これは次のようにいっそう簡単に計算される。

$$k_e=\frac{\$3.3}{\$20}=16.5\%$$

このようにして計算された一六・五％のコストは、六〇〇万ドルの投資を新株発行によって調達する場合、その投資からもたらされなければならない最低利益率である。かりに、六〇〇万ドルの投資によって年に九〇〇万ドルの追加利益が永続的にもたらされると予想されるならば、この投資の利益率は一五％となって、一六・五％の資本コスト以下であるから、この投資プロジェクトは却下されなければならない。――中略――

それでは、普通株のコストk_eを下回る投資プロジェクトはなぜ却下されなければならないのであろうか。……その理由は、このような投資プロジェクトが採用されることによって、普通株主の投資の正味現価が低下することになるからである。この点について、もう少し具体的に考察することにしよう。

まえに述べたように、この企業の増資前の一株当り予想利益は三・三ドルであり、株価は二二ドルであるから、両者によって資本化率（capitalization rate）は一五％となる。

$$資本化率=\frac{E_A}{M}=\frac{\$3.3}{\$22}=0.15,\quad 15\%$$

逆に、資本化率と予想利益が与えられていれば、株価は次のようにして求められることになる。

$$株価 = \frac{E_A}{資本化率} = \frac{\$3.3}{0.15} = \$22$$

さて、一五％の利益率をもつ上記の投資プロジェクトを採用することによって、その企業の年度予想利益は、総額で

$$\$3.3 \times 1,000,000 + \$900,000 = \$4,200,000$$

となり、また一株当りでは、

$$\$4,200,000 \div (1,000,000 + 300,000) = \$3.23$$

と計算される。新しい投資プロジェクトからもたらされる追加的予想利益と、既存の投資からもたらされる予想利益とが確実性の程度において同等であるならば、増資後の一株当り予想利益に対する資本化率も従来と同じく一五％と考えられるから、増資後の株価は

$$\$3.23 \div 15\% = \$21.53$$

となり、従来の株価二二ドルを下回ることになる。かくして、提案された投資プロジェクトが採用されれば、一株当りの予想利益は三・三ドルから三・二三ドルへと減少し、それにと

もなって予想利益の現在価値すなわち株価も二二ドルから二一・五三ドルへと低落して、従来からの株主は損失を被ることになるのである。一株当りの予想利益が増資前の三・三ドルを下回らないためには、投資による追加的予想利益は、最低限度

$3.30×300,000=$990,000

なければならない。そして、六〇〇万ドルを投下して、年々九九万ドルの予想利益を永続してもたらす投資の利益率は一六・五％であり、資本コストとちょうど一致するのである(9)。

以上の引用において紹介されたソロモン理論について、若干のコメントを記すことにしよう。まず第一は、この議論は、自己資本のみからなるU企業（unlevered firm）を前提とするものだということである。負債のあるL企業（levered firm）については、ソロモンは負債コストを考慮した加重平均資本コストを投資採用のための最低収益率としている。

コメントの第二は、資本コストを下回る投資プロジェクトを採用すると、株価が下がって従来からの株主は損をするとされているが、損失を被る点では、新株発行に応募した投資家（新株主）も変わるところがないことである。なぜなら、一株二二ドルで購入した株式が、二一・

五三ドルへと低落するからである。

コメントの第三は、ソロモンの資本コストは機会原価的色彩が稀薄だということである。機会原価としての資本コストは、同程度のリスクの投資機会が豊富にある市場の存在を前提として成立するが、ソロモンの理論にはそうした市場が明示されていないからである。

コメントはこのくらいにして、私の『論集』掲載論文の続きを述べると、このあと新株引受権の行使による普通株のコストと留保利益のコストについてのソロモン学説を紹介し、ついで自己資本と借入資本との結合コスト（加重平均コスト）に関するソロモン学説を紹介して、全体の結びとしているのである。私の論文の資本コストの部分は、けっきょくソロモン理論の紹介に終始しているのであって、当時の私には正直のところこれが精一杯であった。

「資本予算の基本問題」を発表したあと、私は何度か資本予算に関する論稿を執筆しているが、それらのなかで最も重要なのは、昭和四十二年に刊行された『企業財務ハンドブック』(10)のVIの「資本予算」である。なお、河野豊弘、染谷恭次郎、諸井勝之助の共同編集になるこのハンドブックは、一、一〇〇頁を越す大冊で、当時における企業財務の全領域をカバーしようと試みたものであった。

（1）諸井勝之助「資本予算の基本問題（1）」『経済学論集』第二九巻第一号、一九六三年四月。「――（2）」『論集』第二九巻第二号、一九六三年、七月。「――（3）」『論集』第三〇巻第二号、一九六四年七月。

（2）J. Fred Weston, *Managerial Finance*, 1962.

（3）Robert N. Anthony, *Managerial Accounting*, revised edition, 1960.

（4）Ezra Solomon, "The Arithmetic of Capital-Budgeting Decisions", *The Management of Corporate Capital*, edited by E. Solomon, 1959.

（5）R. W. Johnson, *Financial Management*, 2nd edition, 1962.

（6）Gordon Shillinglaw, *Cost Accounting, Analysis and Control*, 1961.

（7）Eugene L. Grant, W. Grant Ireson, *Principles of Engineering Economy*, 1960.

（8）本書には次の訳書がある。古川栄一監修、別府祐弘訳『E・ソロモン　財務管理論』同文舘、一九七一年。

（9）諸井勝之助「資本予算の基本問題（3）」『経済学論集』第三十巻第二号、一九六四年七月、五六～五七頁。

（10）河野豊弘、染谷恭次郎、諸井勝之助共編『企業財務ハンドブック』丸善、一九六七年。

第七章　「原価計算」から「経営財務」へ

1　『原価計算講義』

昭和三十八年（一九六三年）四月一日、私は東京大学経済学部の「会計学第三講座」の教授となり、以後昭和三十八年度と三十九年度の二年間は、これまで通り「原価計算(1)」の講義を担当した。そしてこの間に、これまで続けてきた原価計算研究の総括ともいうべき『原価計算講義(2)』を書き上げ、昭和三十九年度の学期末も近い昭和四十年（一九六五年）二月にこれを刊行することができた。

この書物の「序」において私は、本書の性格、戦後における原価計算の発達とそれに対応する講義のあり方、および本書の執筆過程について次のように述べている。

東京大学経済学部において、わたくしがはじめて「原価計算論」の講義を担当したのは昭和二十六年のことであり、以後毎年この講義を担当してきたのであるから、間もなく終ろうとする昭和三十九年度分をふくめて、いままでに十四回原価計算の講義をしたことになる。本書は、その十四年にわたる講義実践の最後に行きついた成果であるとともに、きわめて圧縮された形においてではあるが、わたくしのこれまでの原価計算研究のいわば総決算を示すものである。

わが国における原価計算の水準は、戦後において、研究面でも実務面でも飛躍的に向上したということができる。戦後における原価計算の発展のあとをふりかえるとき、もっとも強くわれわれの注意をひくものは、原価計算の経営管理的利用が大いに開発されたこと、すなわち標準原価計算や直接原価計算が企業にしっかり根をおろすとともに、最近では、原価計算がいわゆるプロジェクト・プランニングのための特殊な計算へと展開をみせつつあることであろう。すなわち、財務会計の補助的手段として原価計算をみるだけではなく、これまであまり活用されなかった経営管理用具としての原価計算の機能が注目されるようになり、原価計算の隠れた能力を経営管理のためにいかに開発し、これをいかに有効に利用するかということが大きな関心の的となったのである。

このような戦後における原価計算の発展の結果、原価計算の講義は、従来のように財務会計的側面に強く傾斜したままでいることは許されなくなり、経営管理的側面に対して、少なくとも財務会計的側面と同等のウエイトをおくことが必要となった。かくして原価計算を講義するにあたってもっとも苦労する点は、原価計算の財務会計的側面と経営管理的側面をどのような骨組みのもとに総合するか、また、かぎられた講義時間内にこれら両側面をいかに過不足なく説明するか、ということである。本書執筆にさいしても、この点に最大の注意を払い、いちおうわたくしなりの解決を図ったつもりである。

本書は十章から構成されるが、第一章から第五章までは、『原価計算講義、上』と題して昭和三十五年四月に刊行した旧稿に全面的に手を加えたものであり、後半すなわち第六章から第十章までは今回新たに執筆したものである。はじめは三十五年秋までに下巻を書きあげるつもりであったが、経営管理的色彩の濃い後半の諸章にはなお研究すべき問題点が多く、原稿の進みはまったく停頓状態となった。しかも、昭和三十七年十一月には懸案の「原価計算基準」が公表され、上巻の全面的書き直しも必要になった。こうした事情にわたくしの怠慢も加わって、執筆がたいへん遅れ、上巻刊行後ほとんど五年を経過したいまやっと書物を完成する運びとなったのである(3)。

本書の章別編成は左記のようである。

第一章　総　　論

第二章　原　　価

第三章　原価の費目別計算第四章　原価の部門別計算第五章　総合原価計算第六章　個別原価計算第七章　標準原価計算第八章　損益分岐点分析と直接原価計算第九章　企　業　予　算第十章　経営意思決定と増分分析

このうち第一、第二章は総論的部分であり、第三章から第七章までは原価計算制度の具体的内容を論じた部分である。これら二つの部分においては、「原価計算基準」の考え方をなるべく尊重し、その規定を十分に考慮しながら説明を進めるように努めた。

第八、第九、第十章は、制度外の原価計算あるいは、原価計算とはいえないが原価計算と密接な関連を有する企業の他の計算制度を対象としている。執筆に当たっては、第八章ではN.A.C.A.の『損益分岐点分析』と『直接原価計算』に負うところが多く、また第九章ではウェルシュの『企業予算』とウェストンの著書

J. Fred Weston, *Managerial Finance*, Holt Rinehart and Winston, 1962

の第九章によるところが大であった。なお、ウエストンのこのテキストには、後述するとおりこれから先たいへんお世話になった。

「経営意思決定と増分分析」と題する第十章は、当時としてはかなりの先端領域を対象としていただけに、筆の運びはなかなか進まず、たいへん苦労して書き上げた部分である。冒頭のW会社の事例は、脚注にあるように、

N. E. Harlan, C. J. Christenson, R. F. Vancil, *Managerial Economics*, Irwin, 1962. Chap. 1

を参考にしているが、この文献に出会うことによって、私は第十章をスタートさせることができたのである。「製造か購入か」におけるW会社の事例は別として、「製品廃止の可否」における楽器メーカーのS会社、「作業機械化のための投資」におけるT製造会社、「取替投資」におけるZ会社、および「拡張投資」におけるT石油精製会社の各事例はいずれも私の創作である。

右の諸事例のうち「作業機械化のための投資」におけるT製造会社の事例については、説明がいささか不十分なので、この機会に補足をしておきたいと思う。この事例は、現在主として

手作業でなされている製品の組立て作業を、もし機械化すれば現在必要とされる二〇人の工員は七人で足りることになり、それによって労務費は大幅に節約されるという状況を想定するものである。ところで工員の削減が労務費の節約をもたらすためには、次の条件のいずれかが必要となる。その一つは、不要になった十三人の工員を容易に解雇できることであり、いま一つは、組立て部門で不要になった十三人が他の部門に有効に配置換えされる（もしその十三人がいなければ、他部門で同じだけの工員を新規採用しなければならない）ことである。以上二つのいずれもが実行不能で、十三人の工員がたいした仕事もなく社内に残留するようであれば、機械化投資による労務費の節約は、会社全体でみるとき微々たるものとなってしまうのである。私はこれまで資本予算の説明をするときしばしばT製造会社の事例を使ってきたが、そのさい前述の条件のあることを必ず補足説明するようにしてきたことを、ここに付記しておきたい。

さて、第十章は次のように結ばれる。

われわれは、いままで考察したすべての事例において、予測された基礎数値の確定性を暗に前提してきたのであるが、T石油精製会社の拡張投資計画のように不確定要素が強く作用する場合には、確定性の前提を捨てて不確定性の前提をとり、不確定性をとり入れて分析を行うことができれば、そのほうがいっそう合理的であるといえよう。不確定性をどのように処理するかは、最近大いに研究のすすめられている重要な問題であるが、ここでは問題点を指摘するにとどめておく。

なお、利益率法や現価法で用いられる最低希望利益率……をいかに計算するかも重要な問題であるが、この問題についてもその重要性を指摘するにとどめて、その内容にはたちいらないことにする(4)。

前段は不確実性ないしリスクの問題であり、後段は資本コストの問題であるが、十四年後に刊行された『経営財務講義(5)』においては、私はこれらの問題を全面的にとりあげ、詳細な議論を展開しているのである。

苦労して書き上げた『原価計算講義』ではあるが、私はこれを東京大学経済学部の「原価計算」の講義にテキストとして使用することはなかった。どうしてかというと、この書物が刊行されたのは昭和三十九年度の「原価計算」の授業終了後のことであり、しかも昭和四十年度からは、私は自分から希望した新設の「経営財務」の講義を受けもち、「原価計算」は「管理会計」と名称変更のうえ、新進の津曲直躬助教授（当時）がこれを担当することになったからである。

私は会計学から財務論へと専攻を変えるに当たって、これまでの研究・教育の成果を書物の形で残しておかなければならないと強く考えていた。『原価計算講義』は、そうした考えのもとに執筆されたものである。

（1）正確にいうと、昭和三十八年度は「原価計算論」であり、昭和三十九年度は「原価計算」であったと思う。そのころ、科目名に「論」をつけるのは止めようということになり、たとえば「金融論」は「金融」に、また「日本経済論」は「日本経済」に改められたのである。したがって、昭和四十年度からはじまる「経営財務」と「管理会計」にも「論」の字はついていない。
（2）諸井勝之助『原価計算講義』東京大学出版会、一九六五年。
（3）前掲書、i〜ii。
（4）前掲書、二一九頁。
（5）諸井勝之助『経営財務講義』（初版）、東京大学出版会、一九七九年。

2 「経営財務」の開講

昭和四十年（一九六五年）四月、私は一回目の「経営財務」を開講した。当時、友人や後輩の諸氏から「どうして会計学から出てゆくのか、実績のある会計学にとどまっている方がずっと楽ではないか」といった質問をよく受けた。それに対して何と答えたかは定かでないが、会計学から財務論へ移る最大の理由は、自分の学問的資質が、会計学よりも当時米国で急速に発達してきた新しいタイプの財務論に向いているとはっきり自覚したからである。専攻を正式に財務論に移すことによって、資本構成をめぐる論争の焦点となっていたモジリアーニ＝ミラーの理論や、金融論の領域で重要視されはじめたマーコビッツの資産選択の理論などを、納得ゆくまで勉強したいと思った。また、日本における企業金融の現状を学術的に分析したいという気持も強かった。当時は間接金融の全盛時代で、企業のオーバー・ボローイングが問題視されていたが、そうした現実問題に本格的に取り組むことも大いに意義があるように感じられた。

日本には会計学者は大勢いるが、財務論には未開の沃野があるにもかかわらず研究者は僅かしかいない。いささか過密の感のある会計学から過疎の財務論へ研究者が移動することは、日本にとって意味があるのではないか。まだ四十歳そこそこの私はひそかにそう考えて、遅疑逡巡することなく自分の専攻を会計学から財務論へと転換させていったのである。

こうして大いなる意欲をもって新たな道へ進んだのであったが、いざ四単位の「経営財務」を体系立てて講義するとなると、その準備は決して容易ではない。駆け出しの助教授に戻った気分で、参考文献をあれこれ調べながら講義ノートを作ったものである。このような場合、すぐれた教科書があれば講義ノートの作成はたいへん楽になる。幸い昭和三十七年の秋、神田の北沢書店で偶然見つけたウエストンの本（これについては前節で述べた）が、新しいタイプの財務論の教科書として出色の出来だったので、私は主としてこれによりながら講義を進めることになった。

Managerial Finance と題するウエストンの教科書（初版）がどのようなものであるかを知るために、その序文の一節を紹介することにしよう。

「増大する研究開発活動は世界経済の変化する速度をはやめ、それによって財務的マネジメントの役割を一段と重要なものとしている。企業活動をとりまく環境は日ましにダイナミックなものとなるため、方針設定を誤ることからもたらされる結果は、深刻の度を増しつつある。第二のチャンスは余計に費用がかかり、数も少ない。

こうしたことを考慮して、本書は経営財務の領域における意思決定に重点をおいている。ビジネス・スクールの主たる役割は、企業におけるマネジメントの研究である。——下略——(1)」

以上から明らかなように、ウエストンは経営財務研究の中心に意思決定をおくのである。財務的意思決定を中核として財務論を展開するということは、制度論偏重のこれまでの財務の教科書には見られなかったウエストンの大きな特色といわなければならない。意思決定を重視する立場をとれば、内容面では経済理論を応用した計量的分析が多くのページを占めるようになる。ウエストンの初版ではまだそうした傾向は弱いが、それでも全三十章のうち第七章「資本予算」、第十一章「財務構成と資本コスト」、第十一章補論「財務構成の理論」の諸章は計量分析的性格の強いものである。なお、第十一章補論ではモジリアーニ＝ミラーの理論における三つの命題が紹介されている。このウエストンの初版は、学部における「経営財務」の講義の基本的参考文献であるばかりでなく、大学院においては昭和四十年度のテキストでもあって、この年私は院生とともに章末の問題をも含めて一年がかりでその全部を精読したのであった。

ウエストンの教科書は一九六六年刊行の第二版(2)から、ブリッガムとの共著となる。第二版で注目されるのは、第十二章補論A「普通株評価理論の考察」、同補論C「財務構成の理論」、第二十章補論「配当政策に関する理論的資料」、および第二十二章補論「転換証券の理論的考察」であろう。

私はこの第二版を、東京大学の大学院生および大学院卒業生の諸氏の協力のもとに翻訳している。もっとも翻訳できたのは全三十一章のうちの二十二章までで、残りの部分は翻訳できずじまいであった。激しい大学紛争に身心ともに疲れ果てて残り九章の翻訳作業が遅々として進まぬうちに、原著の方は一九六九年に第三版、七二年に第四版と矢継ぎ早に刊行され、とうとう東大出版会から翻訳の打ち切りを申し渡されたのである。こうして、三分冊として刊行予定の翻訳書『経営財務』は、I(3)とII(4)を刊行したあとIIIを刊行することなく未完成で終ることになった。

（1）J. Fred Weston, *Managerial Finance*, Holt, Rinehart and Winston, 1962, p. vii.
（2）J. Fred Weston, Eugene F. Brigham, *Managerial Finance*, 2nd edition, Holt, Rinehart and Winston, 1966.
（3）J・F・ウエストン、E・F・ブリッガム、諸井勝之助訳『経営財務I』東京大学出版会、一九六八年。

（4）――『経営財務II』東京大学出版会、一九七〇年。

3　わが国企業金融の現状分析

さきに私は、財務論に専攻を移して日本の企業金融の現状について分析を行いたいという趣旨のことを述べた。ところで、このテーマについては私は助教授時代にある程度研究を試みており、その成果を『中央公論』経営問題特集号（昭和三十七年三月号、臨時増刊）（1）に「金融引締めの影響」と題して発表しているのである。表題は時事評論めくが、これは編集者がつけたものであって、中身はわが国企業金融の特質を分析し、併わせて当時の金融引締めの影響を論じた純然たる学術論文である。全体は五節からなり、第一は企業の資金調達、第二はわが国企業の資金調達、第三は金融引締めとその影響、第四は設備投資の目的、第五は企業の資本構成となっており、資料としては日本銀行『調査月報』、大蔵省『法人企業統計速報』と『法人企業統計年報』、日本経済新聞記事、増資懇談会調査、および経済同友会調査が用いられている。早い時期の習作ではあるが、比較的手堅い内容をもっているので、長くはなるがこの論文の主要部分を各節ごとに区分して紹介することにしたい。

一　企業の投資活動に必要な資金は、利益留保や減価償却によって内部資金を蓄積して調達されるとともに、金融機関からの借り入れや、株式、社債の発行によって外部から調達される。前者は内部調達ないし内部金融であり、後者は外部調達ないし外部金融である。

企業が相当の収益力を有し、配当性向が合理的な水準にあるならば、企業は早い速度で成長しようとしないかぎり、所要資金を主として内部調達によってまかなうことができるであろう。しかし、経済の成長に合わせて企業が早い速度で成長しようとする場合には、内部調達だけではとうてい不十分であり、外部調達が重要にならざるを得ない。

外部調達の方法として、企業が間接金融と直接金融のいずれを選ぶかは、最終的には企業みずからが決定すべき問題である。しかし、このさい企業の決定を制約する要素として、つぎの二つの事情があることを忘れてはならない。

1　間接金融と直接金融のいずれによる方が、資金をより容易に調達できるか。

2　資金コストは、いずれによる方が安いか。

一方では金融機関が発達していて、そこに大量の資金が預貯金の形で集まっており、しかも他方では、資本市場が比較的未発達であるというような場合には、一般的にいって、間接金融の方がより容易に資金を調達できることになる。また、借入金の資金コストが、社債や株式の資金コストよりも安いということであれば、企業としては採算上、間接金融の方に重点をおかざるを得なくなる。間接金融方式に過度に依存することが企業経営上好ましくないことは分かっていても、右のような事情があれば、企業が簡単に直接金融方式へ移行できないのは当然といわなければならない。

二　日本の企業の資金調達方式を諸外国のそれと比較して目立つ点は、……内部調達の比重が少ないこと、間接金融とくに銀行からの借入れの比重が大きいことである。――中略――

わが国企業の資金調達方式において間接金融が重要な地位を占めている基本的理由としては、明治初頭以来銀行をはじめ各種の金融機関が非常に発達したのに対し、資本市場の発達が遅れたという事情があげられる。わが国の個人所得は零細で株式、社債に直接投資するだけの余裕に乏しく、その大部分が金融機関に預貯金されたという事情は、金融機関の発達を促す大きな要因であった。

間接金融を助長する一因として、金融機関借り入れの方が株式発行によるよりも資金コストが安いことも、看過できない。支払い利子は税務上損金算入されるが、配当は損金とならず、法人税を支払った残りの利益から支払われなければならない。

三　間接金融方式のもとでは、活発な投資活動によって企業の資金不足が増大すると、銀行からの借入金もいきおい大幅に増大する。そして、こんどは資金供給者たる銀行の資金が不足がちとなり、銀行が「銀行の銀行」としての日本銀行から借り入れを行って、資金不足を補うことになる。これがいわゆるオーバー・ローンとよばれる現象である。他方日本銀行は、金融引締めの必要があるときには市中銀行に対する貸し出しを締めるとか、公定歩合引き上げなどの措置によって金融調整を行ない、企業に対する銀行の融資を制限して企業の投資の行き過ぎを是正するわけである。企業、銀行、日本銀行という三つの緊密なつながりによって、日本銀行のうち出す金融引締め政策は、企業経営にきわめて敏感に反映されるのである。

さて、昨年（昭和三十六年）の金融引締めは、企業の設備投資の盛行によって国際収支が悪化したことが主たる原因であった。すなわち、四月に信用状収支が一億ドルをこえる赤字となってからは、国際収支の赤字は慢性化の様相をみせ、外貨準備は、四月末の二〇億ドルをピークに、九月末には一六億台へと急速に減少していった。金融引締め政策はこのような事態に対処して企業の設備投資を削減し、国際収支を改善するためにとられたものである。つぎに、金融引締めがどのようにして進行したか、その過程をふりかえってみることにしよう。（これに続く詳細な説明は省略する。）

このような強力な金融引締めによって、銀行の貸し出しはどのように減少したのであろうか。……全国銀行貸出増加額の対前年比は、七月以降急速に減少し、九月にはいってマイナスに転じ、十月にはマイナス三八・八パーセントと大幅な減少をみせている。とくに十月における都市銀行の貸し出し減少はいちじるしく、マイナス五七・七パーセントにも達しているのである。

銀行貸し出しのこのような減少が、間接金融に頼る企業の設備投資計画を縮小させるのは当然である。十月初旬に大蔵省が大銀行九行を通じ、大企業一五〇社を対象に調査した設備投資計画の修正状況……によると、六月に行われた前回調査にくらべて、企業の設備投資計画は全体で七・九パーセントの削減となっている。業種別に削減率をみると、商社が二四・

七で最高、ついで電鉄、石油化学、窯業、自動車、紙パルプの順となっている。

四 ところで、企業はどのような目的から設備投資を行うのであろうか。(以下、「わが国企業における経営意思決定の実態」に関する経済同友会の第三回調査にもとづく議論が展開されるが、省略する。)

五 銀行が貸し出しを通じて企業と「癒着」していることは、金融引き締めの効果をにぶらせる作用をした。銀行は特定の企業と密接に結びつく場合が多く、そのような企業には多額の融資をしているので、銀行がその企業を途中で見放すようなことをすれば、こんどは自分自身を危険にさらす結果となる。そこで銀行としては、手をつくしてその企業の面倒をみることになるのである。また、銀行間の寡占的競争が貸し出し競争をまねき、それが企業の投資意欲をいっそう刺激したことも事実である。取引先として優良企業を確保しようとする銀行間の競争が、優良企業に対する銀行の指導力を非常に弱いものにしたことも否定できない。

わが国金融構造の特徴である銀行と企業との右のような関係は、企業経営の問題としては、オーバー・ボローイングとして、また資本構成の悪化の問題としてあらわれる。わが国企業の自己資本比率は、戦前は六〇パーセント程度が普通であったといわれるが、戦後急激に低下し、現在では、大企業で二七〜二八パーセント程度まで下がっている。――中略――資本市場の発達が十分でなく、また借入金の方が資金コストが安いという事情のもとにおいては、成長企業の経営者は、いきおい所用資金を借入金によってまかなうことになる。しかも、銀行と企業との結びつきが密接であれば、この傾向はいっそう強められるであろう。……間接金融から直接金融へ切りかえるといっても、個々の経営者が経済の大勢にさからうことは不可能である。結局、資本構成の問題一つとりあげてみても、わが国の金融構造全般におよぶのであって、国民経済的規模において解決されなければ、問題は決して解決されえないといわなければならない。

（1）諸井勝之助「金融引締めの影響」『中央公論』経営問題特集号、一九六二年、三月、一三一〜一四一頁。

4 「戦前・戦後の企業金融」

昭和三十六年（一九六一年）、東京大学経済学部に日本産業経済研究施設（産経研と略称）が付

置されるとともに、同じ年に創立された財団法人東京大学経済学振興財団が産経研に資金援助することになって、学部の教授、助教授は研究プロジェクトを申請して大いに研究活動を推進することができるようになった。私は、館龍一郎教授を主査とする「資本蓄積過程の金融分析」という研究プロジェクトに宮下藤太郎、小宮隆太郎の各助教授（当時）とともに参加し、主として企業金融の研究を行うことになった。旧経済学部研究棟の一室に集って、皆してモジリアーニ＝ミラーの理論について議論をしたり、ウエストンの初版の二、三の章を私が紹介したりしたのを覚えている。前節で詳しく紹介した「金融引締めの影響」も、こうしたグループ研究のなかから生まれたものである。

産経研の「資本蓄積過程の金融分析」の研究はその後数年続けられたのち、その重要な成果として次の論文が発表された。

館龍一郎、諸井勝之助「戦前・戦後の企業金融」、館龍一郎、渡部経彦編『経済成長と財政金融』岩波書店、一九六五年。

これは、昭和三十九年一月六日から九日まで神奈川県逗子市で開催された東京経済研究センター主催の第二回逗子コンファレンスで発表・討論された第一次稿を、当日の討論を十分考慮して書き改めて完成させたものである。

内容について述べると、この論文の研究課題は、戦前と戦後とで企業の資本構成、資金調達方式に著しい違いがみられるが、なぜこのような違いが生ずるに至ったのか、その理由は何であるかを究明することである。

さて、戦後の資本構成悪化の原因に関する考え方は大別すると二つになる。その第一は、自己資本コストに較べて負債の資本コストの方が相対的に低いために、負債依存度が高くなったという主張であって、これを相対コスト仮説とよぶ。その第二は、資本コストの影響は比較的小さく、経済の高度成長、とくに投資の高い成長率が負債依存率の増大を不可避にしたという考え方である。本論文はこれら二つの考え方すなわち、第一の相対コスト仮説と第二のいわば高度成長説とを詳細に吟味検討したあと、高度成長説に軍配をあげて最後を次のように締め括るのである。「われわれは、戦前・戦後の企業金融の著しい違いは、『相対コスト仮説』が主張するように各種資金の名目的な資本コストの違いによるというよりは、むしろ資金需要が旺盛であり、それを賄うのに内部資金が不足したという事情によるところが大きいと結論してよいであろう(1)。」

この論文はその後多くの経済学者の注目するところとなり、引用文献にあげられることが多かったと聞いている。

ところで、館教授とのこの共同論文における私のコントリビューションは何かといえば、日本の企業金融についての平素の意見交換を別にすると、相対コスト仮説の実証的検定のために、ＭＭ理論にもとづいて日本の企業の資本コストを計算したという一事に尽きるのである。ＭＭ理論によって実証研究をするためには、サンプルとなる企業はリスクがほぼ同一でなければならず、また自己資本は簿価ではなく時価評価されていなければならない。こうした制約のあることを学んで、私は理論モデルを使って実証分析を行うことの厳しさを、身にしみて感じたものである。このほか、コンファレンスの会場であった逗子の「なぎさホテル」に数日滞在することによって、多くの経済学者と知り合うことができたことも、この共同研究の予期せぬ収穫といわなければならない。

（1）館龍一郎、諸井勝之助「戦前・戦後の企業金融」、館龍一郎、渡部経彦編『経済成長と財政金融』岩波書店、一九六五年、一〇三頁。

第八章　昭和四十年代

1　新しい研究室

昭和四十年（一九六五年）の夏、私は赤門の近くに完成したばかりの経済学部の新館に研究室を移すことになった。正門近くの雅趣ある法経研究棟三階のそれまでの研究室は、『原価計算講義』を書き上げた場所であり、また戦前に上野先生が長く使用された由緒ある部屋でもあったので、そこを引き払うことには多少の抵抗感があった。しかし冷暖房が完備し、エレベーターが二基ある新館七階の見晴らしのよい広い部屋に移ってみると、気分は一新し、ここで大いに財務論の研究に打ちこもうという意欲が湧いてくるのであった。

新しい研究室に移ってからの二年半は、嵐の前の静けさとでもいうべき平穏無事な時期で、私は「経営財務」の講義を軌道に乗せるのに精を出す反面、会計学から少しずつ遠去かるように心掛けた。長年関係した大蔵省企業会計審議会については、「原価計算基準」制定後も第一部会の一員として留まり、大した仕事もしないのに身分だけは幹事から臨時委員、委員と昇進したあと、昭和四十一年（一九六六年）十一月に委員を辞任することができたのである。もっとも、同じころ日本国有鉄道会計及び財務基本問題調査会委員（会長は黒澤清教授）を委嘱されたため、黒澤先生をはじめ会計学の諸先生と顔を合わせることは多かった。

さきに紹介した日本生産性本部の中小企業原価計算委員会は昭和四十年にはその活動を停止したと思われるが、その同じ年に同本部に経営アカデミー（学長は中西寅雄教授）が創設され、私は鍋嶋達、國弘員人、青木茂男の諸教授に伍して、財務管理コース（のちに経営財務コースと改称）のコーディネーターとなった。コースの授業は渋谷の同本部教室で行われたが、年に二回ほどリゾートホテルでの合宿があって、これがなかなか楽しかった。特に印象に残っているのは、昭和四十年七月に下田東急ホテルで行われた最初の合宿である。そのさい私は津曲直躬助教授（当時）と組んで資本予算に関してケースを使った授業をしたが、このときの津曲君の鮮やかなディスカッション・リーダー振りは、今でもありありと思い浮かべることができるほどである。教室に使用したのは広い窓ごしに太平洋を見晴らす食堂で、窓辺に立てば眼下には鍋田海岸が広がっている。授業の翌日は、一同その海岸で泳いだりボートを漕いだりしたのであった。

財務管理コースのコーディネーター四人のうち鍋嶋、國弘、青木の三氏は数年後には退任され、かわって加藤勝康、高田清朗、石塚博司の諸教授が新たにコーディネーターに就任した。コース名を経営財務コースと改めたのはこのときのことである。なお私一人はそのまま続投となり、昭和五十九年に退任するまでチーフ・コーディネーターを務めることになった。

話を新しい研究室に戻そう。私の部屋は七階の北向きだったので、三四郎池周辺の樹林越しに台東区谷中や町工場の多い荒川区方面を見渡すことができ、さらに快晴の空気の澄んだ日には筑波山を遠望することもできた。しかし当時、荒川区方向は林立する煙突から吐き出される黒煙でどんより曇っていることが多く、風向きによって妙な臭気のある灰色の空気のかたまりが谷中を越えて本郷台地におしよせ、やがて東大キャンパスをすっぽり包みこんで了うことも少なくなかった。本郷通りにはまだ都電が走っていたが、急速に増加する自動車の排気ガスは野放しだった。公害防止対策がとられ、しだいに空気が清浄化されるようになったのは昭和四十年代の後半以降のことである。

ところで、この新しい研究室での研究活動はどのようであったろうか。引越し直前のものも含めて、当時発表した論文には次のようなものがある。

1　「企業評価における粗利益法」『経済学論集』第三一巻第二号、一九六五年七月。

2　「資本構成と資本コスト」『ビジネス・レビュー』第一三巻第二号、一九六五年十月。

3　「経営財務理論の基礎に関する一考察」『経済学論集』第三二巻第二号、一九六六年七月。

4　「投資計画におけるデシジョン・トリーの利用」『現代経営学の研究』日本生産性本部、一九六八年。

まず1の「企業評価における粗利益法」は、デューランド（David Durand）に従って、企業評価の方法として従来からの通説である純利益法（net income method）のほかに粗利益法（net operating income method）のあることを紹介し、両者を対比して説明したあと、粗利益法と外形的に類似するモジリアーニとミラーの学説に言及したものである。デューランドの説く二つの企業評価法については、NI法とNOI法の名のもとに後年の『経営財務講義』のなかで再説している。

2の「資本構成と資本コスト」は節を改めて論じることとし、3の「経営財務理論の基礎に関する一考察」について述べると、これは当時米国の学界で話題となることの多かったボーデンホーン（Diran Bodenhorn）の利潤のキャッシュ・フロー概念の紹介、検討を中心に、経営財務理論の基礎について考察したものである。

4の「投資計画におけるデシジョン・トリーの利用」は、HBR誌に掲載されたマギー（John F. Magee）の論文、Decision Trees for Decision Making, *Harvard Business Review*, July-Aug. 1964の詳細な紹介であって、柳川昇先生還暦記念論文集『現代経営学の研究』（日本生産性本部、一九六八年）への寄稿である。残念なことに私のこの論文には、三二五頁の図2の中身と三二七頁の図3の中身とが入れ違っているという大きな校正ミスがある。私はこの論文原稿を編集委員会に提出したあと、在外研究のため海外へ出かけたため、校正を自分で行う余裕がなかったのである。もう三十年以上も昔の作品であるが、今後もし読もうという方があるならば、図2と図3の中身を入れかえて読んでいただきたい。

一橋大学産業経営研究所の『ビジネス・レビュー』第十三巻第二号に発表した表記の論文は、この時期のものとしては興味深い考察をしているので、少し詳しく紹介することにしたい。論文は三節からなり、第一節はモジリアーニ＝ミラーの理論、第二節はソロモンの批判、第三節は D/V にともなう r と i の推移、となっている。問題の所在を明らかにするために、第一節は全文を紹介する。

2　「資本構成と資本コスト」

資本コスト、とくにいわゆる平均資本コストは、資本構成の変化につれてどのように変化するであろうか。この問題に対する通説的見解によれば、平均資本コストは借入資本比率の増加につれてしばらくは減少するが、ある限界を超えて借入資本比率が増加すると、こんどは増加するようになると考えられる。平均資本コストが減少傾向から増加傾向に移りかわる資本構成は、平均資本コストが最低となる最適資本構成ということができる。

ところで、前述のような通説的見解に対して、フランコ・モジリアーニとマートン・ミラーは精緻な理論的裏付けのもとに新しい独自の学説を展開した。かれらによれば、法人税を考慮しないかぎり、平均資本コストは資本構成から独立であり、借入資本比率が変化しても平均資本コストは一定であると考えられる。この考え方からすれば、最適資本構成は問題にならない。

さて、自己資本コストをi、借入資本コストをr、自己資本価値をS、借入資本価値をDとし、企業全体の価値をVとして$V=S+D$とすれば、平均資本コストρはつぎのようにあらわされる。

$$\rho=\frac{iS+rD}{V} \qquad (1)$$

(1)式から(2)式を導くことができる……。

$$i=\rho+(\rho-r)\frac{D}{S} \qquad (2)$$

粗利益（純利益＋利子費用）から優先的に支払われる利子費用の資本化率、すなわち借入資本コストrは、利子費用のほうが粗利益よりも確実性の高いことを反映して当然にρよりも小さくなり、$(\rho-r)>0$となるから、モジリアーニ、ミラーの学説にしたがってρを一定とすれば、純利益の資本化率、すなわち自己資本コストiは(2)式によって借入資本比率

D/Sが増加するにつれて増加することになるのである。

(2)式において、$(\rho-i)$の値をD/Sに関係なく一定と考えるならば、すなわちρばかりでなくrもD/Sに関係なく一定であるとするならば、iはD/Sの増加につれて直線的に増加することになる。しかし、はたしてrは借入資本比率が増加しても一定のままでいるだろうか。借入資本比率の増加につれて、rは増加すると考えるほうが現実的であるというべきであろう。

そして、このようにrが増加することになると、ρを一定とするかぎり、iはD/Sの単純な増加函数ではなくなるのである。それでは、rが借入資本比率につれて増加する場合、iはどのように推移するのであろうか。この点について、モジリアーニ、ミラーはつぎのように述べている。

「もしもrが借入資本比率とともに増加するなら、自己資本利回りiはいぜんとしてD/Sの増加につれて上昇する傾向をもつが、しかし一定率ではなくて逓減的率で上昇するのである。借入資本比率がある高水準を超えると、自己資本利回りは、利子率函数の正確な形に依存しながら下落する場合さえありうる。iとD/Sとの関係は、図1のカーブMDで示され

図1

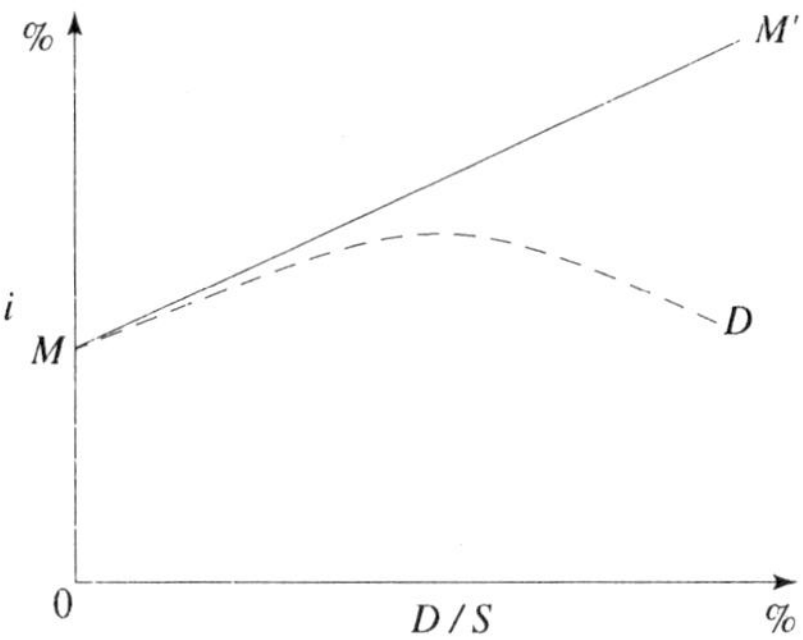

るような形をとると考えられる。もっとも、実際にこうした曲線が報告されたことはごく少ないであろう。比較のために、利子率が一定の場合についていうと、図1のMM'線によって示されるように、その関係はおしなべて直線である。」

……かれらの説明をさらにきくことにしよう。「カーブMDの下降傾斜の部分は、おそらく若干のコメントを必要とするであろう。というのは富くじ愛好者以外の投資家がなぜこの範囲において株式を買うのか想像し難いからである。しかしながら、命題II（命題IIは(2)式を指す）の自己資本利回りカーブは、いっそう基本的な命題Iの帰結であることを想起すべきである。危険愛好者による需要が、市場をこの特殊な利回りカーブのところに維持するのに不十分であることがわかれば、この需要は裁定取引（arbitrage）を行うひとびとの行動によって補強されることになろう。裁定取引を行うひとびとは、企業の株式と社債を保有することによって、一つの全体としての企業の比例的持分を所有することが有利であることに気づくであろう。かくして、株式の低い利回りは、社債の高い利益率によって補われるのである。」

以上のようなモジリアーニ、ミラーの説明にもかかわらず、借入資本比率がある限界を超えて増加する場合に r の増加にともなって i が減少するということは、いかにも不自然であるように思われる。以下本稿では、この問題を考察しようとするのであるが、順序としてまず、この問題に対するソロモンの批判をきくことからはじめたいと思う(1)。

これまで引用した第一節によって、この論文が何を問題としようとしているかは明らかであろう。これに続く第二節では、ソロモン（Ezra Solomon）の批判とこれに対する私のコメントが述べられるが、この部分は省略し、「D/V にともなう r と i の推移」と題する第三節をみることにしよう。表題から分かるように、ここでは借入資本比率として D/S ではなく D/V （$V=S+D$）を用いている。その理由は、D/V を用いれば借入資本比率の範囲はゼロから1の範囲内におさまるが、D/S では借入資本比率の範囲はゼロから無限大にまでおよんで、操作しにくいからである。

論文では、分析の過程を図表を使って分かりやすく説明しているが、ここでは結果だけを要約するにとどめたい。さて、D/Vの増加につれてrが増加する場合、rの増加率が一定かもしくは逓増的な場合には、$r \leqq \rho$の前提のもとでは、iはD/Vの増加につれて増加し、途中で減少に転ずるということはない。しかし同じ前提のもとでも、rの増加率がはじめ大きく後になるほど小さくなる場合、すなわち逓減的である場合には、D/Vがある限度を超えて増加すると、iの減少がはじまることになる。さらに、これまでの前提をはずしてrがρを上回ることを許容するならば、iは途中で減少に転じるだけでなく、マイナスのiさえも生じる。論文は以上の考察結果をふまえて、次のように結論するのである。

マイナスのiとは、株主が企業に対して贈与することを意味しており、常態ではまったく考えられないことである。……モジリアーニ、ミラーは平均資本コストρが借入資本比率から独立であることを主張したわけであるが、rがρを超える場合に、iがマイナスとなりうることを考慮していなかったように思われる。そして、rがマイナスとなることを避けようとすれば、……rはρを超えないという前提を設ける以外に道はあるまい。rは下方に凸に推移する（rの増加率は逓増的）と考えるのが現実的であるから、$r \leqq \rho$の前提をおくならば、

2 「資本構成と資本コスト」

iの下降の問題はその限りで解消することになるのである(2)。

(1) 諸井勝之助「資本構成と資本コスト」『ビジネス・レビュー』第十三巻第二号、一九六五年十月、一〇〜一二頁。

(2) 前掲論文、一七頁。

3　在外研究

昭和四十三年度（一九六八年度）になって私に文部省在外研究の順番が回ってきて、一年間の予定で海外に出かけることになった。当時、海外で研究したいと思う教授会スタッフは希望する大学と連絡をとり、しかるべき資金援助を受けて一年とか二年、場合によっては三年間海外留学することができた。そのような自発的留学をしない場合には、国費によって海外留学が半ば権利、半ば義務のような形で年令順に回って来たのである。

先輩の先生方について調べてみると、上野道輔先生は大学卒業の翌年の大正二年三月に文部省外国留学生として英国へ行かれ、第一次大戦の影響でドイツへ渡れないまま英国にとどまってシェアーを独学されたようである。帰国は大正六年六月で、そのすぐあとに助教授に任ぜられている。また中西寅雄先生は、助教授就任から半年後の大正十二年十月にドイツに赴かれ、主としてベルリンで研究生活を送って大正十五年七月に帰国しておられる。この頃はマルクに対して円の強い時代だったので、ベルリンでの先生の生活は華やかだったようである。

さて、自分のことについて述べると、三月三十一日夜のSASで羽田からロンドンへ飛び立ったのであった。そのころ東大では医学部問題がこじれ、卒業式に安田講堂が使用できないという事態が生じていたが、そのあと事態が悪化の一路を辿ってあのような大紛争にまで発展するとは誰が予想できたであろうか。

ロンドン到着後最初の二、三日をランカスター・ゲート近くの安ホテルで過ごした私は、知人の紹介でハムステッドにあるテンプロス家の一室を借りることになった。同家はかなり富裕な中流家庭で、ギリシャ人のご主人テンプロス氏は本国逗留中であり、六〇年輩のコニー夫人が単身留守を守っていた。この家はいわゆる下宿屋ではない。特別に紹介のあった人だけを泊めるのであって、それも一時に一人に限られている。昼と夜は原則として外食だが、朝食はこの夫人とさしむかいで食べる。美しくみがかれたテーブルの上にクロスを広げ、皿を受ける敷き板をならべ、その上をさらに小さなクロスでおおって皿を置く。料理は日によって違うが、肉や魚、あるいは卵料理などが皿にもられる。パンが出る。ミルクが出る。果物が出る。もちろんティーも出る。それから二人して椅子について食べはじめるわけである。

彼女は生粋のロンドン児で、きれいなクイーンズ・イングリッシュをゆっくり明確に喋る。聞きとるのにあまり苦労はしない。したがって、毎朝三十分くらい彼女と朝食を共にしながら交わす雑談は、いささか窮屈ではあったが、英会話の勉強に役立った。

テンプロス家の庭はハムステッド・ヒースの池に接しており、池をへだてて広がる広大な自然公園をまるで自分の庭のように眺めることができる。眺望のよいことでは、ロンドンでも屈指ではなかろうか。テンプロス邸はガーデン・ハウスと呼ばれるだけあって、広い芝生とさまざまな草花の咲くロック・ガーデンのあるその庭は、専属の庭師によって定期的に手入れされ、庭師のための休憩小屋も建っていた。

家から歩いて七・八分で地下鉄のハムステッド駅につく。そこから、ロンドン大学やウエスト・エンドへ通った。ロンドン大学で関係のあるのは、オールドウィッチにある政経学部と、トラファルガー・スクェアのすぐ近くの経営学大学院とである。資本予算を担当しているカースバーグ氏（政経学部）やメレット教授（経営学大学院）などに面会して話をしたが、特に教えられるほどのことはなかった。

テンプロス夫人は私のロンドン滞在が有効なものとなるように気を配ってくれ、近所に住むケレットさん一家を紹介してくれた。ケレット氏は株式ブローカーだと思うがたいへん親切で、ロンドン大学のファイナンスや会計の先生をよく知っているようだった。私は彼の紹介で、ベイジングストークにあるクルーク・ラボラトリーズ（Crooke Laboratories）という製薬会社の工場を見学することができた。この会社はギネスが六〇％、フィリップスが四〇％の株を保有し、工場は一九六五年に建設されたばかり。従業員は二五〇人で一交替制とのことであった。

こうして私のロンドン生活は順調に進み、知り合いもふえて行動半径が広がりつつあった矢先、突然私は東京へ戻らなければならなくなった。五月二十日の朝早く、東京の妻から電話があり、かねて病床にあった岳父の諸井貫一の容態が急変し、あと二、三日もつかどうか分からない状況なので、すぐ帰国してほしいと訴えてきた。それからあとは本当に目の回る忙しさだった。やっとの思いで二十一日のＪＡＬで一時帰国の途につき、翌二十二日に帰宅してみると岳父はすでに前日息をひきとっており、私は休む間もなくモーニングに着替え、喪主として祭壇の前に坐って弔問客の挨拶を受けなければならなかった。

帰国する前まで、私にはロンドンでなすべきいろいろの予定があった。ロンドン大学の先生方と面会の約束もしてあったので、もう暫くロンドンに滞在して約束した先生方と親しく意見交換したかったのだが、それも出来ずじまいに終って了った。

4　カーネギー・メロン大学

岳父の葬儀、郷里の墓地への埋葬、世話になった人びとへの挨拶回りなどを一通り済ませ、高校生の長男同伴で再び海外へ向かったのは七月半ばであった。その頃体調がよくないので病院でみてもらったところ、これは外国へ戻ればなおりますといわれたが、その通りになった。すでに夏休みに入っていたので大学訪問はやめ、欧州各地を旅行して回った。ロンドンにも数日滞在したが、今回は従兄で三菱銀行ロンドン支店長の金井直一郎氏の社宅に泊めてもらった。この社宅はバッキンガム宮殿に近い高級住宅街にあったが、庭はなかった。金井氏には四月からロンドン滞在中ずいぶん世話になっている。

八月中旬ハンブルグで長男を帰国させ、暫くフランクフルトに滞在して九月上旬に米国に渡り、ニューヨークで数日を過ごしてからピッツバーグに赴き、同地のカーネギー・メロン大学の経営学大学院（ＧＳＩＡ）に籍をおいて勉強することになった。ピッツバーグでは井尻雄士教授にたいへんお世話になった。宿舎も井尻ご夫妻の紹介で、ＧＳＩＡのアシスタント・プロフェッサーのトムソンさんの大きな家の三階の一室を、よい条件で借りることができた。

トムソン夫妻はまだ若く、三歳の坊やのマークと一歳の女子のミッシェルと四人家族だった。トムソン氏は専攻はファイナンスと聞いたが、彼と学問の話は殆どした覚えがない。美しい夫人のリディアは親切だが、二人の子供の世話に追われ、テンプロス夫人のように私の朝食の用意をすることはなかった。私はいつも勝手にダイニング・キッチンでコーンフレークにミルクの簡単な食事をとって、大学に出かけることにしていた。昼食と夕食は原則として外食した。トムソン邸はビーチウッド・ブールバードという閑静な広い並木道に面しており、付近にフリック・パークという広大な自然公園もあって住宅環境は申し分なかった。

家から大学まで約二哩。チェスナットの落ちこぼれた並木道を歩いて通うのも悪くないが、途中起伏が多く、毎日となるととてもやり切れない。バスも利用できるが、バス停までちょっとあるし、かなり待たされることもある。そこで車を買うことに決心し、若い日本のエンジニアのN氏に同行してもらって、中古車売場でコルヴェアの六四年型を購入した。代金を支払い、仮のナンバー・プレートをつけて我が家まで乗りつけたときは、実際うれしかった。不思議なもので、これが自分の車だと思うと、それが生きものに見えてくる。もうこれからは自分は一人ぼっちではない。車という友人と一緒なのだと思うと、何ともいえない勇気が湧いてくるのである。

このようにしてオーナー・ドライバーになってからは、通学もらくになり、毎日がずっと愉快なものになった。右側通行の規則も、はじめのうちは違反しないかと心配したが、案外じきに慣れることができた。駐車は、家ではトムソン邸の前に路上駐車したが、大学では専用の駐車場が利用できた。

カーネギー・メロン大学には、時を同じくして青山学院大学の佐藤精一教授が来ておられた。昼食後など、佐藤さんとキャンパス脇のシェンリー・パークの広大な芝生の斜面に寝ころんで、よくお喋りしたものである。十月の末であったか、佐藤夫妻をさそって、ナイアガラ瀑布見物のため一泊二日のドライブ旅行をしたこともある。同じころ、ピッツバーグ郊外のクーパー教授のお宅に招待されたときも、佐藤夫妻と神戸大学の若い豊田利久氏（経済学）を乗せて私の車で往復した。広大なクーパー邸にはサイモン教授夫妻、ブロンフェンブレナー教授夫妻、井尻教授夫妻も来られ、思い出に残る一夕を過ごすことができた。帰りはひどい雨で、街灯のない暗い森の中をえんえんと走らなければならず、緊張したものである。

大学では、はじめのうち二、三の授業に出席したが、途中から方針を変えて図書館のハント・ライブラリーの見晴らしのよい席を殆ど専用のように使って、不得手な統計学や確率論を初歩から勉強することにした。文系戦中派の私は、それによってはじめて正規分布とか平均・分散といった統計学の基礎概念をきちんと修得することができたのである。ＧＳＩＡの授業は、そうした概念は当然履習済みのものとして進められていた。

ピッツバーグの冬は駆け足で来る。十一月十二日に初雪があってからは日ごとに寒さが加わり、ホワイト・クリスマスも過ぎて迎えた翌年の元日は、終日激しい北風が吹き荒れ、積雪が風に飛ばされて白い幕のようになる酷寒の一日だった。この頃になると、東京からの便りは東大紛争の暗いニュースばかりで、こちらはそれをはらはらした気持で読む。朝出がけに受けとった郵便を大学の駐車場で開封し、読み終って暫く車内で茫然としていたこともある。安田講堂における全共闘と機動隊との攻防戦はトムソン家のテレビにも映しだされ、リディア夫人に真顔で「あなたは職を失なうのでは」といわれたりした。帰国した方がいいのではという声もあったが、私は与えられた期間は在外研究を続行すべきであると心に決めていた。

二月中旬、思い出深いピッツバーグに別れを告げてロサンゼルスに向かった。車で大陸横断することをすすめる人もいたが、こちらはとてもその自信はない。愛車は、同じ大学で数学を専攻する若い日本人女性に譲った。

ロサンゼルスでは、東大大学院で指導した杜松隆君や長屋英郎君の世話になり、マンションの一室を借りて休養したり、ＵＣＬＡを訪れてウエストン教授に面会したりして過ごした。三月中旬には東京から妻と長女を呼びよせ、アリゾナ州フェニックス、グランド・キャニオン、ラスベガス、サンフランシスコ、ホノルルを歴訪して、昭和四十四年（一九六九年）三月二十七日夕刻、羽田に帰着したのであった。

5　帰国当初のこと

在外研究を終えて東大に戻ってみると、わずか一年の間に東大は予想にたがわず大きく変わっていた。新築後四年経過したばかりの経済学部の正面玄関付近は特にひどく破壊されており、紛争の激しさを如実に物語っていた。聞けば、このあたりで投石合戦が行われたのだという。新館落成のさい祝賀パーティの開かれたロビーも無惨に打ち毀され、壁面を飾っていた大きな油絵の額は、ゲバ棒を防ぐ盾に使われたとかで、引き裂かれたまま床に倒されていた。

大学執行部も大河内一男総長の退陣後、法学部の加藤一郎教授が総長代理という大役に就いておられた。経済学部では、私の出発当時の武田隆夫学部長は大河内総長とともに昭和四十三年十一月に退任され、後任の大内力学部長も昭和四十四年三月一杯で退任されて、四月一日からは大石泰彦教授が学部長に就任されるという慌しさであった。教授会にもいろいろのことがあったらしい。経済学部の研究室も一時封鎖され、東洋文化研究所の一室を仮住居とすることを余儀なくされたという。激しかった紛争の余燼はまだ至るところで燻っており、大学院生の研究室の並ぶ経済学部四階には迂かつには近寄れなかったし、ヘルメットにゲバ棒姿の隊列が構内を走り回っているのを見ることも屢々であった。それでも、私が戻った時には研究室の封鎖も解け、七階の自分の部屋のドアを明けると、そこには出発前と少しも変わらぬ静かな研究空間が私の帰りを待っていたのである。

帰国当初、私が学部内で何をしたかについてはどういうわけか印象不鮮明で、わずかに経営・会計専攻の院生を相手にカーネギー・メロン大学の思い出を話したことが記憶に残る程度である。研究もしばらくは手につかなかったようで、書いたものといえば次の小論があるくらいである。

「会計学における基礎的諸学の必要性」『企業会計』第二十一巻第十三号、一九六九年十月。

これは、会計学の研究のために統計学、数学、経済学といった基礎的諸学を勉強する必要のあることを自戒をこめて述べるとともに、カーネギー・メロン大学の経営学大学院（ＧＳＩＡ）のカリキュラムを紹介したものである。

以上に併わせて、それから一年後に発表した次の論文も、在外研究の成果の一つとしてあげておくことにしよう。

「投資の経済計算における不確実性の導入」『會計』第九十八巻第五号、一九七〇年十一月。

ここでは、増分利益（まだキャッシュ・フローという用語を使っていない）の確率分布から正味現在価値の期待値と標準偏差を計算する方法を、年度間の相関がゼロの場合について説明し、続いてダビッド・ハーツ（David B. Hertz）の提唱するリスク分析を紹介しているのである。ハーツのリスク分析は、のちの『経営財務講義』（一九七九年）の第三章に収録されている。

帰国後における学外の仕事としては、通商産業省産業構造審議会の専門委員として、企業財務政策に関する委員会に参画したことがあげられる。この委員会は委員長が古川栄一教授、委員が高宮晋教授と西野嘉一郎氏の二人、それに専門委員として実務家六名と学者五名が加わるという構成であった。五名の学者とは青木茂男、河野豊弘、中島省吾、柴川林也の各教授と私である。手帳に記したメモを見ると、委員会は昭和四十四年四月に発足し、ほぼ月一回のわりで会議がもたれ、三年後の昭和四十七年五月に「企業財務政策の今後のあり方」と題する意見書をとりまとめて、答申しているのである。意見書の章別編成は次のとおりである。

第一章　わが国企業財務の問題点
第二章　企業の経営理念と財務目標
第三章　投資計画の今後のあり方
第四章　資金調達の今後のあり方
第五章　総合財務計画の編成
第六章　財務政策のための新しい方法

久しぶりに読んでみると、第三章において設備投資判定の方法として現在価値法とキャッシュ・フロー割引法（内部収益率法）の導入の必要性を論じていること、また第六章において資産ポートフォリオ法の解説を行っていることなどが注目される。しかし、当時のわが国企業の水準は、ごく一部の例外を除くと、こうした新しい考え方なり手法を受け入れるほど進んではいなかったのである。通商産業省産業合理化審議会の出した答申としては、「企業における内部統制の大綱」（昭和二十六年）、「内部統制の実務に関する手続要領」（昭和二十八年）、さらには「経営方針遂行のための利益計画」（昭和三十一年）等が有名であるが、それらに較べると、「企業財務政策の今後のあり方」は残念ながらその企業におよぼす影響力が小さかったといわざるをえない。

余談であるが、当時は大学人にとって苦しい受難の時期だったので、会議終了後などに、若い専門委員のあいだで大学紛争についての情報交換がしきりに行われたものである。

6　企業の資金調達の新動向

昭和四十年代の中頃から、わが国企業の資金調達方式にはこれまでにない新しい動きが見られるようになった。時価発行増資と時価転換社債制度の普及がこれである。昭和四十年代のはじめまでは、日本では増資といえば株主額面割当すなわち、額面発行で株主割当と相場が決まっており、これが古くからの根強い慣行となっていた。証券会社はまだ時価発行増資を忌避する傾向が強く、増資の盛行をみた昭和三十年代においても、「大部分株主額面割当、一部時価発行」という形で一回の増資新株の小部分が時価で公募されたに過ぎない。つまり、時価公募付き額面割当増資の域を出なかったのである。

時価発行増資が額面割当から分離して単独に行われるようになったのは、海外での発行を別にすると、昭和四十四年（一九六九年）になってからである。本格的な時価発行増資の第一号は、昭和四十四年二月の日本楽器製造の増資であり、それ以後アルプス電気、東京電気化学、永大産業……と続き、昭和四十五年に入ると、ソニー、松下電気産業、小松製作所、キャノン等多くの著名な企業が時価発行増資を行ったのである。その後多少の消長はあるが、やがて時価発行増資は完全に日本に定着することになった。

このような時価発行増資の普及と並行して生じた資金調達におけるいま一つの動きは、時価転換社債の利用の一般化である。時価転換社債発行の第一号は昭和四十一年九月の日本通運であるが、これは一時的な現象で、実際に時価転換社債の利用が一般化したのは昭和四十四年八月に日立金属が三十億円を発行してからのことである。日立金属に続いて同年九月の日本瓦斯化学工業（十五億円）、翌昭和四十五年二月の味の素（四十億円）、同年三月の古河電気工業（四十億円）、同年五月のブリヂストンタイヤ（六十億円）、同年六月の三越（六十億円）、同年七月の東レ（百億円）といった具合に、多数の大企業が踵を接して時価転換社債の発行に踏みきっているのである。こうして時価転換社債制度も、時価発行増資とならんで新しい資金調達方式として我が国に定着することになった。

企業の資金調達に見られる前記のような新動向は、財務論の研究者にとって好個の研究テーマを提供するといわなければならない。こうした環境のもとに、私は昭和四十六年から四十八年にかけて次の一連の論文を発表することになった。

1　「時価発行増資の一考察」『會計』第九九巻第四号、一九七一年四月。
2　「時価転換社債の一考察」『會計』第一〇二巻第三号、一九七二年九月。
3　「社債による企業の資金調達」『會計』第一〇三巻第五号、一九七三年五月。

第一の論文では、時価発行増資の三社の事例すなわち、昭和四十四年の日本楽器製造および、昭和四十五年のソニーと松下電器産業の各事例を詳しく紹介したのち、「増資プレミアム」、「時価発行増資と無償交付」、ならびに「時価発行と額面発行の資本コスト」の三つのテーマについてそれぞれ考察を加えているのである。次節では、この第一論文で述べた増資プレミアムに関する私の見解を紹介することにしたい。

7　増資プレミアム

増資プレミアムに関する私の意見を紹介する前に、ソニーの事例において増資プレミアムがどのように生じたかをみることにしよう。

昭和四十五年五月のソニーの時価発行増資の事例では、発行新株数が三〇〇万株、公募価額は三、二〇〇円、額面価額は五〇円であるから、この増資によって生じた増資プレミアムは次の計算によって九四億五千万円となる。この金額が、資本準備金であることはいうまでもない。

(3,200円－50円)×3,000,000＝9,450,000,000円

ここからあとは、論文からの引用である。

増資プレミアムに対しては、それは株主のものではなくて会社のものだという主張があ

る。しかし、増資プレミアムがはたして株主のものでないといえるであろうか。時価発行増資によって、多額の資金が企業に調達されることは前記例の示すとおりである（ソニーの事例では九六億円）。かかる調達資金は、利益の獲得を目指して投資され、さまざまの資産に姿を変えていく。調達資金が利益を求めて投資されるについては、なにびとかによって投資の意思決定がなされるのであるが、この意思決定は株主によってではなく経営者によって行われるものである。この意味で、ひとたび株主が企業に払込んだ資金に対する支配は、株主の手を離れて経営者に移り、資金運用の権限は経営者に委譲されるのである。

しかしながら、だからといって、その払込資金に対する持分が株主の手から企業に移ったとみるべきではあるまい。払込資金のうち資本金は株主のものだが、増資プレミアムは企業の持分であるという考え方は納得できない。資本金にせよプレミアムにせよ、株主の出資金であることにかわりはなく、株主は自分の出資金に対して一定の利益率を要求すると考えるべきである。かかる利益率の一種に自己資本利益率がある。

――中略――

増資プレミアムを企業のものと解する見解の延長として、額面発行増資では増資プレミアムは株主のものになるのに、時価発行増資ではそれは企業に帰属するのだから、時価発行増資を行った企業は、増資プレミアムを株主に還元しなければならないという議論がしばしばなされている。増資プレミアムをも含めて、企業に流入した資金の運用権は企業に委譲されたわけであるが、しかしこの事実をもって株主の出資金に対する持分までも株主の手を離れて企業に移ったと解すべきでないことは、すでに述べたとおりである。株主出資金の持分は、増資プレミアムをも含めていぜんとして株主の側にある。したがって、増資プレミアムを株主に還元するということは、持分面からみて意味をなさない。

それでは、資産面からみるとどうなるであろうか。企業は有利な投資機会があるからこそ資金調達を必要とし、増資をするのである。増資によって調達した資金を株主に払戻すのでは、何のために増資をするのかわからない。かくして、資産面からみても、増資プレミアムの株主還元は意味がないのである。

増資プレミアムの株主還元ということは、これを文字通り解すれば、右に考察したとおり無意味なことである。しかし、増資プレミアムの株主還元の本当の意味は、実は出資金の払戻しではなく、配当支払いを増加させることによって株主に報いるということにあると解すべきであろう。このように解することによって、はじめて株主還元の主張が意味あるものとなるのである。

さて、配当をふやすための最も簡単な方法は配当率を高めることである。一割二分の配当率を二割にすれば、配当は額面五〇円として六円から一〇円に増加する。したがって、配当率を増加させることができれば問題は簡単であるが、しかし企業には配当率はなるべく安定させたい、できれば従来通り据置きたいという根強い要求があるため、もっと手のこんだ方法で配当の増加をはかることになる。すなわち、増資プレミアム（資本準備金）を資本金に組入れ、それに見合って新株の無償交付を行い、株主の持株数の増加をはかるのである。この方法だと、配当率を据置いても、株主の配当収入は持株数の増加に応じて増加する。たとえば、時価発行増資後五、〇〇〇株を所有する株主が、しばらくして二対一の割合で新株の無償交付を受けることにより、持株数が七、五〇〇株になったと仮定しよう。配当率はこれまで一割二分で、時価発行増資後もそのままであるとしても、この株主の受領する配当は、無償交付によって三〇、〇〇〇円から四五、〇〇〇円へと増加するのである。

このような意味での増資プレミアムの株主還元については、さらに事例について考察することにする（この考察については引用を省略する）が、その前に、額面発行増資におけるプレミアムについて触れることにしたい。

すでにみたように、額面発行増資では、増資プレミアムは企業にではなく株主に帰属するといわれる。いま、増資前の株価を三〇〇円とし、一対一の割合で額面発行がなされるとしよう。増資後の株価は、次の計算によって一七五円になると考えられる。

(300円＋50円)÷2＝175円

株主は、額面五〇円の払込みによって一七五円の株式を取得できることになり、一株につき一二五円のプレミアムを得るわけである。しかし、それと同時に、これまで持っていた株式は三〇〇円から一七五円に値下がりし、それによって彼はプレミアムと同額のキャピタル・ロスを被るのである。つまり、株主の得るプレミアム益は増資による株価の値下がり損によって相殺され、損益ゼロという結果になる。したがって、株価の値下がり損を無視してプレミアムの方だけを問題とすれば、それはおかしな議論といわねばならない。増資による株価の値下がり損を上回るプレミアムが得られてはじめて、株主にとって正味の増資プレミアムが生じる。たとえば、上例の場合、増資後の株価が計算どおり下がらないで二〇〇円になったとすれば、キャピタル・ロス一〇〇円に対して増資プレミアムは一五〇円であるから、株主は正味の増資プレミアムとして五〇円を得るのである(1)。

(1)　諸井勝之助「時価発行増資の一考察」『會計』第九九巻第四号、一九七一年四月、一三六頁〜一三八頁。

8　時価転換社債とわが国社債市場の特殊性

「時価転換社債の一考察」と題する第二論文は、まず転換社債の発行が繰り延べられた増資とみなしうることを明らかにし、ついで昭和四十五年二月の味の素の事例に即して転換価額、転換価額の調整、据置期間、期限、利率、担保等の制度面を説明し、さらに転換社債の市場価値について経済学的考察を試みたものである。ここではその最初の部分すなわち、転換社債の発行が繰り延べられた増資とみなしうるという議論を紹介することにしたい。

転換社債の発行は、繰り延べられた増資であるとみることができる。すなわち、額面転換社債の発行は額面発行増資の繰り延べられた形であり、時価転換社債の発行は時価発行増資の繰り延べられた形にほかならない。

それでは、転換社債の発行によって増資を繰り延べることにはどのような意味があるのであろうか。すでに述べたように、時価転換社債では転換価額は発行時の株価よりいくらか高めに決定される。したがって、同一資金を時価発行増資によって調達する場合の増加株数と、時価転換社債の発行によって調達する場合の転換完了後における増加株数とでは、後者における方が少ないことになる。たとえば、ある会社が六〇億円を時価発行増資と時価転換社債のいずれによって調達するか考慮中であると仮定しよう。いま……時価発行増資における発行価額（この価額は発行時の株価よりいくらか低めに決定される）を二〇〇円、転換価額を二五〇円とすれば、時価発行増資による増加株数は三、〇〇〇万株であるが、時価転換社債の発行を通じて増資の繰り延べを図れば、株式の増加数は二、四〇〇万株にとどまるのである。この場合、転換価額が株式時価を上回る程度が高いほど、株式の増加は少なくなるわけである。一株当り配当率を一定とすれば、増加株数が少ないほど企業の配当負担も少なくなるから、成長企業にとっては、時価転換社債による増資の繰り延べにはかなりの魅力があるといわなければならない(1)。

つぎに、「社債による企業の資金調達」と題する第三論文に移ろう。この論文では、昭和四十八年三月の三菱重工業の普通社債発行事例に即して、普通社債の発行をめぐる諸制度すなわち、商法の制限、発行形態、担保、償還、格付と発行条件、について説明したあと、「社債の経済学とわが国の特殊性」を論じ、さらに転換社債について第二論文の補足を行っているのである。ここでは、「社債の経済学とわが国の特殊性」を論じた第四節の主要部分を示すこととする。

社債は、資金とくに成長資金を必要とする企業が公社債市場から直接に資金を調達するために発行するもので、その発行条件は、ほんらい市場の投資家が納得のいく水準のところに決まるべきものである。投資家が納得するというのは、投資家が社債を購入することを納得するという意味である。一般に投資家はリスクを嫌い、安全性を重視するから、リスクが高いと判断された社債銘柄は、その代償として発行条件がよくなければ投資家は納得しないであろうし、リスクが低いと判断されれば、それほど発行条件をよくしなくとも投資家は納得してその銘柄を購入するであろう。社債の発行条件として基本的なのは利率（表面利率）、発行価額、および期限であり、それらは総合されて最終応募者利回りとなるから、リスクの低い銘柄を基準にすると、リスクの程度が高い銘柄ほど基準銘柄よりも高い応募者利回りをつけなければ、基準銘柄に対抗することができないわけある。それでは、どれだけ高くすればよいかというと、それはけっきょく、リスクの増加の代償として投資家が要求する利回りの増加分によって決定される。リスクの増加に見合って必要とされる利回りの増加分は、投資家個々人によって異なるであろうが、市場全体としてみれば、ある程度客観的な関係が両者の間に見出されるであろう。すなわち、経済学でいう無差別曲線が、公社債市場においてリスクと利回りとの間に成立すると考えられるのである。――中略――

企業が社債を発行しようとする場合、発行企業は担保、減債基金、期中償還等との関連で、投資家が納得できる応募者利回りとなるように発行条件を決定しなければならない。このような決定は発行企業が単独で行うのではなく、引受会社や受託会社との話し合いのうえ行われるものである。その場合、資本市場の情勢に明るく、また引受けのリスクを負担する引受会社の意見が最も重要視されるであろう。

以上に述べたことは、社債の発行が自由でありながら、しかもプライス・メカニズムを通じて発行が自動調整される状態を前提としている。そこでは、発行市場と流通市場とが有機的に連結し、応募者利回りは既発債の市場利回りと連動するのである。

ところで、わが国の公社債市場の現状は前述した状態とはかけ離れており、発行市場と流通市場との有機的連絡がない。どうして連絡がないかというと、社債の応募者利回りは、低金利政策によって低位に硬直化されているために、流通市場における市場利回りの実勢と乖離するからである。社債の現行発行条件は、……社債のみでなく国債、地方債、政保債、および金融債についても設定されている。そして、社債の応募者利回りは、国債をはじめ各種債券の応募者利回りと緊密な序列を保ちながら、低位に硬直化されている。そのため、社債の発行市場と流通市場との間には、応募者利回りが市場利回りを下回るという形での乖離現象が生ずるのである。

このように社債の応募者利回りが市場の実勢より低いことは、資金を必要とする企業の側からすれば、社債を魅力的な資金調達の手段とする。……しかし、いくら企業にとって魅力的であっても、投資家にとってそれが魅力的でなければ社債は消化されず、社債によって資金を調達することはできない。

ところで、応募者利回りが市場利回りより低いということは、社債がひとたび発行されて流通市場に出ると、その市場価格は発行価額より低くなってしまうことを意味する。たとえば、発行価額九八円五〇銭（応募者利回り七・六二八％）の電力債が流通市場に出ると、市場価格は九三円四〇銭（市場利回り八・八六％）に値下がりするといった具合である。このような値下がりが起きるのでは、収益性採算に基づいて行動する一般投資家は新発債の購入をためらわざるをえない。したがって、個人投資家による消化はあまり期待できない。それでは誰が消化するかというと、けっきょく新発債の主要な消化先は金融機関である。金融機関は収益性動機によって社債を購入するというよりは、企業に融資をし、それによってその企業と緊密な関係を保つために社債を購入するのである。金融機関が緊密な関係を保持したいと思う企業は、当然のことながら優良な大企業である。かくして、優良な大企業にしてはじめて消化が期待でき、社債を発行することが可能となるのである(2)。

（1） 諸井勝之助「時価転換社債の一考察」『會計』第一〇二巻第三号、一九七二年九月、一七〜一八頁。

（2） 諸井勝之助「社債による企業の資金調達」『會計』第一〇三巻第五号、一九七三年五月、一二〜一四頁。

9　「意思決定会計の理論的展開」

昭和四十年代も最後の年になって、私は左記のような会計学の論文を発表した。

「意思決定会計の理論的展開――AAA委員会報告書を中心として――（一）、（二）」『會計』第一〇五巻第二号、第三号、一九七四年二月、三月。

企業の外部資金調達を対象とする一連の研究のすぐあとに、なぜこのような会計学の論文を書いたかについては後述することにして、とりあえずこの論文の主題を明らかにするために、「意思決定の主体」と題する第一節の全文を引用することにしたい。

意思決定会計の任務は何であるかといえば、それは、会計情報の利用者である意思決定の主体に対して能うかぎり適切な会計情報を提供することであると思う。このような意味における意思決定会計が、アメリカ会計学会（AAA）の各種委員会報告書においてどのように理論づけられ、またそうした理論がこれまでどのように展開されてきたかを明らかにすることが、本稿の主題とするところである。

AAAの各種委員会がこれまでに発表してきた報告書は数多くあり、特に最近になってその数は著しく増加しているが、意思決定会計の観点からみて最も重要なのは、何といっても一九六六年に発表された『基礎的会計理論』(*A Statement of Basic Accounting Theory*, ASOBAT)①であろう。意思決定会計は、この『基礎的会計理論』の発表を契機として理論的に大きな飛躍をとげることになったのである。

およそ意思決定を論ずる場合、その意思決定の主体が誰であるかがまず明らかにされなければならない。従来、意思決定会計において前提とされたそのような主体は、企業内部者つまり経営管理者に限定され、企業の外部にある株主、一般投資家、取引先等は意思決定の主体として特に意識されることはなかった。このことは、たとえば後述する一九五一年原価委員会の報告書に明らかなとおりである。同じことは、その視野を内部報告会計に限定した一連の報告書すなわち、五五年原価委員会報告書、ならびに五八年、五九年の各管理会計委員会報告書にもあてはまる。

ところが、『基礎的会計理論』が発表されるに及んで、意思決定の主体を企業の内部者に限定するという従来の見解は破棄されることになった。そして、企業内部の経営管理者だけでなく、株主や一般投資家をはじめとするさまざまな企業外部者も会計情報を利用する意思決定の主体として位置づけられたのである。その結果、意思決定会計はこれまでのように内部報告会計に特有の問題ではなくなり、外部報告会計をも含めた会計一般の問題と化するに至った。いいかえれば、意思決定会計の領域は管理会計にとどまらず、財務会計をも包含するものとなったのである。

概ね以上のような素描のもとに、以後われわれは『基礎的会計理論』をはじめとしていくつかの重要と思われるAAA報告書を取り上げ、それらを吟味しながらアメリカにおける意思決定会計の理論的展開過程について肉付けを行ってゆきたいと思う。

①　本書には次の邦訳がある。飯野利夫訳『アメリカ会計学会・基礎的会計理論』国元書房、一九六九年。

「意思決定会計の理論的展開」と題する私の論文の各節の見出しを記すと、全文を紹介した(一)意思決定の主体に続いて、(二)五一年原価委員会報告書、(三)五五年原価委員会報告書、(四)管理会計委員会報告書、(五)『基礎的会計理論』、(六)意思決定の構造、(七)外部利用者の意思決定と意思決定モデル、(八)外部委員会報告書、(九)経営意思決定モデル委員会報告書、となっている。ここでは(二)以下の内容には立ち入らないことにするが、ただ(八)でとり上げる外部委員会報告書(1)は著しく財務論的色彩が強く、当時の財務論の強い影響のもとに株式評価モデルや配当モデルを提示している点で注目すべきことを指摘しておきたい。

ところで、なぜ私がこうした会計学の論文をこの時期に執筆したのかその事情について述べると、私はかねての約束で、『意思決定と現代会計』と題する書物を責任編集し、その序章を書くことになっていたからである。この論文は、その序章とほぼ並行して書き上げたものである。なお、この書物は事情があって左記のように書名を改め、しかも大幅に遅れて刊行されることになった。

諸井勝之助編著『現代意思決定会計』中央経済社、一九七八年。

本書に分担執筆の労をとられたのは、石塚博司、長浜穆良、真船洋之助、岡本清、高田清朗、梅沢豊、廿日出芳郎の諸氏である。

(1) An Evaluation of External Reporting Practices—A Report of the 1966-68 Committee on External Reporting, *Accounting Review*, Supplement to Vol. XLIV, 1969.

10　評議員と学部長

在外研究から戻って暫くは平教授でいられたが、やがて評議員とか学部長といった難儀な役目が回って来ることになった。

私が東京大学評議員に就任したのは昭和四十五年（一九七〇年）十月一日で、同月二十日に、学部長の遠藤湘吉教授と先任評議員の館龍一郎教授の驥尾に付してはじめて東京大学評議会に出席した。東京大学評議会は東京大学の最高意思決定機関で、総長をはじめとして各学部の学部長以下三人、それに各研究所の所長とさらに大学院社会学研究科長とがその構成メンバーであった。当時、学部は法、医、工、文、理、農、経、養（教養）、育（教育）、薬の十学部であったから学部関係評議員が三十名、研究所は史料編纂所、新聞研、東文研、社研、天文台、地震研、医科研、物性研、生産研、応微研、宇航研、核研、海洋研の十三であったから研究所関係評議員が十三名、それに社会学研究科の一名を加えて、評議員数は総長以下四十五名であったと思う。

平常であれば、評議会は安田講堂内の会議室で開催されるところだが、紛争状態が続いている当時にあっては、本郷キャンパスから離れた場所にあるいくつかの研究所の施設をあちこち利用して開催されざるをえなかった。私がはじめて出席した十月二十日の評議会の場所は、中野の海洋研であった。海洋研の所在地を知らなかった私は、まごついて会議に遅刻してしまい、新任評議員の紹介に間に合わないで学部長に心配をかけた記憶がある。当時の総長は加藤一郎教授、総長の左右に並ぶ総長特別補佐は向坊隆教授と隅谷三喜男教授であった。評議会は月に一回開かれた。

二年間の評議員任期中の出来事で、いまなお強く印象に残っている事件が二つある。その一つは、昭和四十六年十一月十七日の昼から夜八時近くまで、遠藤学部長と両評議員（私と小宮隆太郎教授）が大勢の共闘系院生と若干の他部局職員にとり囲まれ、要求をつきつけられて「追及」されたことである。要求の中身は当時、地震研究所と応用微生物研究所でおきていた臨時職員定員化闘争にかかわるもので、大学当局のとった「弾圧行為」に対して経済学部教授会は反対声明を出せとか、経済学部の研究職空ポストを臨時職員定員化に使用せよといった内容のものであった。こうした要求を呑むことはできないから、押し問答が続く。「追及」は主として学部長に向けられたため、学部長の疲労甚しく結局ドクターストップがかけられ、八時近くなってともかくも中止されたのであった。

なお、この翌日、私はエレベーターで七階の研究室に向かう途中で院生研究室のある四階に引き出され、廊下に拘束されて数時間再度「追及」をうけることになった。

記憶に残る第二の、より重要な出来事は、「腕章事件」と称されるものである。この事件は昭和四十七年二月二十三日、大学院入試（論文にもとづく口述試験）を検見川総合運動場管理棟で行うため受験生を上野に集めてバス輸送するさい、警備に当たった上野署の私服警官が教職員と同じ腕章をつけていたことが一部の新聞に報道されたことに、端を発するものである。この事件は、かねて口述試験絶対反対を唱えていた院生たちに、絶好の「追求」材料を与えることになった。私は入試に直接関係していなかったので、先任評議員の職責上、事件の事実調査の責任者となり、院生との長時間（午後三時から十一時まで）の団交に出たり、これまた長時間に亘る経済学研究科全教官会議で調査報告をしたりしたのであった。このあと学部長は辞任されたが、しかしこの事件は、後腐れなくすっきりと収拾されたように思う。

任期中さまざまな事件のあった評議員を退任してから二年後の昭和四十九年（一九七四年）十月一日、こんどは私は学部長に就任することになった。学部長になれば過激な院生との団交の矢面に立たなければならない。かねて学部長だけは御免だと思っていたのであったが、たいへん幸運なことに、二年のあいだに情勢は大きく変化し、それまで大学院を牛耳っていた共闘系院生自治会は一般院生の支持を失って、おとなしくなっていたのである。なぜ支持を失ったかというと、自治会がやたらとストライキを打って授業妨害をした結果、院生は単位未修了により進級できず、奨学金の支給を打ち切られることになったからである。奨学金の打ち切りという事態に直面してはじめて一般院生が動き出すことになり、大学院経済学研究科は正常化の方向へ大きく前進することになった。学部長在任中、私は共闘系院生と交渉することが一、二度あったが、そういう時の彼等の態度は以前と較べてはるかに冷静であった。

学部長に課された主要任務は日常業務のほか、学部教授会（隔週）と大学院研究科委員会（月一回程度）の議長をつとめるほか、毎週開かれる学部長会議と月一回の評議会に出席することであった。以上に加えて、一般教授なみに学部と大学院の授業を担当するのであるから、学部長職はまことに多忙といわなければならない。しかし前述のように大学院が正常化しつつあったので、私はストレスに苦しむという経験を殆どしないまま二年の任期を全うすることができた。精神的緊張は、評議員のときの方がよほど大きかったように思う。

私の学部長在任中の総長は、文学部の林健太郎教授であった。学部長会議ははじめのうちは本郷キャンパスの南西端に位置する懐徳館で開かれ、のちに安田講堂内の総長室で開催されるようになった。評議会の会場は以前のように本郷から離れた場所である必要がなくなり、本郷キャンパス内の史料編纂所が主として使用された。安田講堂内の会議室は例の攻防戦で破壊されたあと、まだ修復作業が完了していなかったのであろう。

学部長時代の思い出のうちとくに印象の強いのは、昭和五十年の夏、東京天文台事務官の汚職事件に関連して、教官の責任を問う特別委員会の委員長を務めたことである。評議員のなかから五名が特別委員に選出されたが、会計学者だから汚職調査に適任だとかいう理由で、私が委員長にさせられた。この特別委員会は、本部ならびに文部省の強い要請にもとづき精力的に調査を進めて、短期間で結論を出したのであった。

そのほか、昭和五十年度と五十一年度の二度の入学式のおり、会場となった日本武道館の壇上にならんで式の進行を見守ったことや、五月の快晴の一日、海洋研究所の研究船白鳳丸の船上で東京湾航行中に学部長会議が開催されたことも、忘れ難い思い出である。

もう一つ、いま思い出したことを記録にとどめておこう。当時、学部長には専用の自動車がついており、その運転手も職員の一人だった。私は家が近いので自動車による送迎は必要ないと断わったのだが、事務長に説得されて車で通勤せざるをえなかった。紛争などあったにせよ、当時はまだのんびりしたところもある時代だったといわざるをえない。

第九章　学部長退任から東大定年退官まで

1　「企業財務基礎講座」の連載

昭和五十一年（一九七六年）九月末に経済学部長を退任してから、昭和五十九年（一九八四年）四月一日付けをもって東京大学を定年退官するまでの七年半は、大学人としての私にとって研究成果の収穫の秋とでも称すべき期間であった。多忙な学部長の任期中は研究活動は最小限にとどめ、つとめて管理上の仕事に専念するようにしていたが、任期が終わりに近づくにつれて研究熱が急速に高まり、平教授に戻ると直ちにこれまでの研究成果をまとめる作業にとりかかることにした。具体的にいうと、『企業会計』に「企業財務基礎講座」（以下「基礎講座」と略称）の連載をはじめたのである。

「基礎講座」の連載を決意するに当たっては、学部長在任中に執筆した次の論文、「財務的意思決定における最大化規準」『會計』第一〇九巻第四号、一九七六年四月において、現代財務理論の基礎を明らかにしていたことが大きく関係している。この論文において私は「期待効用の最大化規準」について詳しく考察しているが、この作業なしには、新連載のスタートを切ることは出来なかったといわなければならない。

連載開始の準備のためにいま一つ重要なことは、モジリアーニ＝ミラーの理論の正確な理解を得たことであった。MM理論を抜きにして現代財務理論を論ずることはできないのであるが、この理論はなかなか手強く、これを正確に理解することは容易ではない。さいわい私の学部長就任の前年に刊行された著書、

小宮隆太郎・岩田規久男共著『企業金融の理論―資本コストと財務政策―』日本経済新聞社、一九七三年

を精読することによって、私はMM理論を正しく理解することができるようになったのである。この書物を、私は学部演習のテキストとして続けて三、四回は採り上げたように思う。

『企業金融の理論』の執筆過程で、小宮教授は「資本のコスト―企業金融の基礎理論」（一九七〇年七月）と題するディスカッション・ペーパーを発表している。発表後間もなくこのペーパーをめぐって経済学部内で研究会が開かれたさい、私はコメンテーターの一人としてコスト

概念についてコメントをしているが、そのとき私の指摘した記述は『企業金融の理論』では削除されているのである。

さて、「基礎講座」は『企業会計』Vol. 29, No. 1（一九七七年一月）に第一回が掲載されてから、同誌のVol. 31, No. 1（一九七九年一月）に第二十四回が掲載されるまで、途中自己都合で休むことなく、二年間、二十四回に亘って連載されたものである。同誌のVol. 30, No. 11（一九七八年十一月）は創刊三〇周年記念号ということで、編集部の都合により「基礎講座」の掲載はなかった。

「基礎講座」の章別編成を述べると、Ⅰ　企業財務の研究対象と基礎概念、Ⅱ　資本予算、Ⅲ　不確実性下の投資決定、Ⅳ　ポートフォリオ理論と資本市場分析、Ⅴ　企業の評価、Ⅵ　資本コスト、Ⅶ　配当政策と利益留保、Ⅷ　長期資金調達(1)—株式、Ⅸ　長期資金調達(2)—社債、Ⅹ　運転資本管理、となっている。

ここで、Ⅰの第一節「企業財務の研究対象」の全文を紹介することにしよう。

この基礎講座をはじめるに当たり、まず講座の名称について一言しておきたい。筆者は、勤務先である東京大学経済学部において昭和四十年以来「経営財務」の講義を担当して現在におよんでいるので、その関連からすれば、この基礎講座も「経営財務」と命名するのが自然であったかもしれない。にもかかわらず「企業財務」という名称を選んだのは、この講座において、企業の内部にある経営者の財務的行動のみでなく、視野を企業の外側にも拡げて、資金供給者である個人投資家や資本取引の場である資本市場の問題についても考察を試みたいと考えたからである。後者のような問題を講義内容に加えようとする場合には、経営管理職能の観点からする財務という響きをもつ「経営財務」もしくは「財務管理」よりも、企業という経済活動の単位を強調した「企業財務」のほうが、講座の名称としてより適していると思われる。

このようなわけで、本講座の名称は「企業財務」とすることに決めたのであるが、それでは「企業財務」とは何を研究対象とする学問であろうか。これについてはいろいろの考え方が可能であろうが、筆者は、「企業財務」をもって企業とくに株式会社企業における財務的意思決定を中心的研究課題とする学問であると考えたい。その場合、財務的意思決定の主体としては、資金の需要者としての企業経営者のほかに証券投資家を加える必要がある。証券投資家には個人投資家（家計）と機関投資家があるが、機関投資家の資金は究極的には個人投資家からもたらされると考えれば、より重要なのは個人投資家といわねばならない。資金の需要者としての企業経営者と、資金の供給者としての家計とは資本市場を介して取引を行うことになる。すなわち、資本市場において企業が発行した証券を家計が購入することによって企業は資金調達を行うとともに、家計は証券投資を行うわけである。

さて、企業は資本市場から調達した資金を、留保利益とともに、設備とか在庫等の営業活動に必要な諸種の資産へと投資する。このような投資をどのように行うのが合理的であるかは、財務的意思決定における重要な領域を形成する。ところで、利益留保によって調達した資金を超えて企業が必要とする資金は、資本市場における証券の発行を通じて調達される。株式会社の発行する証券には普通株、優先株、普通社債、転換社債等いくつかの種類があるが、それらをどのような組み合わせで発行するかということは、企業における財務的意思決定のいま一つの重要な領域といわねばならない。株式と社債の組み合わせ方によって、企業のいわゆるレバレッジは変化するのである。

証券投資家である家計は、資本市場においていかなるポートフォリオに投資すべきかについて意思決定を迫られる。これはポートフォリオ・セレクションの問題であり、機関投資家にとっても重大な関心事とされる。

以上においてわれわれは財務的意思決定の重要な領域として、(1)企業経営者の投資に関する意思決定、(2)企業経営者の資金調達に関する意思決定、および(3)証券投資家のポートフォリオ・セレクションをとりあげたが、本講座のテーマである「企業財務」は、このような財務的意思決定を中心的研究対象とする学問にほかならない。なお、この講座においては、上記の財務的意思決定をめぐる制度的環境についてもなるべく論及するようにしたいと考えている(1)。

右の引用から明らかなように、財務論においては企業の経営者と証券投資家とくに個人投資家を、財務的意思決定の主体とみるのである。こうした見解は、すでに考察したように、会計学の領域においてもＡＡＡの『基礎的会計理論』(一九六六年)や「外部委員会報告書」(一九六九年)において採られるところである。

さて、「基礎講座」では、Ⅱの「資本予算」とⅢの「不確実性下の投資決定」において、経営者の設備投資における意思決定を論じ、Ⅳの「ポートフォリオ理論と資本市場分析」の前半部分において、証券投資家の意思決定を論じている。Ⅳの後半では、ポートフォリオ理論の延長線上にある資本資産評価モデル（ＣＡＰＭ）を中心に、証券の市場価格が論じられる。Ⅴの「企業の評価」とⅥの「資本コスト」は、ＭＭ理論とＭＭ以前の伝統的理論を解説したもので、そこで扱われるのは、企業における資金調達の意思決定と投資の意思決定にかかわる問題である。Ⅶの「配当政策と利益留保」は、企業経営者の配当の意思決定をめぐる理論と事例を紹介している。ⅧとⅨは株式と社債の制度的考察であり、またⅩはそのタイトルの示すとおり運転資本管理についての考察で、その内容は管理会計と共通するものが多い。

右に略述した「基礎講座」の内容は主として学部の「経営財務」の講義ノートに従っているが、中には学部レベルから逸脱して、大学院で論議すべき先端領域に踏みこんだ部分も少なくない。米国の新しい研究論文を読んで議論に納得がゆくと、それを連載中の記事に書かずにはいられなくなるのである。Ⅴの「企業の評価」の第七節「資本資産評価モデルによるＭＭ命題の誘導」はその最たるもので、そこではロバート・ハマダ（Robert S. Hamada）の論文(2)を詳しく紹介している。

二年におよぶ「基礎講座」の連載の期間は研究に熱中していたから、原稿が書けずに苦しんだという記憶は殆どない。当時、この連載の担当は中央経済社の現常務取締役、小林廣明氏であったが、原稿が遅れて彼に迷惑をかけるようなことはなかったのではないかと思う。連載中一カ月ほど海外出張したさいには、出発前に原稿を渡している。

（1）諸井勝之助「企業財務基礎講座（1）」『企業会計』Vol. 29, No. 1, 一九七七年、八二～八三頁。

（2）Robert S. Hamada, "Portfolio Analysis, Market Equilibrium and Corporation Finance", *Journal of Finance*, Vol. 24, No. 1, March 1969.

2　『経営財務講義』

連載を終えたのち、私は半年以上の時間をかけて「基礎講座」を全面的に改訂して単行本とし、これを『経営財務講義』と名づけて昭和五十四年（一九七九年）十二月に東京大学出版会から刊行した。『経営財務講義』という題名については、本書の「序」に次のように述べている。

本書の題名については、はじめは『企業財務講義』とするつもりであった。というのは「基礎講座」の冒頭にも記したように本書における資本市場重視の立場をあらわすには、経営財務よりも企業財務の方が標題としていっそう適切であるように思われたからである。しかし、その後いろいろ考えた末、けっきょく現在の標題に落ちつくことになった。「経営財務」の講義ノートをまとめたのだから、書名も『経営財務講義』とするのが自然でよいというのがその主たる理由であるが、いま一つ、一九七七年秋に日本経営財務研究学会が発足することによって、経営財務という名称が学界に普及したことも現在の標題を選ぶ根拠となった。

『経営財務講義』（『講義』と略称）と「基礎講座」を較べて最も大きく異なる点は、「基礎講座」が、ポートフォリオ理論と資本市場理論の学問的性格の相違を十分意識しないまま両者を一つの章で論じているのに対し、『講義』では二つの理論に対して独立の章を設け、両者が学問的性格の異なるものであることを明らかにしていることである。この点に関して『講義』は、第五章の第一節「資本市場理論の性格」において、次のような明確な説明を加えている。

われわれは前章（「ポートフォリオ理論」と題する第四章）において、個別の投資家が証券投資をしようとするさいに、どのような投資をするのが最適であるかを明らかにするための理論について考察した。本章（「資本市場理論」と題する第五章）では、これまでの分析手法は利用しつつも、問題意識は一変させて、資本市場において証券の投資収益率ないし価格はどのように決定されるか、という問題を中心に考察することにしたい。この考察は、資本市場における価格形成のメカニズムを観察し、その経済法則を明らかにしようとするものであるから、個別投資家の意思決定を対象とするポートフォリオ理論よりも著しく拡大された視野を有するといわなければならない。

資本市場にかんする理論は、ポートフォリオの選択にかんするこれまでの理論を吸収しつつ展開されるが、この展開をスムースならしめ、理論の単純化をはかるためには、投資家の行動ならびに市場の状況にかんしていくつかの仮定を設けることが必要となる。その理由を説明することにしよう。

ポートフォリオ理論では意思決定者として単一の投資家を問題とすればよかったのに対

し、資本市場理論においては、市場における多数の投資家を意思決定者として考察の対象としなければならない。ところで、現実に市場を構成する多数の投資家は、たとえば将来の予測にかんして必ずしも意見が一致しているとはいえないであろう。また、どの程度さきまで将来を見通すかについても、投資家によって異なるであろう。このようにして、市場には考え方の異なる大勢の投資家が存在するのであるが、しかし、そうした多様性を十分反映させて理論を組み立てようとすれば、理論は明快さを失ってきわめて複雑難解となり、しかもそのわりに現実を説明する能力は高められないことになるであろう。そこで理論を単純化し、ポートフォリオ理論の成果の利用を円滑ならしめるために、投資家の行動についていくつかの仮定が設けられるのである。

以上のほか資本市場理論では、市場の状況にかんしても一連の仮定を設定する。というのは、現実の市場は価格形成に影響力をもつ大手の取引者の存在、および取引費用、税制等の要因によって複雑な様相を呈するが、こうした諸要因をそのまま理論にとり入れようとすれば、理論はこの面からもいたずらに複雑化するからである(1)。

『講義』では述べていないが、学問的分類からすればポートフォリオ理論は規範的理論（normative theory）であり、資本市場理論は実証的理論（positive theory）である。実証的理論は一種の仮説であり、その妥当性なり有効性は、実証テストを通じて明らかにされることになる。なお、企業評価に関するＭＭ理論も実証的理論に属する。

『講義』と「基礎講座」の相違点としていま一つあげておきたいのは、伝統的理論とＭＭ理論のとりあげ方の相違である。「基礎講座」においては、「企業の評価」と「資本コスト」の二つの章を設け、それぞれの章において伝統的理論とＭＭ理論とを並べて説明する方式をとっているが、『講義』においては、第六章の「企業評価と資本コスト」では伝統的理論を、また第七章の「モジリアーニ＝ミラーの理論」ではタイトル通りＭＭ理論を、それぞれ説明するようにしているのである。企業評価と資本コストは表裏一体の関係にあるので、両者を分離する「基礎講座」方式よりも、両者を一体として学説別に説明する『講義』方式のほうが分かりやすく、優れているといわなければならない。

『講義』ならびにその前身の「基礎講座」の執筆に当たって、私は通常のテキストでは自明のこととして扱われがちな公式や概念について、できるだけ詳しい説明をつけるように努力した。たとえば、簡単なところでは、二銘柄ポートフォリオの投資収益率の標準偏差の公式を導出する方法(2)とか、複雑なところでは、資本資産評価モデルの導出過程の詳細な説明(3)がそれである。また概念では、たとえばJ証券と市場ポートフォリオとの共分散 $COV(R_J, R_M)$ や、市場ポートフォリオの分散 $\sigma^2(R_M)$ について説明(4)を加えているのがそれである。私見によれば、こうした公式や概念についての立ち入った考察は、財務論の研究を深める上で避けて通れないステップといわなければならない。

『講義』と「基礎講座」に共通するいま一つの大きな特徴は、説明を分かりやすくするために数値例を豊富に使用していることである。たとえば、AB二銘柄ポートフォリオの標準偏差は、AB二社の離散型確率分布の数値例を用いることによって、そうしない場合に較べてはるかに分かりやすいものとなる。またMM理論の第一命題の証明も、数値例を用いることによってより近づきやすいものとすることができる。

数値例はまた、式の正しさをチェックする上でも役に立つ。数値例がうまく当てはまらないような式は、どこかおかしいのである。

『講義』と「基礎講座」において私は、ハリー・マーコビッツのポートフォリオ理論、ウィリアム・シャープの資本資産評価モデル、ならびにフランコ・モジリアーニとマートン・ミラーの企業評価と資本コストの理論について特別の注意を払い、それらについて多くの頁を費やして詳しい説明を加えた。後年、これら四人の学者はいずれもノーベル経済学賞を受章しているのであるが、このことは、私の理論選択が間違っていなかったことを示していると考えられ、うれしいことである。

（1）諸井勝之助『経営財務講義』東京大学出版会、一九七九年、九六〜九七頁。
（2）前掲書、七八〜七九頁。
（3）前掲書、一〇一〜一〇五頁。
（4）前掲書、一〇五〜一〇六頁。

3 『経営財務講義』余話

『経営財務講義』を刊行してからすでに二十年余の歳月が経過しているので、執筆にまつわるこまごました苦労の記憶は薄れつつあるのだが、それでも今なお鮮明に思い出されるのは、ポートフォリオ理論の勉強をはじめた当初、ポートフォリオの投資収益率の分散ないし標準偏差の公式がよく分からないで困ったことである。この公式はポートフォリオ理論の基礎だから、それを正しく理解しないうちは先へ進むことができない。そのため、私のポートフォリオ理論の勉強は一時停頓状態に陥ったのである。

私がこの状態から脱け出したのは、英国の学者ステープルトンの著書、

R. C. Stapleton, *The Theory of Corporate Finance*, Harrap & Co., 1970

を読んで、二銘柄ポートフォリオの分散の公式の導出過程を知ることができたからである。当時、私は海外の文献を頼りに専ら独学していたので、比較的早い時期にこの本に巡り合えたことは幸運であった。なお、このステープルトンの書物は、昭和四十年代後半に大学院の講義のテキストとして使用している。

二銘柄ポートフォリオの分散ないし標準偏差の公式の理解は、ポートフォリオ理論の勉強をはじめるに当たってきわめて重要なので、私は授業のさい次のような一風変わった説明をするようにしてきた。分かりやすいと評判がよかったので、参考までにその内容を紹介することにしたい。

いまA社株とB社株とからなる二銘柄ポートフォリオを考え、A社株の標準偏差 $\sigma(R_A)$ にA社株の投資比率 X_A を乗じた積を a とし、B社株の標準偏差 $\sigma(R_B)$ にB社株の投資比率 X_B を

乗じた積をbとする。つまり、

$$a = X_A\sigma(R_A)$$

$$b = X_B\sigma(R_B)$$

である。つぎに、Ａ社株とＢ社株は完全な正の相関（相関係数は１）にあると仮定すると、ＡＢ二銘柄ポートフォリオの分散 $\sigma^2(R_p)$ は a と b の和の二乗として、(1)式のように示されることになる。

$$\sigma^2(R_p) = (a+b)^2 = a^2 + b^2 + 2ab \qquad (1)$$

(1)式によって、ＡＢ二銘柄ポートフォリオの分散は三つの要素すなわち、a^2というＡ社株の分散、b^2というＢ社株の分散、ならびに$2ab$というＡ社株とＢ社株の共分散二個分から構成されていることが分かる。ところで、

$$a^2 = X_A^2\sigma^2(R_A)$$

$$b^2 = X_B^2\sigma^2(R_B)$$

$$2ab = 2X_AX_B\sigma(R_A)\sigma(R_B)$$

であるから、ＡＢ二銘柄ポートフォリオの分散は、(1)式に以上を代入して(2)式のように書きか

えられることになる。

$$\sigma^2(R_p)=X_A^2\sigma^2(R_A)+X_B^2\sigma^2(R_B)+2X_AX_B\sigma(R_A)\sigma(R_B) \quad (2)$$

念のために、このポートフォリオの標準偏差を示すと(3)式のごとくである。

$$\sigma(R_p)=\sqrt{X_A^2\sigma^2(R_A)+X_B^2\sigma^2(R_B)+2X_AX_B\sigma(R_A)\sigma(R_B)} \quad (3)$$

ただし、さきにも述べたように、(2)、(3)式では、A社株とB社株の相関係数は1、つまり、$\rho_{AB}=1$という状態が前提されているのである。

ところで、これまでの説明は、図形を用いることによっていっそう分かりやすいものとなる。次頁の図1は(1)式を図示したもので、ここでは二銘柄ポートフォリオの分散は大きな正方形として、また各構成要素はそのなかの四角形として示されている。

つぎに、A社株とB社株にさらにC社株を加え、C社株の標準偏差$\sigma(R_C)$にC社株の投資比率X_Cを乗じた積すなわち$X_C\sigma(R_C)$をcとすると、この三銘柄ポートフォリオの分散は、

$$\sigma^2(R_p)=(a+b+c)^2=a^2+b^2+c^2+2ab+2ac+2bc \quad (4)$$

として示され、さらに(4)式のa、b、cを書きかえることによって(5)式を導びくことができる。

$$\sigma^2(R_p)=X_A^2\sigma^2(R_A)+X_B^2\sigma^2(R_B)+X_C^2\sigma^2(R_C)$$
$$+2X_AX_B\sigma(R_A)\sigma(R_B)+2X_AX_C\sigma(R_A)\sigma(R_C)$$
$$+2X_BX_C\sigma(R_B)\sigma(R_C) \qquad (5)$$

図2は(4)式を図示したものである。なお、(4)、(5)式では相関係数はすべて1と仮定されている。

図1では$a>b$であり、図2では$a=b=c$であるが、これは任意にそう仮定しただけである。重要なのは、マトリックスの対角線上の箱には各銘柄の分散が、またそれ以外の箱には二種の銘柄間の共分散が配列され、しかも分散の数は二銘柄ポートフォリオでは二個、三銘柄ポートフォリオでは三個であるが、共分散の方は二銘柄では二個だが、三銘柄では六個あるということである。以上のことを一般にN銘柄ポートフォリオについて述べると、マトリックスを構成する全要素はN^2個であるが、そのうち対角線上

図1　2銘柄ポートフォリオ

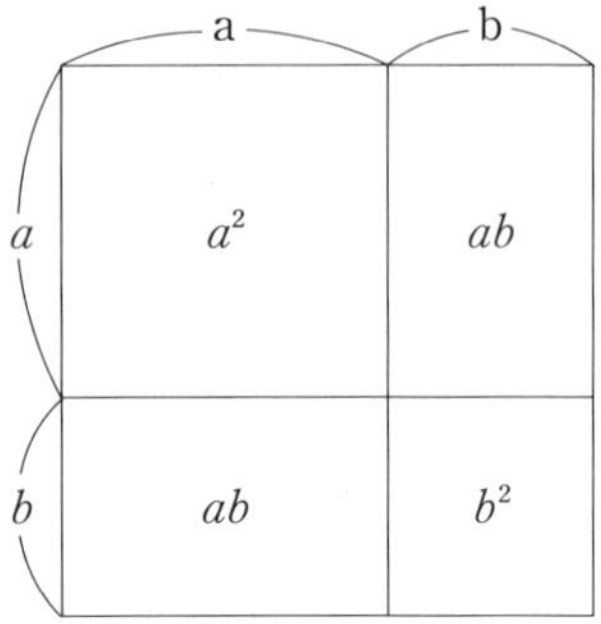

図2　3銘柄ポートフォリオ

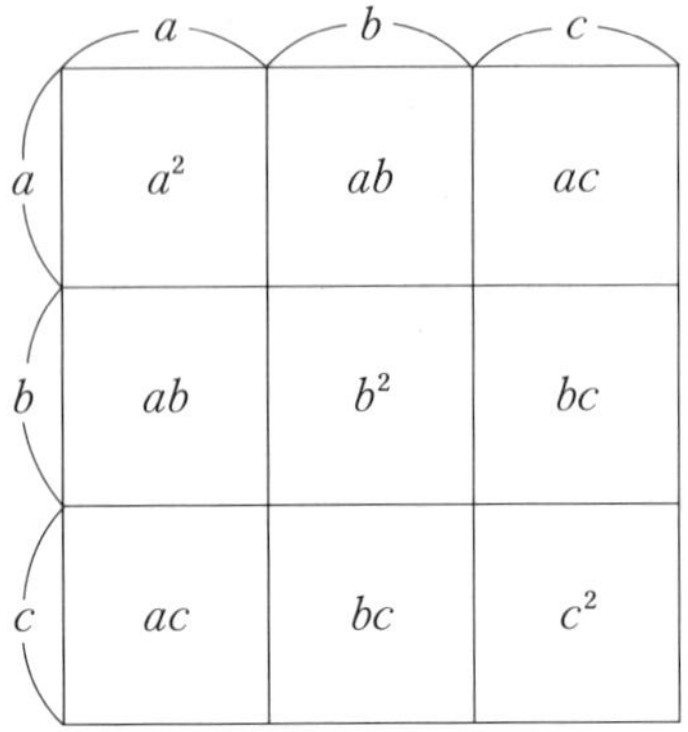

にならぶ分散はN個、またそれ以外の共分散は$N(N-1)$個あるということになる。たとえば、$N=10$とすれば、全要素一〇〇個のうち分散は一〇個、共分散は九〇個であり、また$N=100$とすれば、全要素一〇、〇〇〇個のうち分散は一〇〇個、共分散は九、九〇〇となる。全要素に対する分散の比率は$1/N$で、$N=10$の場合には$1/10$であるが、$N=100$の場合には$1/100$である。このようにして、Nが大きくなるにつれて全要素に対する分散の比率は小さくなるのであるが、このことは、ポートフォリオに組み入れられる銘柄数を増やすにつれて、ポートフォリオのリスクの構成要素である各銘柄個有のリスクが急速に減少することを意味するのである(1)。

なお、マトリックスを使ったこれまでの説明は、対をなす二種の銘柄間の相関係数が1でない場合にも十分応用することが可能である。

ポートフォリオの分散の話はこれくらいにして、先に進もう。ステープルトンの著書によって二銘柄ポートフォリオの分散公式が理解できてからあとは、ポートフォリオ理論の勉強の歩みは概して順調だったように思う。シャープの資本資産評価モデルはさすがに難かしかったが、しかし米国の多くの参考書を読むことによって、比較的短期間のうちにこの難関を通過することができた。いま考えると、当時の私の集中力は生涯で最高だったのではなかろうか。机に向かって洋書をひもとき、理解できるまで繰り返し読んで倦むことを知らなかったように思う。その頃の私にとって特に有益と思われた文献は、次の三つである。

1　Haim Levy, Marshall Sarnat, *Investment and Portfolio Analysis*, John Wiley & Sons, 1972.

2　Charles W. Haley, Lawrence D. Schall, *The Theory of Financial Decisions*, McGraw-Hill, 1973.

3　Eugene F. Fama, *Foundations of Finance, Portfolio Decisions and Securities Prices*, Basic Books, 1976.(2)

いずれも米国の書物だが、説明が懇切丁寧で実に分かりやすい。こういう親切な書物のおかげで、私は何とか現代財務論のエッセンスを身につけることができたのである。

私の財務論の研究ははじめのうちは殆ど独学だが、しかし「企業財務基礎講座」の連載をはじめる頃から、私は強力な研究仲間を持つことができるようになった。その研究仲間とは、東京大学大学院における私の経営財務演習に出席する院生諸君と院生ＯＢの若手研究者諸君である。この大学院の授業兼研究会は、昭和五十一年の初夏、私の学部長任期もあと残り少なくなった頃、茨城大学助教授（当時）の斉藤進君に大学院新入生の青山護君を加えた三人で、シャープの著書、

William F. Sharpe, *Portfolio Theory and Capital Markets*, McGraw-Hill, 1970

を読みはじめたのが最初である。

この授業兼研究会は、翌年からは参加者が約十名となり、私が定年退官するまできわめて充実した楽しい研究の場となった。参加する院生には経営学コースに限らず、理論経済学や応用経済学コースの人も含まれていた。院生ＯＢの久保田敬一君が米国留学から帰国したときには、当時先端領域であったブラック・ショールズのオプション評価モデルについて報告してもらった。イトーのレンマとか、ウィナー・プロセスといった用語がしきりに飛び出す彼の報告は、正直いってよく分からなかったが、私はあまり質問もせず黙って聞いていた。オプション評価モデルを本格的に研究するには自分は年をとりすぎているが、同席するファイナンス専攻の院生にとっては、ブラック・ショールズ理論はいずれマスターしておかなければならないと

思ったからである。

「企業財務基礎講座」連載中、さらには『経営財務講義』執筆中、私はよくこの授業兼研究会において自分の考えを説明し、私の理解に誤りがないかどうかチェックしてもらった。これは私にとってたいへん役に立ったし、また参加者にとっても、教師の理解をチェックすることは愉快であったに違いない。

演習が終わると、酒の飲めない私は参加者一同を連れて本郷通りの「近江屋」に入り、一同にケーキとコーヒーを振舞って世間話をすることを殆ど恒例のようにしていた。うちとけた雑談の場をもつことは、研究者が孤立せず、互いに情報を交換して新鮮な刺激を与え合ううえでたいへん有益だと思うからである。

（1）　銘柄数の増加につれて各銘柄個有のリスクが急速に減少することは、分散投資によるリスクの減少効果として知られている。この詳細については、次を参照されたい。
諸井勝之助『経営財務講義』〔第2版〕東京大学出版会、一九八九年、三一六〜三一九頁。

（2）　本書には次の邦訳がある。
日本証券経済研究所計測室訳、E・F・ファマ『証券市場分析の基礎―資産選択と価格メカニズム―』財団法人　日本証券経済研究所、一九七九年。

4 会計学関係の仕事

学部長をおりて定年退官するまでの期間、私は財務論のみにかかわっていたのではなく、会計学関係の仕事にも少なからず携わっていたのである。まずあげるべきは、ディスクロージャーに関する左記の論文二篇を発表していることである。

1 「企業のディスクロージュアの過去と現在」諸井勝之助・土屋守章編『企業と社会』東京大学出版会、一九七九年、第四章。

2 「現代会計とディスクロージャー」諸井勝之助編『現代会計とディスクロージャー』中央経済社、一九八〇年、第一章。

このうち前者は、東京大学経済学振興財団の援助により、昭和五十三年（一九七八年）三月、「企業と社会」という統一テーマのもとに静岡県裾野市で開かれたコンファレンスで報告した論文である。内容は、一九二〇年代英国海運会社のディスクロージュア、大正末期における日本郵船のディスクロージュア、戦時下の日本鋼管の事例、戦後におけるディスクロージュア制度の改革、および、営業報告書のあり方をめぐる最近の動向、の五節からなり、はじめに英国海運会社の事例を紹介して同時期の日本郵船と対比させたほかは、わが国企業のディスクロージャーの推移を事例に即して考察したものである。この論文に続いて、コメンテーターの若杉明教授によるコメントが収録されている。なお、本論文ではdisclosureをディスクロージュアと記しているが、これは経済史などで使うマニュファクチュアの用語法に倣ったもので、いささか古めかしい。そのため次の論文では、ディスクロージャーという当世風の用語法に改めているのである。

第二論文の「現代会計とディスクロージャー」は、昭和五十二年度と五十三年度における文部省科学研究費総合研究(A)の研究成果報告書『現代会計とディスクロージャー』の第一章であり、内容は総論的性格のものである。この報告書は十六章からなり、十六名の執筆者がそれぞれ一つの章を担当している。

この総合研究(A)では「現代会計におけるディスクロージャー委員会」が組織され、これに諸大学の教授（名誉教授、助教授を含む）三十四名が参加した。委員会の代表者兼世話役は私であったが、これだけ大世帯の委員会の世話を焼くことは決して容易ではない。少なくとも一泊二日の研究会を年二回、関東と関西と交互に開催しなければならない。そして、これを実現するために参加者の都合のよい期日を決め、会場を決め、報告者を三ないし四名は決めなければならない。しかも、こうした研究会の開催は、文部省から交付された科学研究費をいかに支出すべきかという問題と関連づけて、慎重に決められなければならない。そして最後に、研究期間が終了したら、研究成果報告書をなるべく早く刊行しなければならない。私が委員会の代表者兼世話役として、以上の任務をまがりなりにも実行できたのは、津曲直躬教授と斎藤静樹助教授（当時）の力強い協力があったればこそである。

前述した二篇に続いて、私はディスクロージャーに関連のある左記の論文を、もう一篇書いている。

「内部留保とその開示」『會計』第一二一巻第一号、一九八二年一月。

この論文は、はじめに利益の「内部留保による成長企業モデル」を説明し、ついで内部留保の開示について日米比較を行ったのち、結論として次のように述べたものである。

内部留保は利益準備金であれ、あるいは任意積立金ないし繰越利益金であれ、利益を源泉とする企業の成長資金としての共通的性格を有するものであるから、内部留保が全体としていくらあるかは容易に知ることができるようになっていなければならない。すでに述べたように、損益計算書と利益金処分計算書から関係数値を寄せ集めて計算しなければ内部留保を知ることができないような日本の開示方式は、決して適切なものとはいえないのである。会計知識に乏しい株主や投資家も、内部留保を容易に知ることができるようにするための配慮が払われて然るべきであろう(1)。

この論文において私は、米国における内部留保の開示様式を示す資料として、タバコ事業を中心として国際的に多角経営を営む二つの企業すなわち、フィリップ・モリス（Philip Morris Incorporated）とR・J・レイノルズ・インダストリーズ（R. J. Reynolds Industries, Inc.）の一九七九年度年次報告書を使っている。これら両社の資料を使ったのは、前記論文の執筆に先立つ一九八〇年三月、私は当時の日本専売公社の委嘱により森田哲彌教授と二人で米国、スウェーデン、オーストリアのタバコ産業の実態調査を行ったさい、米国において両社を訪問して年次報告書等の資料を入手していたからである。

このタバコ産業調査の旅は十五日に及ぶもので、米国では、ノース・カロライナ州ラーレイの郊外の農家風レストランで食べた牛肉の美味でもてあますほど大きかったことや、ウィーンでは、オーストリア専売公社の招待でドン・キホーテのバレエをオペラハウスで観賞したことなどが印象深い。スウェーデンでは、朝早くストックホルム空港に着いて市内までバスで来たあと、寒い人通りのない市中を、森田教授とふたり重いローラー付きトランクを大きな音をたてて引張って歩きながら、指定されたグランド・ホテルまで辿りついたことが懐かしく思い出される。当時の古い手帳によると、その翌々日、スウェーデン・タバコを訪問している。

もう一つ、帰国後の思い出として記しておきたいのは、調査報告のため虎ノ門の日本専売公社を訪れたさい、会議室がタバコの煙で充満していたことである。公社側の出席者の殆ど全員がふかすタバコの煙には、ほとほと閉口した記憶がある。それから二十年余、タバコに対する世界の風当たりは年ごとに強まるばかりである。

（1）　諸井勝之助「内部留保とその開示」『會計』第一二一巻第一号一九八二年一月、一六頁。
なお、この論文では、わが国の財務諸表によって内部留保を計算するための算式として、次の二つをあげている（前掲論文八頁）。
1　内部留保＝当期利益－（中間配当額＋配当金＋役員賞与金）
2　内部留保＝中間配当に伴う利益準備金積立額＋利益準備金
　＋任意積立金＋（次期繰越利益金－前期繰越利益金）
これらの算式の諸項目のうち、損益計算書からもたらされるのは1については当期利益および中間配当額であり、2については中間配当に伴う利益準備金積立額および前期繰越利益金である。各算式におけるその他の項目は、利益金処分計算書から求められる。

5　公認会計士試験委員と企業会計審議会委員

私は公認会計士試験委員を、第二次試験については昭和四十年代に、また第三次試験については昭和五十年代に務めている。第二次試験委員のことはこれまで触れていないので、時代は遡るが、ここで第三次と併わせて述べることにしたい。

さて、第二次試験委員を務めたのは昭和四十六年度から四十九年度まで四回で、科目は原価計算論であった。当時、試験委員は五年続けるのが普通だったが、私は昭和五十年度は学部長に就任して多忙のため辞退したのであった。どの科目も試験委員は二人で、原価計算論のもう一人の委員はたしか溝口一雄教授であったと思う。問題が重複しないようにするため、溝口教授と打ち合わせをした記憶がある。

当時における試験委員のスケジュールを述べると、年によって多少の違いはあるが、まず四月下旬に第二次試験の打ち合わせ会があり、続いて五月上旬に試験問題の提出、六月はじめに大蔵省印刷局に出向いての校正、七月下旬の試験の実施、七月末か八月はじめに試験委員宅に答案の到着、そして九月上旬に採点表の大蔵省への提出、となっていた。合格者決定は十月上旬の公認会計士審査会によって行われたが、この会には試験委員も出席して意見をいうことが認められていたように思う。以上のスケジュールを通じてとりわけ重要なことは、いかにして適切な問題を期日までに作成するかであり、また、いかにして答案を期日までに正しく公平に採点するかである。このうち、試験委員がひとしく苦労したのは後者すなわち採点である。当時、答案の数はたしか四、〇〇〇から五、〇〇〇程度であったから、採点期間を四十日とすると、一日に平均一〇〇枚から一二五枚は見なければならない。夏休み中に旅行をしようと思えば、その分だけ一日の採点枚数を増やさなければならないし、また留守中の答案の管理もたいへん気になることであった。

第三次試験については、私は昭和五十四年八月から五十七年八月までの三年間に六回、「財務に関する分析実務」を担当する試験委員を務めた。三年間に六回というのは、当時三次試験は春から夏にかけてと、秋から冬にかけての年二回行われていたからである。各回の試験期間が長いのは、筆記試験合格者に対して口述試験が課されるからである。

昭和五十四年度の第二回三次試験のスケジュールを紹介すると、八月二十四日に第一回会議、八月三十一日に試験問題提出、十月十一日に出張校正、十一月五日に筆記試験、十一月九日試験委員宅に答案到着、十二月三日に採点表提出、十二月十九日に公認会計士審査会による筆記試験合格者の決定、翌昭和五十五年一月二十一日から二月八日まで日曜を除く十七日間にわたる口述試験の実施、二月二十二日に公認会計士審査会による口述試験合格者の決定（最終決定）、となっていた。口述試験の期間が十七日と長いのは、当時は受験者一人に十五分の質問時間をかけていたからである。

私の担当する「財務に関する分析実務」についていうと、試験委員は三人で、そのうち二人は筆記試験と口述試験の両方を担当し、いま一人は口述試験のみを担当した。したがって、口述試験の試験委員は三名であるが、口述試験は必ず二人一組みで行われたから、各委員は試験日が十七日あればその三分二のほぼ十一日は出勤しなければならなかった。試験の実施に当たっては、二人一組みのうち一人が質問と採点をし、他の一人は黙って採点のみをするという方式が半日交替でとられていた。つまり、午前中は試験委員甲が質問と採点を行い、いま一人の乙は採点のみをするのであれば、午後には、試験委員乙が質問と採点を担当し、甲は採点のみを行うことになるのである。こうして、いずれか一人の試験委員の質問に対する受験者の応答ぶりを、二人の試験委員が個別に採点したわけである。

私は、三次試験では毎回筆記と口述の両方を担当したが、筆記試験では答案数は少なかったものの、「財務に関する分析実務」の問題作成にはいつも苦労させられたものである。口述試験では年二回かなりの日数にわたって拘束されるのが苦痛であった。もっとも、口述試験については私の任期中に改善がなされ、受験者一人当たりの質問時間を五分に短縮し、これまでの二人一組み方式を新方式に切りかえることによって、試験委員の負担は大幅に軽減されるようになったのである。

これまで述べてきたのは、三次試験の制度的運営面についてであるが、この際つけ加えておきたいのは、私が試験委員になった当時、三次試験の合格率は異常に低く、一時は一〇パーセントを割りこむまでになり、そのため士補浪人が年々増加するという憂慮すべき事態が生じていたことである。幸い、当局の適切な指導と試験委員の理解ある協力によって、合格率は上昇し、私が試験委員を退くころには事態は大きく改善される方向に進んでいたと記憶する。

ここで、話題を大蔵省企業会計審議会のことに転じたい。すでに述べたように、私は昭和四十一年十一月に委員を辞任して以来、企業会計審議会とはいっさい交渉がなかったのであるが、昭和五十五年一月になって再度その委員に就任することになった。これは私が希望したことではなく、黒澤清先生の要請にこたえるためであった。黒澤先生は、昭和五十四年十二月二十日付けの長文の手紙によって、私に委員就任を強く要請されたのである。黒澤先生の手紙は資料的価値があると思われるので、その一部を次に掲載することにする。このようなことをしても、先生はお叱りにならないであろう。

「第一に小生は、企業会計審議会設立以来の唯一人の委員で、上野会長のもとで第一部会長をつとめてからすでに三十数年になります。それで早晩、審議会長を勇退し度いと考えております。その他の委員も十年を超える人が多く、順次辞任することが予想されております。

第二に、第一と関連することですが、このような委員の交代にそなえて、ぼつぼつ新しい委員をお願いすることを考えなければならないことになりました。新しい委員として青木茂男教授にもお願いしましたが、諸井教授にも是非参加を賜り度いのです。従来の企業会計審議会のやり方に拘泥せず、新しい方針をお立て下さってもさしつかえありません。審議会で立てた方針に従って、あるテーマを解決する必要がある場合、適当な人材をお選びになることができます。

目下のところ、会長の私が特別部会の小委員長を兼ねて物価変動会計の審議をやっておりますが、この作業は五十五年度いっぱいで完了し、小生も勇退し度い考えでおります。もう一つの小委員会は、商法の計算規定等について意見をまとめる作業をやっておりますが、これは番場君が担当しております。この委員会は、商法改正後の会計原則の手直しに関係する予定で、それまで存続します。

以上二つの小委員会が現在のところ設けられているだけです。

もし審議会委員をお引受け下さった場合、いずれかの小委員会に所属下さっても結構でありますし、さしあたりいずれにも所属せず将来にそなえて、無任所の委員として審議会の将来の在り方を考えるお立場をとられても結構であります。―中略―審議会委員の任期はこんご八年以内という政府の方針が決定しましたので、現在の古い委員は次々に辞任して行くことになります。……委員会は目下月一回ないし二回程度であります。」

昭和二十年代後半から三十年代前半にかけて、企業会計審議会第一部会という「黒澤教室」

に通った私にとっては、先生からこのような懇篤な要請の書状をいただいたからには、これをお受けするほかはない。こうして私は思いがけなく、昭和五十五年（一九八〇年）一月から八年間、企業会計審議会の委員名簿に名を連ねることになったのである。しかし、昭和五十九年（一九八四年）八月に就任した公認会計士審査会委員の仕事が忙しかったこともあって、これといった仕事もしないまま八年後に審議会を辞任することになってしまった。

いま、先生の特徴のある書体の手紙を久しぶりに読み返し、これを原稿用紙に書き写していると、どこからか先生のお声が聞こえてくるような思いに駆られるのである。

6　学部の講義と演習

私が東京大学経済学部で行った常設科目の講義は、「原価計算」が昭和二十六年度から三十九年度までの十四回、「経営財務」が、昭和四十年度から五十八年度までのうち在外研究のため留守をした一年を除いた十八回であった。同じ科目を十二・三年も担当すると、講義内容もほぼ固まり、教科書を書くことができるようになる。『原価計算講義』と『経営財務講義』は、いずれもそれぞれの科目を担当してから十四年後に刊行されたものである。

受講者数は選択科目のせいもあってあまり多くはなく、両科目ともせいぜい五・六十名程度だった。もっとも「経営財務」は、『経営財務講義』をテキストに使うようになってから受講者数が急速に増えたのではなかったかと思う。授業時間は一時間五十分と長かったが、学生の受講態度はよく、こちらが熱意をもって講義をするかぎり私語する者などいなかった。

学部の演習は、昭和二十五年度に開始してから定年退官するまで、在外研究期間を除いて三十三回担当した。演習は慣例にしたがって旧制時代には二年生と三年生を合同で、また新制になってからは駒場から進学してきた三年生と四年生を合同で行った。このような合同方式は上級生と下級生の縦の交友関係を結ぶ上で有効であるが、その反面、参加希望者が多い場合には人数制限を考慮しなければならない。この点に関し、私は演習参加希望者は全員参加を認めるという方針をとり、面接などしてふるうことは一切しなかった。そのため演習生の人数はかなり多く、名前と顔を覚えるために名札立てを用意し、各人の席の前におかせた年もあったほどである。

ところで、定年二年前の昭和五十七年度には、私は一度だけ合同方式はやめて年次別に二つの演習を設ける方式をとった。この年度には演習参加希望者がとりわけ多く、継続希望の四年生が十五名、新規希望の三年生が二十二名もいたから、全員採用して合同方式をとると、人数が多すぎて手に負えない。定年直前の年（昭和五十八年度）は新規募集はしないことになっているので、それを考慮に入れて私は思いきって四年生をAゼミ、三年生をBゼミとして、二つの演習を受けもつことにした。負担は重くなったが、しかし二つのゼミを通じて大勢の演習生と接する機会を得たことにより、東京大学における私の最後の二年間はより充実したものとなったのである。

演習の運営方式は、はじめのうちは文献購読を中心とし、学年末に各自レポートを提出することとしていた。しかし、昭和四十六年度からはやり方を変えて十一月頃まで文献を読み、それ以後は各自が選んだテーマについて皆の前で研究発表をしてもらい、レポート提出は求めないこととした。この新方式は、他の学友の研究テーマと研究内容がよく分かるという長所を有する反面、一人の発表に一時間くらいはかかるので、演習参加者が多いと合宿でもしないかぎり全員の発表が終わらないという問題点をかかえていた。このため、私のゼミでは一月中旬の寒いさなかに、八王子の大学セミナーハウスに二泊三日程度の合宿を行い、かなりハードなスケジュールで研究発表会を開くことを恒例としたのである。当時のゼミ生諸君にとっては、この大学セミナーハウスの合宿は懐かしい青春の思い出となっているのではなかろうか。

私のゼミ出身者の会を諸井会というが、これまでに開催された諸井会のうちで特に印象深く思い出されるのは、私の学部長就任を祝う会（昭和五十年一月）、『経営財務講義』出版記念の会（昭和五十五年二月）、および私の還暦と定年退官に際しての謝恩会（昭和五十九年二月）、の三つである。このうち、ホテル・オークラ桃山の間で開催された第三の謝恩会は参加者二百名を越す盛会で、東大の教壇を去ろうとするわが身にとって一しお感慨深いものがあった。

7　配当政策の研究

東大定年退官の前後すなわち、昭和五十八年から五十九年にかけて、私はわが国企業の配当政策について関心をいだき、次の三本の論文を書いた。

1　「わが国企業の配当政策」『會計』第一二三巻第六号、一九八三年六月。

2　「配当政策における配当率と配当性向」『企業会計』Vol. 35, No. 12, 一九八三年十二月。

3　「配当政策を通じて見たわが国企業財務の特質」日本経営財務研究学会編『経営財務制

度の新展開』第七章、中央経済社、一九八四年。

これらのうち内容の最も充実しているのは第三の論文であり、第一と第二は試論的性格のものなので、ここでは「配当政策を通じて見たわが国企業財務の特質」と題する第三論文を紹介することにしたい。この論文において私は、わが国企業の配当政策の特色は安定配当率政策すなわち、配当率（一株当たり配当を分子とし一株の額面価額を分母とする比率）を一定水準に安定させようとする政策にあるとし、まずその事例として鉄鋼大手五社の配当状況を表1によって示したあと、安定配当率政策との関連でわが国企業財務の特質を明らかにしようとしたのである。

〔安定配当率政策の事例〕　表1をみると、各社とも配当率を一割の水準に安定させようと努力していることがうかがわれる。ところで、五十三年三月期には各社とも配当率を六分にさげているが、これは収益状況が過去三年間悪く、五十一年三月期と五十二年三月期（五社中二社はいずれか一方の期）は内部留保（利益の内部留保）の取崩しによって一割配当を維持したものの、五十三年三月期にはそれも難しくなり、減配に踏み切らざるをえなくなったため

表 1　鉄鋼 5 社の配当状況

	決算期 (昭和　年　月)	48.9	49.3	49.9	50.3	51.3	52.3	53.3	54.3	55.3	56.3	57.3	58.3
新日本製鐵	1株当り配当(円)	2.50	2.50	2.50	2.50	5.00	5.00	3.00	4.00	5.00	5.00	5.00	5.00
	中間配当(円)					2.50	2.50	—	—	2.50	2.50	2.50	2.50
	配当率(%)	10	10	10	10	10	10	6	8	10	10	10	10
川崎製鐵	1株当り配当(円)	2.50	2.50	2.50	2.50	5.00	5.00	3.00	4.00	5.00	5.00	5.00	5.00
	中間配当(円)					2.50	2.50	—	—	2.50	2.50	2.50	2.50
	配当率(%)	10	10	10	10	10	10	6	8	10	10	10	10
日本鋼管	1株当り配当(円)	2.50	2.50	2.50	2.50	5.00	5.00	3.00	3.00	4.00	5.00	5.00	5.00
	中間配当(円)					2.50	2.50	—	—	2.00	2.50	2.50	2.50
	配当率(%)	10	10	10	10	10	10	6	6	8	10	10	10
住友金属工業	1株当り配当(円)	2.50	2.50	2.50	2.50	5.00	5.00	3.00	4.00	5.00	5.00	5.00	5.00
	中間配当(円)					2.50	2.50	—	—	2.50	2.50	2.50	2.50
	配当率(%)	10	10	10	10	10	10	6	8	10	10	10	10
神戸製鋼所	1株当り配当(円)	2.50	2.50	2.50	2.50	5.00	5.00	3.00	4.00	5.00	5.00	5.00	5.00
	中間配当(円)					2.50	2.50	—	—	2.50	2.50	2.50	2.50
	配当率(%)	10	10	10	10	10	10	6	8	10	10	10	10

〔備考〕 5 社とも，50 年 3 月までは半年決算。半年決算の場合は，1 株当り配当を 2 倍して配当率を計算してある。51 年 3 月期からは，1 株当り配当は年額。

〔資料〕 全国証券取引所『配当状況調査，昭和 52 年度版』1978 年，『同昭和 57 年度版』 1983 年。

ただし，配当率はこの調査にはなく，筆者が計算して付け加えた。

である。五十四年三月期には収益状況はかなり好転するが、直ちに一割配当に戻るにはなお不安があるため、各社が慎重を期して配当率を八分ないし六分にとどめている。配当率が一割に復するのは、収益見通しが明るくなった五十五年三月期ないし五十六年三月期においてである。――中略――

表をみていま一つ注目すべきことは、日本鋼管を除く四社の一株当り配当と配当率が完全に同一歩調で推移していることである。日本鋼管も五十四年三月期と五十五年三月期を除けば、他の四社と変わるところがない。わが国では一般に配当率を同業同格の他社と横並びさせようとする意識が強く、そのため安定配当率政策をとる場合にも、安定化されるべき配当率は各社が思い思いに決めるのではなく、配当水準を他社と横並びさせながら決めた上で、その水準の安定化をはかることが多いのである。ここに示した鉄鋼五社の実績は、そうした傾向を顕著に示す事例として興味深いものがある。――中略――

〔資本金とその他の純資産部分〕　安定配当率政策のもとでは、安定配当率を所与とすると、所与の配当率を資本金（正確には額面資本金）（1）に乗ずることによって配当総額が計算されるから、企業の経営者は、資本金に対して特別の関心を払う反面、資本金以外の純資産の部分にはあまり注意を向けないようになる。かくして、わが国では純資産が資本金の部分と資本金を除くその他の部分とに二分せられ、両者の間に本質的差異があるかのごとくに考える傾向がきわめて強い。こうした考え方の一つの極端なあらわれは、資本金は株主のものであるが、資本金を除くその他の純資産部分は会社のものであるという見解であろう。……わが国では、これまで資本金のみが株主持分であるかのごとく考える奇妙な見解が広く流布されてきたのである。——中略——

ところで、わが国企業の経営者には、資本金とそれ以外の純資産部分とは、資本コストの観点からもまったく異質なものであった。というのは、資本金という資本は配当支払いを要するからコストがかかるが、内部留保や増資プレミアムのような資本は、これに対して配当支払いを要しないからコストがかからないと思考されたからである。つまり、資本金は資本コストを有するが、資本金以外の純資産部分は資本コストがゼロだというわけである。このような考え方は、現代の経営財務理論からすればまったく誤ったものといわざるをえない。

——中略——

〔普通株の優先株的性格〕 資本金と資本金以外の純資産部分との間に本質的な相違を認め

る見解（これを純資産二分説とよぶことにする）が、わが国に広く流布されていることはすでに見たとおりであるが、それでは、われわれはこの事実をどのように理解したらよいであろうか。……安定配当率政策あるいは純資産二分説を成立せしめる背景について思いめぐらすうち気付いたことは、わが国の額面普通株（たんに普通株とよぶ）は、その実態において額面優先株（たんに優先株とよぶ）に近似するということである。このことを明らかにするために、まず優先株の特徴を列記することにしよう。

① 優先株には優先配当率があらかじめ決められている。

② 優先配当は、優先株の資本金（優先株の額面価額×発行済株数）に優先配当率を乗じて求められる。

③ 優先株が発行されたため、企業における株式の種類が優先株と普通株の二つになる場合には、純資産は、優先株主持分である優先株資本金と、普通株主持分であるその他の純資産部分とに二分される。

④ 優先株の資本コスト（税引）は、概ね優先配当率に等しく、またその資本コストは優先資本金についてのみ発生し、その他の純資産部分とは関係がない。

つぎに、以上四項目に見合う形で、純資産二分説における株式（普通株）の特徴を列記すると左記のごとくである。なお、優先株にかんする前記の説明は国際的に通用するが、普通株についてこれから述べるところは、わが国独得の純資産二分説的考え方で、国際的には通用しない議論である。

① 普通株には安定配当率があらかじめ決められている。
② 配当は、資本金に安定配当率を乗じて求められる。
③ 純資産は、株主持分（普通株主持分）である資本金と、それ以外の純資産部分とに二分される。
④ 普通株の資本コスト（税引）は、概ね安定配当率に等しく、またその資本コストは資本金のみについて発生し、その他の純資産部分とは関係がない。

普通株にかんする以上四項目を、さきに列記した優先株の四項目と対比してみるとき、われわれは純資産二分説の理解する普通株が、実は優先株にきわめて近いものであることを知るのである。わが国では本来の優先株はごく稀にしか発行されないが、このことはわが国における普通株の、優先株的性格に起因するところが大であるといってよいであろう(2)。

これまで紹介した論文を収録した『経営財務制度の新展開』は、日本経営財務研究学会の編集にかかる学術報告書なので、ここで簡単に同学会に触れておくことにしたい。日本経営財務研究学会は、昭和五十二年（一九七七年）十月七日、名古屋市愛知県中小企業センターにおいて創立総会が開催され、初代会長として名古屋大学の細井卓教授が選出されて発足した、わが国最初の財務に関する学会である。同学会の第四回全国大会は、私が大会準備委員長となって東京大学経済学部において、昭和五十五年（一九八〇年）十月二日と三日の両日に亘って開催された。なお、昭和五十八年十月から三年間、私は同学会の会長を務めた。

さて、第三論文から七年経過後に、私は再び配当政策に関して左記の論文を発表しているのである。いささか時代は降るが、テーマは同じなのでここで取り上げることとする。

「配当政策における頭の切り換え」『企業会計』Vol. 43, No. 6, 一九九一年六月。

この論文では、配当政策を配当率重視型と配当性向重視型の二つに分け、数値例を用いて両者の対比を行っている点に特色があるので、この部分を以下に紹介することにしよう。

配当政策は、配当率を重視するかそれとも配当性向を重視するかによって、大きく異なってくる。……安定配当率政策は配当率を重視してその安定化をはかろうとするものであって、配当性向は殆ど考慮されない。これに対して、配当性向を重視してその安定化をはかろうとする配当政策も当然のことながら存在する。米国企業の配当政策は、大体において配当性向重視型といってよい。——中略——

ところで、安定配当率政策のもとでは、一般に事後的に計算される配当性向は低下する傾向のあることが注目される。これを例解するために、つぎに簡単な数値例を設けることにしよう。

いま、自己資本のみからなる企業（これをU企業とよぶ）を想定し、一年目の年初におけるその資産と資本金（額面資本金）とをそれぞれ一、〇〇〇万円とし、資本金については額面を五〇円、発行済株数を二〇万株とすることにしよう。年々の資産収益率はつねに二〇％であり、また一〇％の安定配当率の適用による配当は総額一〇〇万円で一定しており、さらに利益は配当と内部留保とに二分されるものとする。このように仮定すると、U企業の五年間にわたる年々の資産、利益、配当、内部留保、そして配当性向の推移は表2のようになる。

表を見て注意すべきことは、配当性向が当初の五〇％から年々低下して五年目には三三％

表2　配当率を一定とするケース

年	資産	利益	配当	内部留保	配当性向
	万円	万円	万円	万円	%
1	1,000	200	100	100	50
2	1,100	220	100	120	45
3	1,220	244	100	144	41
4	1,364	273	100	173	37
5	1,537	307	100	207	33

〔備考〕　配当を除く各項目の計算式は下記のごとくである。
利益＝資産×0.2
内部留保＝利益－配当
配当性向＝配当/利益×100
毎年の資産（1年目を除く）＝前年の資産＋前年の内部留保

にまで落ちていることである。こうした配当性向の低下は、内部留保によって資産が成長し、それによって利益が年々増加しているのに、配当は一〇〇万円に固定されていることの当然の帰結といわなければならない。なお、利益が年々増大するのは、内部留保によって資産が年ごとに増大するからである。この資産の増加率は、後述する配当性向を一定とするケースにおける増加率よりも大きい。

つぎにわれわれは、前述のU企業が配当を一定とするのではなく、配当性向を一定とする場合について考えてみることにしよう。年々一定の配当性向を五〇%と仮定すると、U企業の五年間にわたる資産以下の各項目は表3のように示される。

表3　配当性向を一定とするケース

年	資産	利益	配当	内部留保	配当性向
	万円	万円	万円	万円	%
1	1,000	200	100	100	50
2	1,100	220	110	110	50
3	1,210	242	121	121	50
4	1,331	266	133	133	50
5	1,464	293	146.5	146.5	50

〔備考〕 配当の計算式は下記のごとくである。
配当＝利益×配当性向

備考の算式から明らかなように、第二のケースにおける配当の決定要因は、利益と配当性向の二つである。その場合、配当決定要因としての配当性向が第一のケースにおけるように事後的なものではなく、あらかじめ計画された事前の数値であることは注意されなければならない。なお、表3の配当性向は表2のそれと対比させる意味で事後的性格のものとして示したが、それが計画的配当性向と一致するものであることはいうまでもない。

さて、第二のケース(3)について注目すべきことは、資産、利益、配当、内部留保の四項目のどれもが年率一〇％で成長していること、いいかえれば、各項目の二年目以降の数値はいずれもその前年の数値の一・一倍となっていることである。たとえば、配当についてみると、二年目の配当は一年目の配当の一・一倍の一一〇万円であり、また三年目の配当は二年目の配当を一・一倍した一二一万円となっているのである。

なお、この一〇％という成長率は資産収益率と内部留保率（内部留保率＝1－配当性向）との積にほかならない。われわれの数値例では資産収益率は二〇％、内部留保率は五〇％であるから、両者を乗じて成長率は一〇％と求められるわけである(4)。

（1）この論文における資本金は正確には額面資本金つまり、一株の額面価額に発行済株数を乗じた金額である。昭和五十六年の商法改正後は資本金に増資プレミアムを加算することが可能となったが、この論文の資本金には、このような加算部分は含まれないのである。安定配当率政策における配当総額の計算式は、正確には次のように表わされる。

配当総額＝1株の額面×安定配当率×発行済株数

右の算式に利益の項がないのは注目すべきである。もっとも、安定配当率政策といえども利益を無視できないことは、表1の事例からも明らかといえよう。

（2）諸井勝之助「配当政策を通じて見たわが国企業財務の特質」『経営財務制度の新展開』中央経済社、一九八四年、一一五～一二三頁。

（3）配当性向を一定とする第二のケースは、「内部留保による成長企業モデル」に従うものである。

（4）諸井勝之助「配当政策における頭の切り換え」『企業会計』Vol. 43, No. 6, 中央経済社、一九九一年、六一～六二頁。

8　還暦記念論文集と諸行事

昭和五十九年（一九八四年）二月三日に私は還暦を迎え、同年四月一日付けで東京大学を定年退官した。三月末日ではなく四月一日付けだと、退職金の計算上有利なのだということであった。昭和二十二年十月一日に助手に就任して以来、三十六年六カ月勤務した東京大学を去るのであるから、なにやかや行事があって多忙であった。なかでも時間に追われて気忙しかったのは、自分の還暦記念論文集のための原稿を年末年初にかけて書き上げたときである。通常、還暦記念論文集には還暦を迎える当人は書かないものなのだが、私の場合、私の論文の掲載を条件として、東京大学出版会が記念論文集の刊行を引き受けてくれたのだという。

さて、書物の題名は『現代経営財務論　諸井勝之助先生還暦記念』であり、刊行日は一九八四年三月十五日で、私がまだ東京大学教授在任中であった。内容は次のとおりである。

序　章　現代経営財務理論の展開
　Ⅰ　不確実性と企業評価
第一章　不確実性と選好
第二章　市場の均衡と証券価格
第三章　ポートフォリオ理論とリスク・リターン

序章を除く十二の章の執筆者は、第一章から順に青山護、小林孝雄、久保田敬一、斎藤進、長屋英郎、仁科一彦、若杉敬明、落合仁司、吉田彰、米澤康博、根岸正光、廿日出芳郎の諸教授であり、「はしがき」は執筆者を代表して若杉敬明教授が記している。

この書物には、巻頭に私の写真、巻末に私の略年譜および著作目録を掲載した還暦記念版のほかに、前記の巻頭、巻末部分を除いた一般市販版がある。一般市販版の書名は左記のごとくであり、還暦記念版と同時に刊行された。

諸井勝之助・若杉敬明編『現代経営財務論』東京大学出版会、一九八四年。

ここで、本書の序章として執筆した私の論文「現代経営財務理論の展開」について述べることにしよう。内容は一、現代経営財務理論の形成と発展、二、資本予算の研究、三、株価最大化と株式の評価、四、Modigliani-Millerの理論、五、ポートフォリオ・セレクション、の五節からなっている。参考までに、第一節の冒頭の部分を紹介することにしたい。

「経営財務」もしくは「企業財務」とよばれる学問領域は、戦後三、四〇年の間にアメリカを中心として急速な発展をとげた。戦後間もない頃まで、この分野において支配的であったアプローチは、Arther Dewingによって代表される制度論であった。Dewingの『株式会社の財務政策』は、多くの人の指摘するごとく、一九二〇年のその初版以来、長い期間にわたってアメリカにおける最も権威ある著作とみなされてきた。一九五三年に刊行された同書第五版①をみると、通算一、五〇〇ページを超す二巻の大冊のなかに、企業の発行する株式や社債についての証券制度論的考察、企業利益についての会計的説明、および会社設立・合併・倒産・会社更生等についての制度的記述が、著者の該博な知識のもとに詳細に展開されているのである。

こうした制度論的方法は、上記第五版の刊行当時は学界においてまだ強い勢力を誇っており、五十年代における財務論教科書の殆どすべてはDewing流のアプローチを踏襲するものであったといってよい。とはいえ、戦後の学界には新たな胎動が開始されていた。すなわち、主として経済学の関連領域における目ざましい研究成果に触発された第一線研究者の間では、制度論的アプローチはもはや古めかしい時代遅れのものであり、それに代って、企業の財務的意思決定を中心課題とする経済学的アプローチが注目されるようになっていたのである。

いささか時代は降るが、Ezra Solomonは『財務管理の理論②』と題する一九六三年の研究書において、財務理論の研究対象が企業における「資金の運用と調達の双方に関する意思決定③」にあることを明らかにするとともに、財務理論は次の三つの問題に答えるための納得ゆく基礎を提供しなければならないと論じている④。

1　企業は、どのような資産を取得すべきであるか。

2　企業の投下すべき資金総額はいくらであるべきか。
3　企業は、必要な資金をどのようにして調達すべきであるか。
これらの項目を整理すると、1と2は投資決定上の問題を、また3は資金調達決定上の問題をあらわしているということができる。

ところで、いかに豊富な事例や該博な知識に裏うちされていようとも、伝統的な制度論をもってしては、これらの問題に筋道たてて答えるための論理的思考を養うことはできない。たとえば、企業が設備投資をまかなうために増資しようとする場合、従来の財務論は、増資の制度的手続を細目にわたって明らかにすることはできても、増資によって資金調達することが適当であるのか、さらには、その設備投資がはたして適当なものであるのかを検討するための理論的基礎は提供できない。これは、伝統的制度論の最大の弱点とするところである。こうした弱点の存在の自覚は、当然その克服のための努力へとつながる。そして、戦後急速に発展してきた隣接の経済理論の大きな影響のもとに、これまでの財務論に欠けていた財務的意思決定を中心課題とする現代経営財務理論が、力強く形成されることになったのである(1)。

① Arther Stone Dewing, *The Financial Policy of Corporations*, 5th edition, Volume I, II, Ronald Press, 1953.
② Ezra Solomon, *The Theory of Financial Management*, Columbia University Press, 1963. 古川栄一監修、別府祐弘訳『財務管理論』同文舘、一九七一年。
③④ Solomon、前掲書、八頁。

東京大学大学院における私の演習に参加し、ともに財務論の研究に情熱を傾けた将来ある若い研究者諸君が、感謝の意をこめて立派な論文集を作成して贈呈してくれたことは本当にうれしいことであった。教師冥利に尽きるというべきであろう。なお、演習の熱心な参加者で、都合により本書に寄稿できなかった諸君も数名いることを付記しておきたい。

ここで話題を転じて、還暦と定年退官に伴う学部の諸行事について述べることにしよう。一月二十四日の第三限（午後一時一〇分〜三時）に、第二教室において私の「経営財務」の最終講義のセレモニーがとり行われた。当時の慣行にしたがい、はじめ一時間ほど私が講義をし、ついで経済学部長・佐伯尚美教授の挨拶、続いて若杉敬明助教授（当時）が「諸井教授の学問と業績」について述べ、花束贈呈があって式は終了したのであった。当日における私の講義は、還暦記念論文集の序章の内容を中心とするものであった。

なか一日おいた一月二十六日の第三限に、私は大学院演習の最終回を行った。この日、この年のテキストに選んだブリーリー＝マイヤーズ(2)を読み終えることができたと記憶する。

同じ日、つまり一月二十六日の午後六時から神田の学士会館において、江村稔教授と私のために恒例の還暦祝賀パーティーが開催され、私は妻と共に出席して多くの方々から祝福をうけた。パーティーの模様を記すと、学部長挨拶のあと有澤廣巳、脇村義太郎両先生のスピーチならびに佐々木道雄先生の音頭による乾盃があり、会食途中で来賓の黒澤清、飯野利夫両先生をはじめ、浅羽二郎、佐藤進、山口達良、千葉準一の諸教授のスピーチがあった。われわれ両人がそれぞれ挨拶を済ませ、花束を頂戴して閉会となったのは九時を少々過ぎていたと思う。同じ場所で前年には大石泰彦、宮下藤太郎両教授を送り、二年前には館龍一郎教授を送ったのであったが、こんどはいよいよ私が送られる番になったかという思いが強くしたものである。

還暦祝賀パーティーが済んでも、定年退官まではなお二カ月以上の期間がある。期末試験、その採点報告、さらには教授会や委員会出席など、なすべきことは少なくなかった。二月中旬には大学院の院生諸君と日産自動車の座間工場を見学し、そのあと懇親のため箱根まで足を伸ばして宮の下のホテル富士屋に一泊した。翌朝は快晴で、昨夜のうちに降り積もった雪が朝日に輝いて見事な眺めであった。

三月二十八日には学部の卒業式が挙行された。卒業証書授与のあと、増築されたばかりの広広したロビーで二十名をこえる演習生諸君と別れのビールの盃をあげ、「君たちと一緒に私も卒業だよ」といって、記念写真を何枚も撮った。そして、これが東京大学教授としての私の最後の仕事となったのである。

（1）　諸井勝之助・若杉敬明編『現代経営財務論』東京大学出版会、一九八四年、一～二頁。

（2）　Richard A. Brealey and Stewart C. Myers, *Principles of Corporate Finance*, 1st edition, McGraw-Hill, 1981.

第十章　東大退官後における研究・教育

1　新潟大学経済学部

東京大学を定年退官したのち、かねての約束に従って昭和五十九年（一九八四年）四月三日付けで新潟大学経済学部教授に就任して二年間勤務した。担当科目は専門の財務管理論のほか企業管理論と演習で、企業管理論では計数管理を中心に講義を行い、また演習では有価証券報告書をとり寄せてその見方を詳しく説明してから、二ないし三名ごとにチームを編成し、チームごとに希望する会社について、有価証券報告書や法人企業統計等の資料を使って経営分析をさせた。演習参加者は十四名で、皆なかなか熱心だった。

新潟大学には東京から原則として隔週に出かけ、駅近くのホテルに二泊して二週間分の授業と教授会を済ませて帰京することにしていた。この隔週授業方式は、現地居住を原則とする国立大学では交通費を僅かしか支給できないため、本人の交通費負担を少しでも軽減させようとする大学側の苦肉の策にほかならない。実際の居住地は東京でも、文部省の指示により、新大の教授は新潟市内かその近傍に名目上の居住地をおかなければならない。そして、その名目的居住地から大学までの交通費が支給されたのである。

ところで、私が教授会にはじめて出席したのは四月十九日のことである。この日の朝、上野駅からリレー号に乗って大宮まで行き、そこで上越新幹線に乗り換えて新潟へ向かったのであるが、この年の冬は寒冷で春の到来が遅く、清水トンネルを出てから長岡までは一面の雪であった。浦佐付近の積雪は優に一メートルを超えていたと思う。車窓から眺める越後平野はまったくの冬景色で、新緑も桜も見当たらない。東京ではすでに桜の花びらが風に舞っているというのに、新潟では桜はおろか梅もまだだという。教授会に出席し、部屋の中央に据えられたガスストーブの赤い火を眺めながら、私は何ともいえず侘びしい気持にさせられたものである。

とはいえ、ひとたび春が訪れたあとの新潟の自然は、暗い第一印象を吹き飛ばして余りあるほど素晴らしかった。大学の五十嵐キャンパスからお花見かたがた弥彦まで車を走らせると、東京付近では見ることのできないカタクリ、キクザキイチゲ、スミレサイシン、ショウジョウバカマ等の可憐な春の花がわれわれを迎えてくれ、そのうえ運がよければ、春の女神の愛称のあるギフチョウに会うこともできるのであった。また、広い大学キャンパスは花木が多く植えられており、初夏にはハマナスが見事だった。

新潟大学における私の研究室は四階の南側にあった。一般に研究室は南側が好まれるが、ここは例外で、圧倒的に北側に人気がある。というのは、北側の部屋からは、日本海の荒海の向こうに広がる佐渡を一望することができるからである。自分の研究室の窓ごしにこの雄大な景観をほしいままにできなかったことは、新潟大学におけるただ一つの心残りといわねばならない。

2 公認会計士審査会委員

新潟大学の最初の夏休み中の八月上旬、私は大蔵省証券局企業財務課長から公認会計士審査会委員に就任してほしいとの要請を受けた。はじめは適任ではないからと断わったのであるが、是非にもというので、二・三日考慮して承諾の返事をしたのであった。前任者は青木茂男教授で、承諾後間もなく詳細な引継ぎの手紙を頂いたが、その後お会いして雑談のおり、「こき使われますよ」といわれたことが印象に残っている。私も就任してから平成七年（一九九五年）十月まで十一年間委員として「こき使われた」ものの、何とか努力して大蔵省の期待に背かぬ成果をあげ得たことは、顧みてよかったと思う。

さて、公認会計士審査会の任務については、公認会計士法第三十五条（昭和五十三年三月現在）に左のように規定されている。

「公認会計士制度の運営に関する重要事項、公認会計士、会計士補及び外国公認会計士に対する懲戒処分並びに監査法人に対する処分に関し調査審議させるため並びに公認会計士試験及び公認会計士特例試験等に関する法律（昭和三十九年法律第百二十三号）に規定する公認会計士特例試験を行わせるため、大蔵省の附属機関として、公認会計士審査会を置く。」

これによって、公認会計士審査会のなすべき任務は次の三つであることが明らかである。

1　公認会計士制度の運営に関する重要事項の調査審議

2　懲戒処分ないし処分に関する調査審議

3　公認会計士試験の実施

以上三項目のうち、私が関与したのは1と3であり、2については形式的にはともかく、実質的には殆ど関与しなかったといってよいのである。そこで2は省略して1と3のうち、まず

3の試験の実施から述べることにしよう。

周知のように、公認会計士試験には第一次、第二次、第三次の三種があるが、十名の公認会計士審査会委員のうち第一次試験主任には商法専攻委員が、第二次試験主任には会計学専攻委員が、また第三次試験主任には産業界出身委員がなる決まりであった。私は会計学専攻委員として第二次試験主任となり、試験委員の推薦と試験委員の作成した問題の調整を行った。試験委員の推薦はほんらい合議制で行うべきものであるが、当時はまだそうなっておらず、単独で行う気の重い任務だった。

第二次試験主任は第三次試験の主任代理も兼ねていたので、試験問題の調整は第二次試験のみでなく、第三次試験にも及んでいた。機密保持のため大蔵省の一室にこもって、まる一日か、時には二日かけて調整作業を行ったものである。調整作業は一人の手におえるものではない。とりわけ、第三次試験問題には、実務経験のない私には判断のつきかねるものが多い。そのため、少数の試験委員に特別に問題調整の協力をお願いすることとしたのである。調整の過程で試験問題に不適切な箇所を発見した場合には、出題者に連絡して訂正してもらわなければならない。機密を要するだけに、これまたなかなか気骨の折れる仕事であった。

公認会計士審査会の任務の第一に掲げられる「公認会計士制度の運営に関する重要事項の調査審議」については、私は公認会計士試験制度の見直しという大きな課題に、深く関与することとなった。試験制度見直しの作業は、昭和六十二年（一九八七年）十一月、企業財務課長のもとに設けられた「公認会計士試験制度問題懇談会」において、私が座長となって翌年五月まで七回ほど試験制度の在り方について自由討論を行ったのが最初である。その後暫く間をおいたのち、平成二年（一九九〇年）九月二十七日、公認会計士審査会公認会計士試験制度小委員会（小委員会と略称）が設置され、望ましい試験制度の在り方について本格的な検討を行うことになったのである。小委員会の委員名簿は左のとおりである。

小委員長　諸井勝之助　青山学院大学教授
小委員長代理　前田　庸　学習院大学教授
委員　舟橋　正夫　古河電気工業㈱相談役
山上　一夫　日本公認会計士協会会長
専門委員　小川　洌　早稲田大学教授
加賀美村昌　公認会計士
木下　德明　公認会計士

園　マリ　公認会計士
高橋善一郎　公認会計士
冨尾　一郎　監査法人朝日新和会計社会長
森田　哲彌　一橋大学教授

なお、小委員長以下委員までの四名は公認会計士審査会委員である。

この小委員会は「公認会計士試験制度の見直し」と題する中間報告と、同じ題名の最終報告とを公認会計士審査会に提出しているのであるが、ここでは最終報告の本文を紹介することとしたい(1)。なお、中間報告は平成三年（一九九一年）五月十六日に、また最終報告は同年十二月十六日に、それぞれ公認会計士審査会に提出されている。

「一　公認会計士審査会公認会計士試験制度小委員会（以下「当小委員会」という。）は、近年における公認会計士制度を取り巻く環境の変化に対応し、望ましい公認会計士試験制度の在り方について基本的な検討を行うことを目的として、平成二年九月二十七日付をもって設置されて以来、審議を進めてきたが、平成三年五月には「公認会計士試験制度の見直しについて（中間報告）」（以下「中間報告」という。）を取りまとめ、公認会計士審査会に報告したところである。

当小委員会は、試験制度の見直しは受験者に与える影響が大きく、慎重な検討が必要であるとの観点から、中間報告を公開し、同年八月末を期限として関係者の意見を徴した後、同年十月に審議を再開し、関係者から寄せられた意見を検討しつつ、中間報告で示した改革試案について さらに審議を行ったが、公認会計士試験制度の見直しについては、同改革試案の方向に沿った改正を行うのが適当であるということで委員の意見が一致した。したがって、当小委員会としては、中間報告をもって公認会計士制度の見直しについての最終報告とすることとしたい。

なお、中間報告において更に検討を行うこととされた事項のうち第二次試験の科目等について当小委員会としての考えを補足すれば、次のとおりである。

（1）第二次試験の短答式試験について

短答式試験の試験科目については、短答式試験導入の趣旨に鑑み、中間報告で基礎的な科目として例示した会計学四科目と商法とすることが適当である。

なお、論文式試験の答案採点の精度の確保等短答試験導入の趣旨に鑑み、短答式試験の合格者に対するその後の短答式試験の免除は行わないこととするのが適当である。

（2） 第二次試験の論文式試験について

第二次試験の論文式試験の選択科目としては、科目としての歴史の長さ、安定度等を考慮すれば、中間報告で例示した経営学、経済学、民法の三科目の中から二科目を選択することが適当である。

二 当小委員会としては、本報告書で示された考え方に基づき、試験制度の改正のために必要な公認会計士法等の法令改正及び細目の検討等の所要の作業を、行政当局において速やかに進めることを望むものである。」

久しぶりにこの最終報告を読むと、往時のことがあれこれ思い出される。論文式試験の選択科目のうち、新たに加えるべき第三の科目を何にするかについては議論が多く、私もはじめはだいぶ迷った。しかし、商学部・経営学部の主要科目である経営学と経済学部の主要科目である経済学に加えて、法学部の主要科目である民法を選択科目とすることは、公認会計士の出身学部を拡大するうえで大いに意味があるのではないかと考えて、私は民法説の採用に踏み切ることができたのである。

中間報告が発表されたとき、私は、それまで熱心に小委員会の運営を支えてこられた中川隆進

2 公認会計士審査会委員

課長とともに記者会見を行った。そのさい感じたことは、公認会計士制度に対する記者諸氏の理解の低さであった。こうした状況はその後大いに改善されたとは思うが、現下における公認会計士制度の重要性に鑑み、報道関係者にはいま一層の勉強をお願いしたい気持である。

最終報告のあと、行政当局による法令改正の作業が開始され、平成四年（一九九二年）四月、「公認会計士法の一部を改正する法律」が国会で可決された。法案の成立に尽力された当時の水盛五実課長から可決の詳細について報告を受けたことが、つい昨日のことのように思い出される。

法改正後は、新しい試験制度の施行に向けて細目の検討が入念になされ、平成七年（一九九五年）になって新制度による第二次試験がはじめて実施された。同年六月十五日には気がかりな短答式試験の合格者決定が順調に行われ、続く九月二十八日には新方式による最初の第二次試験の合格者決定が、これまた順調に行われた。審査会におけるその最終決定会議の終了時に、私は十一年間勤めた公認会計士審査会の退任の挨拶を、晴ればれした気分で述べたのである。

（1）　小委員会の行った中間報告と最終報告は、日本監査研究学会・公認会計士試験制度研究部会編

『公認会計士試験制度』第一法規、一九九三年、の巻末に資料としてその全文が収録されている。

3　青山学院大学における教育

新潟大学経済学部に二年間在職したのち、昭和六十一年（一九八六年）四月一日、私は青山学院大学に移り、新設されて間もない国際政治経済学部教授として国際財務論（のちに国際ファイナンスと改称）を担当することになった。東大時代、国際ファイナンスの研究は殆どしておらず、わずかにウエストンとソージの次のテキストを、大学院生と少々読んだことがあるくらいである。

J. Fred Weston, Bart W. Sorge, *International Managerial Finance*, Irwin, 1972.

そのため、講義の準備のために為替レートの理論や為替リスクのヘッジ法などについてあれこれ調べ、さらに研究がある程度進んだ段階で『経営財務講義』に新たに国際財務と題する第十二章を追加して、その第二版(1)を刊行したのであった。

ところで、国際財務論ないし国際ファイナンスの授業といっても、中身の四分の三程度は通常の経営財務論である。なぜなら私の在任中、国際政治経済学部の科目表には経営財務論とかコーポレート・ファイナンスといった科目は設けられていなかったからである。この点に関連して私は、青学を定年退任するさいの最終講義記録(2)においてシラバスを含めて詳しく述べているので、次にそれを紹介することにしたい。

国際ファイナンスは、ほんらいコーポレート・ファイナンスの各論であり、ファイナンスの基礎理論ないし手法の応用的色彩が強い。たとえば、海外直接投資のための国際資本予算は、コーポレート・ファイナンスで学習する資本予算や資本コストの理論を基礎として展開される応用的領域である。単一通貨を前提とする資本予算や資本コストの理論を十分理解することなしに、いきなり、複数通貨を前提とする複雑な国際資本予算を学習するわけにはいかない。したがって、これまでのように、科目表にコーポレート・ファイナンスが欠落している場合には、国際ファイナンスの授業内容にコーポレート・ファイナンスで扱うべき基礎理論を大幅にとり入れる必要が生じるのである。そうした判断にもとづき、私は非常勤講師の二年間を含めてこれまで十五年間担当してきた国際ファイナンス（はじめは国際財務論といった）の授業において、資本コストをはじめファイナンスの基礎理論の説明に多くの時間をあてるようにしてきた。
ちなみに、九八年度における「国際ファイナンス」の講義要項は概ね左記のようである。

［前期］

(1) ファイナンスの基礎
企業における資金の流れ
経営者の財務的意思決定
貨幣の将来価値と現在価値
投資のリスクとリターン
ROA、ROE、レバレッジ

(2) 国際ファイナンスの基礎
外国為替市場
直物レートと先物レート
金利と為替レート
金利平価とカバー付き金利裁定
購買力平価

(3) 為替リスクとそのヘッジ
為替リスクの種類
契約による取引リスクのヘッジ
為替予約と金融市場ヘッジ
通貨オプション
通貨オプションによる取引リスク・ヘッジ

(4) 資本予算
設備投資とキャッシュ・フロー
回収期間法と会計的利益率法
現在価値法
内部収益率法
再投資収益率

前期テスト

［後期］

(5) ポートフォリオ理論
株式の投資収益率とその期待値・標準偏差

ポートフォリオの期待値と標準偏差を
　求める公式
ポートフォリオ・セレクション
分散投資によるリスクの減少効果と
　国際ポートフォリオ
安全証券の導入とポートフォリオ理論
(6)　資本市場理論
規範的理論から実証的理論へ
資本市場線
証券市場線
資本資産評価モデル（CAPM）
システマチック・リスクと
アンシステマチック・リスク
(7)　モジリアーニ＝ミラーの理論
MM理論の性格
企業評価の理論（第一命題）
収益株価率の理論（第二命題）
資本コストの理論（第三命題）
法人税を考慮したMM理論
(8)　配当政策と内部留保
配当とキャピタル・ゲイン
鉄鋼大手五社の事例
配当率重視と配当性向重視
時価発行増資による
　配当性向の低下とその是正策
内部留保による成長企業モデル
後期テスト(3)

引用文中に「非常勤講師の二年間」とあるのは、新潟大学教授時代に青山学院大学の非常勤講師を務めた二年間のことである。私が国際ファイナンスの研究を本格的にはじめたのはこの時期からで、よい参考書はないかとあれこれ調べ、次の書物を見つけてこれを大いに利用した。

David K. Eiteman, Arthur I. Stonehill, *Multinational Business Finance*, 3rd edition, Addison Wesley, 1982.

一般にアメリカの優れた教科書は、版を重ねてつぎつぎと改訂されてゆく。アイトマンとストーンヒルの本もそのよい例で、一九八六年に第四版、八九年に第五版が刊行され、この第五版においてはじめて外国通貨オプションがとり上げられた。続く九二年の第六版からは、共著者にモフェット（Michael H. Moffett）が加わって内容がいっそう充実し、さらに九四年には第七版、九八年には第八版が刊行された。この第八版は私の青学在任中の最後の版である。教科書改訂の動きはなお続いており、二〇〇一年には第九版が刊行されている。こうして、本書が平均してほぼ三年おきに改訂されているのは、現実の国際ファイナンスの目まぐるしい変化に歩調を合わせるためであるが、さらにいえば、他の教科書と競争する上で優位に立つためとも考えられる。

ところで、アイトマン等の教科書の各年度の最新版は、これを国際ファイナンスの授業の参考文献として用いただけでなく、学部の演習ではこれをテキストに指定し、演習生が各自これを購入して二年間かけてその主要部分を読むように指導した。将来「演習で何を勉強したか」と聞かれたら、七〇〇頁近いこの英語の本をとり出して、「これを読みました」と胸を張って言いなさいと教えたものである。個人差はあったが、演習生の英文読解力は概して高かったように思う。

アイトマン等の教科書は、平成二年（一九九〇年）からはじまった社会人のための大学院修士課程における国際ファイナンスの授業でも、当然のことながら大いに利用した。大学院ではコーポレート・ファイナンスの授業が別に用意されていたから、国際ファイナンスではアイトマン等の教科書を院生に買わせて章を追って講義をするとともに、ケースを重視するように心がけた。国際資本予算に関するケースはとりわけ興味深く、その内容も版によって異なり、第三・第四版ではフランスへの、第五・第六・第七版では韓国への直接投資のケースであるが、第八版では中国への直接投資となり、第九版ではインドネシアに対する直接投資のケースとなっている。これらはいずれもアメリカを親会社とする事例であるが、日本の企業にとっても参考となるところが大きいのである。近い将来、日本企業を親会社とする国際資本予算のケースについて討論できるようになることが望まれる。

青山学院大学における教育について語るとき、少なからざるエネルギーを投入した大学院修士課程の修士論文指導を逸することはできない。私が指導した院生は八年間に二十六名で、うち二十四名は会社勤務の社会人である。院生は年齢、学歴、職歴が異なり、研究テーマもいちおうファイナンスの分野に属するとはいえ、私にとり不案内なものも多かった。指導をはじめた最初のころ、企業年金について日米の制度を比較して論じた論文があったが、当時はこの問題に対する社会一般の関心がまだ低く、私も知識不足で、内容的には教えるより教えられる方がはるかに多かった。こういう場合、私が指導できるのは中身よりも文章である。中身さえしっかりしていれば、文章表現を改めることによって、論文は見違えるようによくなるものである。

論文指導は、大学の研究室で行うよりも、あらかじめ郵送された未完成の論文に目を通した上で、社会人の自由のきく土曜とか日曜に、自宅の近くの学士会分館で時間をかけて行うことが多かった。こういう作業は一回で済む場合は少なく、何回か必要となるのが普通であった。

論文指導をいくつか行っているうちに感じたことは、「現場に活学あり」ということである。自宅と大学のあいだを往復している大学教師にとって、社会人の論文指導は、実社会と接触する得がたい機会といってよいのである。

（1）諸井勝之助『経営財務講義』〔第二版〕東京大学出版会、一九八九年。
（2）諸井勝之助「『国際ファイナンス』で何を学んだか――『国際ファイナンス』の最終講義――」『青山国際政経論集』第四十七号、青山学院大学国際政治経済学会、一九九九年七月。
（3）前掲論文、十三頁～十六頁。

4　ROA、ROE、レバレッジ

青山学院大学国際政治経済学部における国際ファイナンスの講義内容の一端を明らかにするため、これからしばらく、前節で披露したシラバスのなかの三つの項目についてそれぞれの具体的内容を紹介することにしたい。はじめに取り上げるのは、「ファイナンスの基礎」の一項目である「ROA、ROE、レバレッジ」で、説明は拙稿「ファイナンスの国際化と研究・教育(1)」の一節に基づく。ただし、数値例は若干修正した。

投資収益率とリスク　投資収益率（Return on Investment, ROIあるいはReturn on Assets, ROA）は、ファイナンスにおけるきわめて重要な概念である。投資には実物投資と証券投資があるが、ここでは証券投資における投資収益率について考えてみよう。証券の例として株式をとりあげる。

投資期間をN年とする株式投資の投資収益はN年間の配当とN年後の株式売却に伴う資本利得（損失）とから構成される。ところが、配当と資本利得（損失）はいずれも不確実であるから、株式投資の投資収益率は不確実とならざるをえない。いま、N＝1とすると、一年間保有の株式投資における投資収益率（ROA）は(1)式によって示される。ここでP_0は現在の配当落ち株価、D_1は一年後に支払われる配当（中間配当はないものとする）、P_1は一年後の配当落ち株価、さらに（P_1-P_0）は資本利得（損失）をあらわす。

$$ROA=\frac{D_1+(P_1-P_0)}{P_0} \qquad (1)$$

さて、(1)式においてP_0は現在の株価で確実であるが、D_1とP_1とは一年先に確定する金額で不確実であり、したがって（P_1-P_0）も不確実となる。現実に即していえば、D_1と（P_1-P_0）は、これから先一年間の景気に左右されて大きくもなれば小さくもなるのである。理解を容易にするために、ごく簡単な数値例を用いることにしよう。いま、P_0＝100とし、景気についても良好な場合と不良な場合の二つの可能性があるとする。さらに、景気が良好な場合には $D_1=6$, $P_1=109$ であり、景気が不良な場合には $D_1=2$, $P_1=90$ であると仮定する。このように仮定すると、株式の投資収益率は、景気が良好な場合には、

$$ROA=\frac{6+(109-100)}{100}=0.15,\quad 15\%$$

となり、また景気が不良な場合には、

$$ROA=\frac{2+(90-100)}{100}=-0.08,\quad -8\%$$

ということになる。

このようにして株式の投資収益率は景気の良否によって変動し、不確実なものとなるが、ファイナンスではこのように投資収益率が不確実であるとき、その投資にはリスクがあるというのである。

株式投資とレバレッジ効果　これまでの議論では投下資金の資金源泉はいっさい考慮されなかったが、これからは投下資金を自己資本と負債とに区分し、ある資産への投資が自己資

本の観点からみてどれたけの収益率、すなわち自己資本収益率（Return on Equity, ROE）をもたらすかを、株式投資について考察することにしたい。

はじめに、(1)式は単一銘柄の一株当たり投資収益率をあらわしているが、この式は、複数銘柄からなる株式ポートフォリオにも応用可能であることを断わっておく。さて、株式ポートフォリオ投資における投資収益率はこれまでどおり、景気が良好であれば一五％、景気が不良であればマイナス八％であると仮定する。この場合、投下資金のすべてを自己資本であるとすると、自己資本収益率も景気が良好であれば一五％、景気が不良であればマイナス八％となって、自己資本収益率（ROE）と投資収益率（ROA）とは等しくなる。それでは、投下資金の一部が自己資本ではなく負債によって調達される場合、自己資本収益率と投資収益率との関係はどうなるであろうか。

この問題を考察するために、われわれは二五〇という自己資本を有する投資家を考えよう。この投資家は二五〇の自己資本に負債によって調達した資金を加え、その合計額を所定の構成からなる株式ポートフォリオに投資することができるものとする。ところで、このように負債による資金を投資に充当することをレバレッジ（Leverage）とよび、また負債の利

B	L	A
0	0/250＝0	250＋　0＝　250
250	250/250＝1	250＋250＝　500
500	500/250＝2	250＋500＝　750
750	750/250＝3	250＋750＝1,000

用が自己資本収益率におよぼす効果をレバレッジ効果とよぶのである。

さて、自己資本に対する負債の比率をレバレッジ比率とよぶことにして、自己資本をE、負債をB、レバレッジ比率をLとすれば、$L＝B/E$である。

投資家の自己資本は前述のように二五〇であるが、これに加算される負債をゼロ、二五〇、五〇〇、七五〇と増加させると、それに応じてLおよび株式ポートフォリオという資産（$A＝B＋E$）の規模は上記のように増加する。

図1は以上のことを図形によって示したものである。

図において注目すべきは、自己資本は二五〇で一定であるが、運用される資産の規模はLの増加につれて急速に増大し、$L＝3$では$L＝0$のときの四倍に達しているということである。

それでは、Lを増加させることによって、自己資本収益率はどのような影響を受けるのであろうか。これを調べるためには、自己資本収益率

図1　自己資本を一定とするレバレッジの利用

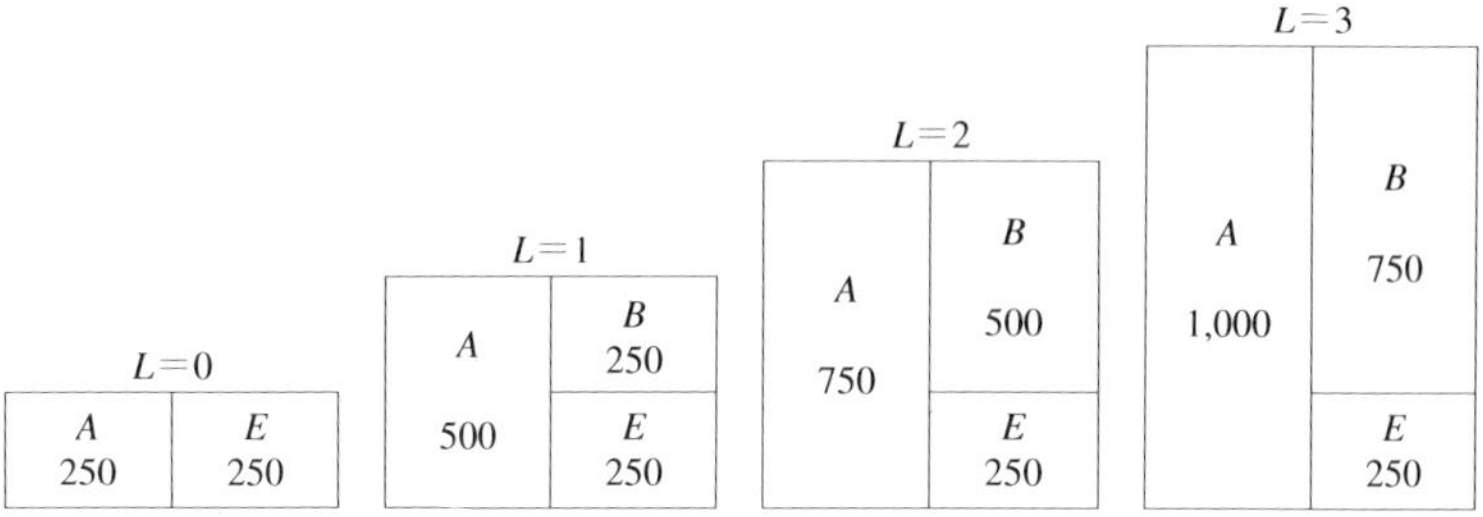

を計算しなければならないので、その算式を示すことにしよう。なお、投資収益率は営業利益（利子控除前利益）を資産投資額で除した比率である。

資産×投資収益率（ROA）＝営業利益

営業利益－(負債×利子率)＝純利益

純利益/自己資本＝自己資本収益率（ROE)

この算式を上記四種のLに適用するわけであるが、その場合、投資収益率は景気の良否によって一五％ともなり、またマイナス八％ともなることに注意しなければならない。負債の利子率を一率に六％として自己資本収益率を計算すると表1のようである。

この表をみると、$L=0$のときには自己資本収益率（ＲＯＥ）は投資収益率（ＲＯＡ）に等しい。しかし、Lを1、2、3と増加させ、運用資産の規模を拡大させていくと、景気が良好であるかぎりＲＯＥはLの増加につれてますますＲＯＡ（15％）を上回っ

表1　自己資本収益率の計算（自己資本は一定）

	$L=0$		$L=1$	
	好　況	不　況	好　況	不　況
営　業　利　益	37.5	−20	75	−40
利　　　子	0.0	0.0	15	15
純　利　益	37.5	−20	60	−55
自　己　資　本	250.0	250.0	250	250
自己資本収益率	15%	−8%	24%	−22%

	$L=2$		$L=3$	
	好　況	不　況	好　況	不　況
営　業　利　益	112.5	−60	150	−80
利　　　子	30.0	30.0	45	45
純　利　益	82.5	−90	105	−125
自　己　資　本	250.0	250.0	250	250
自己資本収益率	33%	−36%	42%	−50%

ていく。しかし、景気が不良であれば、ROEはLの増加につれてますますROA（−8%）を下回って悪化していくのである。一般にレバレッジの強化がハイリスク・ハイリターン投資の推進を意味することは、投資家の十分心得ておくべきことである。

資本構成とレバレッジ効果

これまで考察した株式ポートフォリオ投資の場合には、自己資本Eを一定とし、これに負債B

図2　資産を一定とするレバレッジの利用

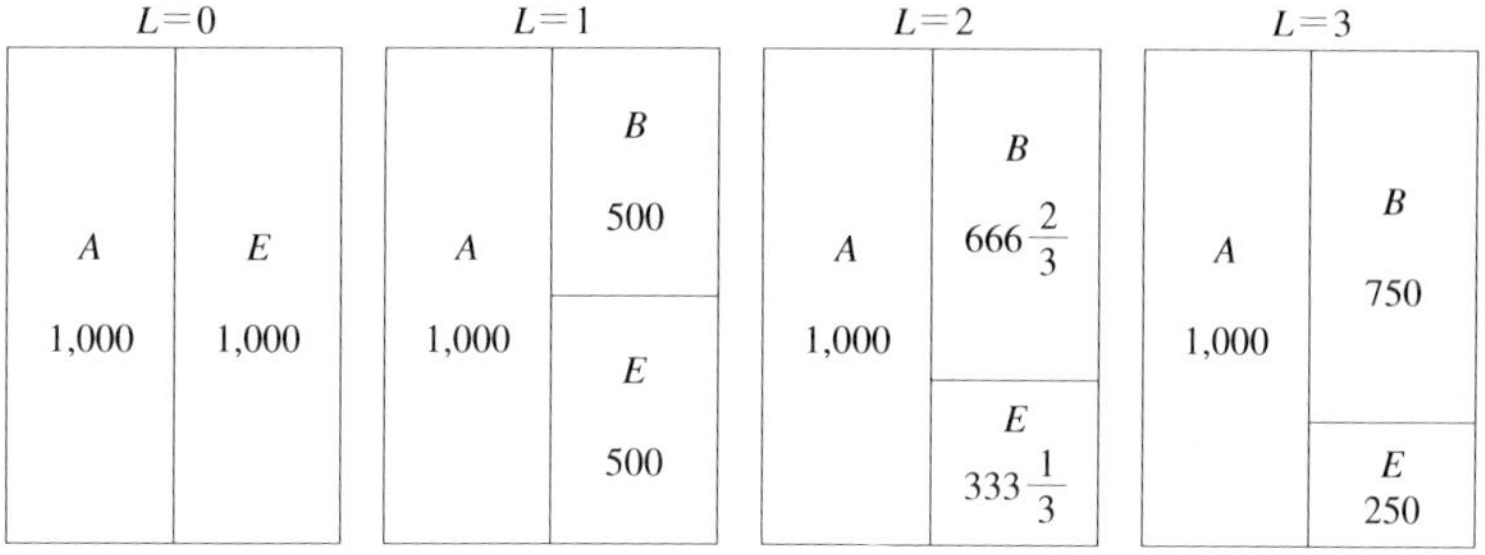

を加えることによってLと資産Aとが増大したのであるが、企業の資本構成が自己資本収益率におよぼす影響を考えるような場合には、企業という資産Aを一定とおき、投下資金の調達源泉である自己資本Eと負債Bとの比率つまりLが、0から1、2、3と増大していく状況を想定することになる。図2は、Aを一、〇〇〇と仮定したうえで、以上のことを図形によって示したものである。四種のLに見合う資本構成のもとで、好況と不況が企業の自己資本収益率（ROE）をどのように変化させるかについては、表1に準じた計算によって明らかにすることができるのであるが、ここでは省略する。

（1）　諸井勝之助「ファイナンスの国際化と研究・教育―ファイナンスの基礎と若干の重要問題―」『ファイナンスの国際化と研究・教育』青山学院大学総合研究所、国際政治経済研究センター研究叢書第七号、一九九七年、一三〜一七頁。

5　通貨オプションによるリスク・ヘッジ

国際ファイナンスの講義内容の紹介の第二として、次にシラバスの(3)の「為替リスクとそのヘッジ」のなかから「通貨オプション」と「通貨オプションによる取引リスク・ヘッジ」とを一括して取り上げたい。以下の説明は、拙稿「『国際ファイナンス』で何を学んだか(1)」の記述によるものであり、アイトマン等の教科書を大いに参考にしている。

通貨オプションとは何か　通貨オプション（currency option）はオプションの買い手に対して、一定額の外国通貨を一定期間もしくは一定日に、固定された為替レートで買う（または売る）権利を与える契約である。オプションの買い手にとって、それは権利であって義務ではない。権利を行使することが不利な場合には、買い手は権利を放棄すればよいのである。売り手は、いうまでもなく買い手が権利を行使する場合にはかならずそれに応じなければならない。

オプションにはコール（call）とプット（put）がある。通貨オプションではコールは外国通貨を買う権利、プットは外国通貨を売る権利である。オプションの買い手はホールダー、売り手はライターとかグランターと呼ばれる。

いかなるオプションも三種類の異なる価格要因をもっている。通貨オプションについて説明しよう。

(1) 行使価格（strike price または exercise price）。これは、その価格で所定の外国通貨を買う（コール）か、売る（プット）ことのできる固定された為替レートである。

(2) プレミアム（premium）。取引されるオプションの価格で、オプションの買い手には費用となり、売り手には収益となる。プレミアムはオプションの購入時点で買い手から売り手に支払われる。

(3) 所定の外国通貨（これを原通貨 underlying currency という）の市場における実際の直物レート。現行の変動相場制のもとでは、この直物レートは絶えず変動する。

オプションにはアメリカ型とヨーロッパ型の二種類がある。アメリカ型は、購入日から満期日までの期間のいつでも権利行使が可能であるが、ヨーロッパ型では、満期日にのみ権利行使が可能である。

行使価格が原通貨の直物レートに等しい場合、オプションはアット・ザ・マネー（at the

money）であるという。いますぐ行使すると有利なオプションは、イン・ザ・マネー（in the money）といい、いますぐ行使すると不利となるオプションは、アウト・オブ・ザ・マネー（out of the money）という。

コールがイン・ザ・マネーであるのは、現在の直物レートが行使価格を上回っているときである。なぜなら、市場の高い外貨を安く買えるから。またプットがイン・ザ・マネーであるのは、現在の直物レートが行使価格を下回っているときである。なぜなら、この場合には、市場の安い外貨を高く売ることができるから。これらの場合における買い手の純損益は、権利行使によって得る利益からプレミアム支出を控除した額である。

次に、コールがアウト・オブ・ザ・マネーであるのは、現在の直物レートが行使価格を下回っているときである。なぜなら、市場の安い外貨を高く買うことになるから。またプットがアウト・オブ・ザ・マネーであるのは、現在の直物レートが行使価格を上回っているときである。なぜなら、この場合には、市場の高い外貨を安く売ることになるから。これらの場合には権利行使はなされず、プレミアム支出が買い手の純損失となる。

他方、オプションの売り手の立場からすると、イン・ザ・マネーにおいて買い手が権利を行使する場合には、コールでは高い外貨を安く売らねばならず、プットでは安い外貨を高く買わねばならないので、損失を被ることになる。その損失は為替レートの変動が激しいほど大きくなり、リスクも大きくなる。通貨オプションの売り手は、こうした為替リスクを引き受ける代償として買い手からプレミアムを取るのである。したがって、通貨オプションのプレミアムは、為替リスクが大きいほど高くなる。

なお、イン・ザ・マネーにおける売り手の純損益は、買い手の権利行使に応じることから生ずる損失から、プレミアム収入を差引いた額である。

次に、アウト・オブ・ザ・マネーの場合には、買い手による権利行使はないので、プレミアム収入がそのまま純利益となる。

為替リスク・ヘッジのための通貨オプションの利用　これまでは通貨オプションの一般的説明であったが、これからは通貨オプションが為替リスクのヘッジ目的にどのように用いられるかをみることにしよう。なお、以下の議論では、満期日のみに権利行使できるヨーロッパ型を前提とする。

いま米国のA社が英国のB社に製品を一〇〇万ポンドで輸出し、その代金の受入れは九〇日先であるとする。米国のA社は、この取引によって一〇〇万ポンドの外貨建て売上債権を保有することになるが、この債権のドル建て金額は為替レート（$/£）の変動によって大きくもなれば小さくもなる。たとえば、現在一ポンド当たり一七〇セントのポンドの相場が一九〇セントになれば、ドル建て債権額は一九〇万ドルだが、値下りして一五〇セントになれば、それは一五〇万ドルでしかない。こうした為替リスクをヘッジするために通貨オプションを利用するには、債権保有者たる米国のA社はプット・オプションを買えばよい。なお、これからの議論では行使価格は一ポンド当たり一七〇セント、プレミアムは一ポンド当たり三・三セントとする。

さて、図3の横軸は九〇日先の直物レート（$/£）、縦軸は九〇日先のドル建売上債権（単位は一〇〇万ドル）をあらわす。この図には(1)勾配四五度の直線、(2)横軸に平行の直線、(3)折れ線、の三本の線が描かれている。このうち(1)はヘッジをしない場合、(2)は一ポンド当たり一七〇セントの九〇日先物為替レートで、ポンドを売ってドルを買う為替予約をした場合、(3)は前述の行使価格とプレミアムを有するプット通貨オプションを購入した場合、のそれぞ

図3　外貨建て売上債権のヘッジ

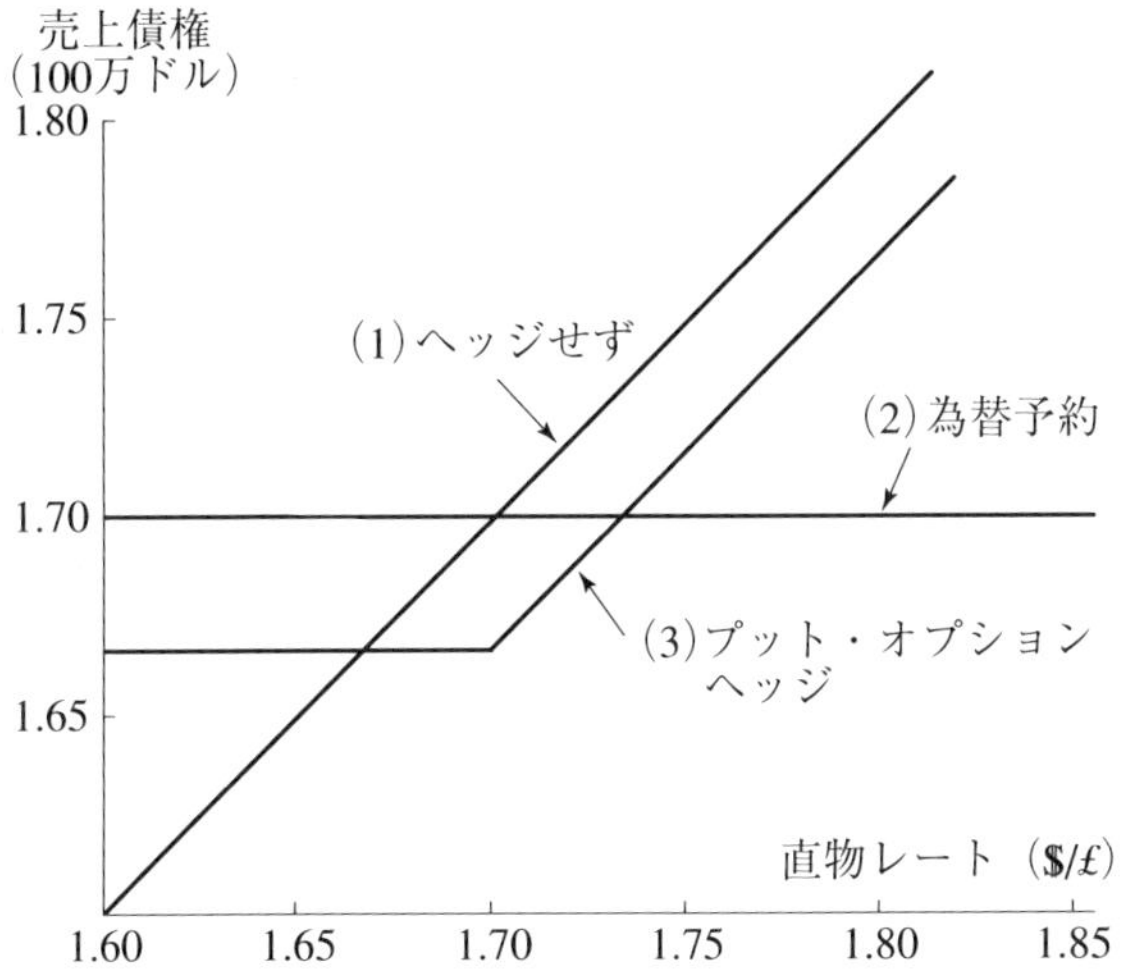

れにおける九〇日先のドル建て売上債権が、直物為替レートの変動につれてどのように変化するかをあらわしている。いうまでもなく、A社にとってこのドル建て売上債権は大きいほどよい。

以上の三本の線を式で示すと、次のようになる。

(1)　ドル建て売上債権＝直物レート×100万ポンド

(2)　ドル建て売上債権＝$1.70/£×100万ポンド

(3)　直物レート>$1.70/£の場合
ドル建て売上債権＝直物レート×100万ポンド－($0.033/£×100万ポンド)

直物レート<$1.70/£の場合

ドル建て売上債権＝$1.70/£×100万ポンド－($0.033/£×100万ポンド)

プット・オプションによるヘッジを、(1)、(2)と比較しながら考察しよう。直物レート>$1.70/£の場合には、プットにとってアウト・オブ・ザ・マネーであるから、A社はオプションを放棄し、市場で行使価格より高いレートで一〇〇万ポンドを売ってドルに換えることになる。そして、このドル金額から三三、〇〇〇ドルのプレミアムを差し引いた額がドル建て売上債権額となるのである。図においてこのドル建て売上債権を示すのは、折れ線のうち斜線の部分であり、(1)のヘッジをしない場合の斜線より三三、〇〇〇ドルだけ低く位置する。

他方、直物レート<$1.70/£の場合には、プットにとってイン・ザ・マネーであるから、A社はオプションを行使し、ドル建て売上債権は、オプションの行使による一七〇万ドルから三三、〇〇〇ドルのプレミアムを差し引いた一、六六七、〇〇〇ドルとなる。図ではこれは、(2)の為替予約より三三、〇〇〇ドルだけ低い水平線となる。

これまでの説明で明らかなように、プット・オプションによる外貨建て売上債権のヘッジの特色は、プレミアムを支払うことによって、為替予約の長所と、ヘッジをしない場合の長所とをそれぞれ取り入れるという柔軟性をもっていることである。問題は、こうした柔軟性をもつための対価であるプレミアムがいくらかということである。

通貨オプション・プレミアムが、為替レートの変動が激しく為替リスクが大きいほど高価となることは、すでに述べたとおりである。そのほかさまざまな要因が通貨オプション・プレミアムに影響をおよぼすが、ここではこの問題にはこれ以上立ち入らないこととする。

（1）諸井勝之助「『国際ファイナンス』で何を学んだか」『青山国際政経論集』四七号、一九九九年七月、一六～三二頁。

6　資本コストの理論

国際ファイナンスの講義内容の紹介の第三としては、シラバスの(7)の「モジリアーニ＝ミラーの理論」のなかの「資本コストの理論」を取り上げたい。以下の説明も、拙稿「『国際ファイナンス』で何を学んだか（1）」の記述によるものである。

投資の意思決定

議論を進める順序として、企業のフィナンシャル・マネジャーの行う三つの意思決定を思い出すことにしよう。

1　資本調達の意思決定
2　投資の意思決定
3　配当と内部留保の意思決定

それでは、われわれの問題とする資本コストは、これら三つの意思決定のうちのどれと最も深くかかわっているのであろうか。その答は第2である。より端的にいえば、資本コストは投資とくに実物投資の意思決定と最も深くかかわっているのである。

さて、投資の意思決定における最大の関心事は、その投資から将来どれだけのキャッシュ・フローが流入するかということである。将来流入するであろうキャッシュ・フローが予測されれば、この予測値と投資額との関係から、企業の経営者はその投資の収益率を測定することが可能となる。いま、説明を分かりやすくするために、Xという投資プロジェクトが提案されていて、その内容は現在の投資が一、〇〇〇万円、一年後にもたらされるキャッシュ・フローが一、一五〇万円、投資の命数は一年限りであるとしよう。このように仮定すると、この投資プロジェクトの収益率は次の計算によって一五%となる。なお、ここでは投資プロジェクトのリスクは考慮しない。

$$収益率=\frac{1,150万円}{1,000万円}-1=0.15,\quad 15\%$$

投資の収益率がこのように測定されると、次に、この一五%という収益率をもつ投資プロジェクトXを採用するか否かが問題となる。この場合、あらかじめ収益率のハードルが決まっていて、投資プロジェクトの収益率がこのハードルを越えていれば採用、越えていなければ不採用というルールが確立していれば、投資の意思決定はたいへん明快なものとなる。たとえば、前述の仮設例における収益率のハードルを一二%とすれば、投資プロジェクトXはこのハードルを越えているから採用と判定されるわけである。

ところで、投資の意思決定におけるこのハードルこそは、実はわれわれの問題とする資本コストにほかならない。すなわち資本コストとは、ある投資プロジェクトが採用されるために必要な最小限の収益率である。なお、ここにいう収益率は本章の4で述べたROAにほかならない。

機会コストとしての資本コスト　資本コストは、機会コスト (opportunity cost) の性格をもっている。機会コストとは、貨幣あるいはその他の経済的手段を保有する経済主体が、その手段を代替的なさまざまな目的のなかのいずれか一つに充当することによって、他の目的の実現が断念されることから生じるコストである。たとえば、甲という経済主体がその保有する一〇〇万円をAとBという二つの目的のいずれに充当するか考慮中であると仮定しよう。もし甲が一〇〇万円を目的Aに対して支出すれば、目的Bが断念される。その結果、目的Bが実現されれば得られるはずの価値が、目的Aを選択することの機会コストとなるのである。

機会コストを考察する場合、意思決定の当事者である経済主体と、この経済主体が直面する選択肢が重要な意味を持つ。資本コストを機会コストという文脈でとらえるときに経済主体と選択肢とは何であろうか。まず経済主体については、それは企業の経営者である。しかもこの経営者はコーポレート・ファイナンス理論においては、株主の資産価値である株価の最大化を目標に意思決定すると考えられている。つまり、経営者は株主の立場に立って行動するという設定である。

次に選択肢であるが、二つある選択肢の一つは製造プロジェクトXのような実物投資であり、もう一つは金融資産投資、たとえば株式や債券への投資と考えることができる。十分に大きな流動性をもつ資本市場が存在すれば、どの経営者にとっても、金融資産投資は代替的投資案となるのである。こうして、製造プロジェクトXに投資する場合なにが断念されるかといえば、プロジェクトXと同程度のリスクを有する金融資産投資であり、その結果、この金融資産投資から得られるはずの収益率が、製造プロジェクトXに投資することの資本コストとなるのである。

ここでわれわれは、自己資本のみからなる企業（U企業とする）を想定し、このU企業において、前述の製造プロジェクトXを採用すべきか否かが問題となっているものとする。この場合、プロジェクトXに投資される一、〇〇〇万円の資金は、それが新株発行によって調達されたものであれ、また利益の内部留保によって調達されたものであれいずれも株主の出資した資金である。この株主の出資額一、〇〇〇万円を製造プロジェクトXに投資することによって断念されるのは、株主の出資金一、〇〇〇万円を、プロジェクトXと同程度のリスクを有する金融資産に投資することからもたらされる収益率にほかならない。この断念される収益率を一二%とすれば、この一二%は資本コストであって、しかも自己資本の資本コストという性格をもつものとなる。

キャッシュ・フローの現在価値　先にわれわれは、資本コストは、投資プロジェクトが採用されるために必要な最低限の収益率であると述べた。その意味するところは、収益率が資本コストを下回るような投資プロジェクトを採用すれば、それによって企業価値（株価）は下落して株主は損害を被るということである。それでは、資本コストは企業価値とどのようにかかわっているのであろうか。

資本コストによって投資の採否を判定する資本予算の技法には二つある。その一つは内部収益率法であり、いま一つは現在価値法である。前者すなわち内部収益率法については、すでに投資プロジェクトXの仮設例を用いて述べたが、もう一度くり返すと、プロジェクトXの内部収益率は一五%であるのに対し、ハードル（資本コスト）は一二%であるから、この投資プロジェクトは合格と判定される。

次は現在価値法である。いま、投資プロジェクトのキャッシュ・フローを資本コストで割引いて求めた現在価値をV、初期投資額をIとすれば、投資プロジェクトの正味現在価値（NPV）は次のように示される。

$$NPV = V - I$$

この場合、NPVがプラスであれば採用、マイナスであれば不採用というのが、この方法の意思決定ルールである。

前述の投資プロジェクトXについて正味現在価値を計算してみよう。まず、キャッシュ・フローの現在価値Vの計算は次のごとくである。なお分母の0.12（12%）は資本コストである。

$$V = \frac{1,150\text{万円}}{1+0.12} = 1,027\text{万円}$$

プロジェクトXの投資Iは一、〇〇〇万円であるから、正味現在価値は二七万円となる。NPVがプラスであるから、意思決定ルールに従って投資プロジェクトXは採用と判定される。

一般に投資プロジェクトのキャッシュ・フローがN期にわたって流入する場合、その現在価値は(1)式によって求められる。ここでF_1、F_2、F_Nはそれぞれ一年目、二年目、N年目のキャッシュ・フローをあらわす。

$$V=\frac{F_1}{1+k}+\frac{F_2}{(1+k)^2}+\cdots+\frac{F_N}{(1+k)^N} \qquad (1)$$

(1)式において、資本コストkが毎年のキャッシュ・フローの現在価値を求めるための割引率として機能していることは、注意しなければならない。資本コストkは、毎年のキャッシュ・フローをVという資産価値に還元するための資本化率（capitalization rate）にほかならないのである。

ところで、毎年流入するキャッシュ・フローがいつも同じFであり、しかもその流入が永久に続く場合には、その永続するキャッシュ・フローの現在価値は(2)式によって求められる。

$$V=\frac{F}{k} \qquad (2)$$

(2)式において、Fを個別プロジェクトのキャッシュ・フローではなく、企業全体のキャッシュ・フローと考えれば、Vは企業価値をあらわすものとなる。

機会コストとしてのU企業の資本コスト　資本コストは投資収益率のリスクと密接不可分の関係にある。それ故、これまではっきりさせなかったリスクを、これからの議論では明確にすることにしよう。

まず、前記の(2)式のキャッシュ・フローを確率変数と考え、(2)式の分子を、年々の不確実なキャッシュ・フローの期待値である$\bar{F}$に書きかえることにする。こうしてキャッシュ・フローをリスクを伴うものとすれば、(3)式のkも、キャッシュ・フローのリスクに見合ったものであることが要求される。

$$V=\frac{\bar{F}}{k} \tag{3}$$

さて、U企業の企業価値は(3)式によってVであらわされるとしよう。このU企業は新たに自己資本Sを調達して、これを新規プロジェクトに投資しようとしている。新規プロジェクトへの投資を$I=S$とし、その期待収益率をπとし、この新規投資からもたらされるキャッシュ・フローをπIであらわすとともに、この新しいキャッシュ・フローも永続するものとすると、新規投資後のU企業の企業価値V_1は(4)式によって示される。ただし、$\bar{F}_0$は投資前のキャッシュ・フロー、V_0は投資前の企業価値である。

$$V_1=\frac{\bar{F}_0}{k}+\frac{\pi I}{k}=V_0+\frac{\pi I}{k} \quad (4)$$

(4)式において重要なのは、πとkの大小関係である。もし$\pi>k$であれば、$V_1>V_0+S$となって投資は株主にとって有利であるが、逆にもし$\pi<k$の場合には、Sを投資せずに金融資産のまま保有する方がよいのである。

以上の議論を例解するために、金額単位は省いて$\bar{F}_0$を一〇〇、$I=S$を二〇〇、kを一〇%とし、またπは一五%と八%の二通りあるものとして、V_1を計算することにしよう。

$\pi=15\%$：

$$V_1=\frac{100}{0.1}+\frac{200\times0.15}{0.1}=1,000+300=1,300$$

$\pi=8\%$：

$$V_1=\frac{100}{0.1}+\frac{200\times0.08}{0.1}=1,000+160=1,160$$

πが資本コストを下回って八%の場合には、新規投資はしないで、調達額を一〇%の収益率をもつ金融資産として保有する方がよい。なぜならその場合の企業価値は一、二〇〇となって、一、一六〇を上回るからである。

これまで紹介した「資本コストの理論」は、前節で述べた「通貨オプションによるリスク・ヘッジ」とともに、『青山国際政経論集』第四七号に発表した拙稿に基づくものである。ところで、この『青山国際政経論集』第四七号は私の退任記念号でもあるところから、研究分野を同じくする同僚の高森寛教授、山口不二夫教授、清水康司助教授、および武田澄広助教授がそれぞれ専門の論説ないし研究ノートをこの号に寄せておられるのである。

（1） 諸井勝之助「『国際ファイナンス』で何を学んだか」『青山国際政経論集』第四七号、一九九九年七月、三二一～三八頁。

7 青学時代の研究活動

私が青山学院大学で過ごしたのは、年齢でいうと六十二歳から七十五歳までで、年齢面からも東大時代におけるような活発な研究活動は望みえなかった。担当科目である国際ファイナンスについては、講義の準備のためによく調べはしたが、調べたことを研究論文に仕上げるための気力も時間も不足していた。とはいえ、国際会議での報告などこれまでにない活動もしているので、それらを含めて重要なもの若干について述べることにしよう。

平成三年（一九九一年）四月二十七日、私は韓国財務管理学会の招待で、済州島にある済州大学開催の一九九一年度春季研究発表会において特別講演を行った。論題は「現代財務論の発展と若干の問題点(1)」というもので、私の日本語の報告を釜山水産大学の張諛鎬教授が韓国語に通訳し、報告のあと数人の教授方と通訳を通じて、もしくは直接日本語で質疑応答することができた。通訳の労をとった張諛鎬教授は、私の東京大学在任中、私のもとできわめて熱心に現代財務論を研究した学究である。

学会開催前の四日間、張教授は、同じように私が東大で指導した京畿大学の禹永渉教授とともに韓国初訪問の私をソウル、慶州、釜山と案内してくれた。学会終了後は、一日かけて済州島内各地を三人で見て回った。いずれの土地もよかったが、なかでも慶州で特別に身近く拝観できた石窟庵の石仏には感動させられた。

韓国出張で国際づいたせいか、その翌年の平成四年（一九九二年）九月八日、私は東京の京王プラザホテルで開催された第一回経営学会国際連合（ＩＦＳＡＭ）東京大会のファイナンス・セクションにおいて、「日本におけるファイナンスの研究と教育」と題する研究報告を行った。ファイナンス・セクションの報告者は六人、うち三人は外国人で、そのなかにはステファン・ロス教授のような高名な学者も含まれていた。司会はミシガン大学のＥ・ハーン・キム教授と若杉敬明教授であった。

報告は私の場合は日本語（英語による同時通訳つき）だが、あらかじめ提出しておいた英文論文が次のように『プロシーディング』に掲載され、大会当日配布された。

Katsunosuke Moroi, "The Research and Education of Finance in Japan", *Proceedings*, The 1st IFSAM Conference, Tokyo, 1992, pp. 32-34.

この英文論文の日本語版を私は中央経済社の『経理情報』に掲載しているので、その中から重要な箇所を拾って紹介することにしたい。

日本におけるファイナンスの研究・教育は、……米国に著しく立ち遅れている。日本がおくれをとる最大の理由としては、わが国のファイナンスの現実が戦後長期間にわたって厳しい統制下におかれており、経営者や投資家が自由に意思決定しうる範囲が著しく制限されていた点があげられる。米国のようにファイナンス研究が活発に行われるためには、現実のファイナンスの活動において、最適な代替案の選択が経営者や投資家に可能でなければならないが、日本には比較的最近までそうした基盤が欠けていたのである。――中略――

一国におけるファイナンスの研究と教育は、当然のことながらその国のファイナンスの実態を反映する。日本におけるファイナンスの研究と教育がこれまで不振であったのは、すでに述べたように、厳しい統制によって企業経営者のファイナンスについての意思決定が大幅に制限される時代が長く続いたからである。

日本の政府は戦後の経済復興とその後の高度成長を促進するために、企業の設備投資の向かうべき方向を詳細に指導し、また低金利政策と間接金融方式の推進によって、投資に必要な資金を企業が金融機関から低コストで調達できるようにした。かくして経営者は、投資と資金調達の両面において政府の指導に従うことによって、比較的容易にすぐれた経営成績をあげることが可能であった。投資と資金調達の基本路線は政府によって決められており、経営者はその路線の細目について意思決定をすればよかった。経営者にとって最も重要なことは、政府および金融機関と緊密な連絡を保持していくことだったのである。

ところで、前述のような企業（株式会社）の運営方式において問題となるのは、株主はどのように位置づけられるかということである。この問題を考察するには、戦時中の軍需会社法まで遡ることが必要となる。

軍需会社法は一九四三年に施行されたが、その眼目とするところは、軍需品の生産拠点である軍需会社の所有と経営を完全に分離し、株主は形ばかりの所有者とし、会社の経営は「生産責任者」とよばれる経営者（社長）が軍部の命令のもとにこれを担当する体制をつくることであった。軍需会社法は敗戦とともに消滅するが、しかしこの法律によって強制された所有と経営の分離ならびに株主の形骸化は、その後の財閥解体による資本家階級の没落、経済復興目的のための企業に対する政府の指導、およびメインバンク制や株式持合い等によって、戦後日本にそのまま引継がれ、現在ではそれが完全に定着するに至っている。

日本の株主の地位の低さを象徴するものに配当がある。戦時中、配当は企業の財政的基盤を強化するために制限された。はじめは配当率の上限は一〇%とされたが、軍需会社法の施行以後はその制限はさらに強化された。こうした配当制限の思想は戦後にも引継がれている。ごく最近まで、利益留保はよいことであり、配当はなるべく低く押さえる方がよいという考え方が支配的であった。

日本の会社は、一般に配当決定に当たって配当性向を重視しない。重視するのは配当率である。配当率については、長期にわたって維持しようとする安定配当率があらかじめ決められており、この安定配当率に額面資本金を乗じて配当総額が計算されるのである。――中略――

前節で論じた株主の地位の低さや安定配当率による配当計算方法は、米国のファイナンスの教科書からすれば不可解なものといわなければならないであろう。しかしそれらは長年の歴史的所産であるから、直ちにこれを米国の教科書どおりに改めろといっても困難である。それでは、そうした特異な慣行を含む日本のファイナンスの行動様式をいまのまま放置してもよいかというと、決してそうではない。これまでの日本の行動様式は発展途上国型であって、経済を復興させ、高度成長を達成する上では甚だ有効であった。しかしいまや日本は経済大国であり、東京の証券市場はロンドンやニューヨークに匹敵する規模にまで成長してきている。企業をとりまくこのような環境の変化を考えるならば、企業のファイナンス活動がいつまでも発展途上国型にとどまっていてよいわけはないのである。

第一節でも論じたように、日本は投資のハイテクノロジーの研究開発に努力しなければならない。また経営者は、証券・金融市場に目を配りつつ、自らの責任において適切なファイナンスの意思決定ができるように成長しなければならない。そして大学は、ファイナンスの研究と教育に多くのエネルギーを投入して、新時代のファイナンスの基礎作りを支援しなければならない。

日本におけるファイナンスの研究と教育は、いままでは助走で、これからがいよいよ本番なのである(2)。

第一回ＩＦＳＡＭの報告から暫くたって、私は右に紹介した報告の結びの一節に記した大学の努力目標を実践するために、青山学院大学総合研究所に「ファイナンスの国際化と研究・教育」という研究プロジェクトを申請し、平成六年（一九九四年）四月から二年余にわたって研究会を約二十回開催したのであった。研究報告者には、なるべく多くの第一線研究者を外部から招待するように努めた。また、平成七年（一九九五年）には四月五日から十二日までの八日間、研究プロジェクトの一環として私は客員研究員の斎藤進教授（上智大学）と私費参加の廿日出芳郎教授（武蔵大学）とともにシンガポール、マレーシア、香港に出張して現地の金融証券市場を実地調査し、大いに見聞を広めることができた。とりわけ興味深かったのは、シンガポール国際金融取引所（ＳＩＭＥＸ）の見学であった。われわれが訪問する少し前に、ここを舞台に行われた先物投機の失敗によって、英国のベアリングズ社が倒産に追いこまれるという大事件が起きていたのである。先物投機の直接の責任者であるニック・リーソンがいつもいたという立会場にも、われわれは立ち入ることができた。

この旅行の準備に当たっては、㈱カクタス・インベストの久保田政純氏を煩わせ、また現地では、野村証券をはじめ第一勧業銀行、日本興業銀行、三菱銀行の現地機関にお世話になった。当時、円は一ドル八〇円代とたいへん強く、また日本の金融機関やメーカーは各地でまだ大いに活躍していたのである。

さて、われわれ研究会メンバーは三年の研究期間を終えた段階で、『ファイナンスの国際化と研究・教育』と題する報告書をまとめ、これを国際政治経済研究センター・研究叢書第七号として一九九七年三月に刊行した。執筆者は、私を含めて研究会メンバー六名である。

青学時代における研究活動としては、以上のほかになお二、三を追加する必要があろう。その一つは、左記の辞典の編さんである。

諸井勝之助・後藤幸男編著『財務・金融小辞典』中央経済社、一九九二年。

この辞典の実際の編者は後藤幸男教授であり、私はその協力者であった。

つぎに、念のため追加しておきたいのは、平成十年（一九九八年）十月三日、青山学院大学で開催された日本原価計算研究学会年次大会における私の特別講演と、その草稿にもとづいて執筆し、前記学会の機関誌に翌年発表した「『原価計算基準』の解明」と題する論文のことである。その詳細については、すでに第五章8で記したとおりである。

最後に、昭和六十三年（一九八八年）十月から平成二年（一九九〇年）九月までの二年間、私は青山学院大学総合研究所の初代所長として研究環境の整備に努めたことをあげておきたい。これは研究活動そのものではないが、それに深く係わる活動なので、ここに一言しておく次第である。

（1）この論文は、韓国の下記の学会誌に韓国語訳付きで掲載された。韓国財務管理学会『一九九一年度春季研究発表会・発表論文抄録』一九九一・四・二七。

（2）　諸井勝之助「日本におけるファイナンスの研究と教育」『経理情報』第六八五号、中央経済社、一九九三年四月二十日、五頁、七～八頁。

8　企業経営協会

青山学院大学を退職してからあと、私は大学の教壇に立つことはなくなったが、しかし数年前から主査を務めている社団法人・企業経営協会の付属研究会だけは今も継続中で、これが現在における私の唯一の研究の場となっている。この附属研究会は平成五年（一九九三年）三月、当時NTT経理部次長であった高橋均氏の強力な支援によって「非製造業原価管理研究会」として発足し、その後名称を「変革期における経理・財務・税務研究会」と変えて現在に至っているものである。研究会の開催は年十回、研究会の参加メンバーは社会人二十名程度であり、講師には大学教授、公認会計士、会社の第一線の実務家等の方々をお願いしている。この研究会の主査を務めることは、私にとって最新の会計学やファイナンス理論を勉強し、企業が当面する経理・財務・税務のさまざまな問題点を知る上ではなはだ有益であり、頭をリフレッシュするのに大いに役立っているのである。

ところで、私と企業経営協会との関係は実は深いものがあり、昭和六十一年（一九八六年）十二月十一日から平成十年（一九九八年）五月二十九日まで十一年半にわたって、私は同協会の会長職を務めたのであった。なお、現在の会長は元日本電気㈱副社長　小池明氏である。

協会の会長時代の思い出はさまざまあるが、ここでは、平成九年（一九九七年）十月二十四日に開催された企業経営協会創立五十周年記念講演会における私の会長挨拶を再録することにしたい。短いものではあるが、これによって協会の歴史と抱負が分かっていただけるのではないかと思う。なお同日、日本化薬㈱社長　中村輝夫氏が会員代表挨拶を述べられ、続いて東京大学大学院経済学研究科教授　若杉敬明氏が「日本型の新しい経営スタイルを求めて―従業員重視・株主重視経営の調和―」と題して講演をされた。

本日、社団法人企業経営協会の創立五十周年を記念して講演会を開催いたしましたところ、皆様にはご多用中お差し繰りご出席いただきまして、誠に有難うございました。

いまから五十年前の昭和二十二年当時を回顧いたしますと、焦土と化した日本経済の再建を願って、企業経営とくに企業の経理・財務の研究に情熱を燃やす一団の人びとがありました。その集りのリーダーがのちに十條製紙社長となられた金子佐一郎氏であり、やがてその集りを母胎として金子氏を会長とする企業経営協会が創立されたのであります。

こうして協会が創立されますと、あたかもそれを待っていたかのように、企業の経理・財務にかかわる一連の大きな改革が矢継ぎ早に実施されることになりました。公認会計士制度の発足、企業会計原則の制定、資産再評価、税制改革、商法改正、証取法の制定等がそれでありますす。協会はこうした急激な大変革に伴うさまざまな問題に関する研究調査、意見交換、教育啓蒙の機関として活発に活動し、企業経営に対して、また日本経済に対して少なからざる貢献をなしたように思います。そして、昭和二十九年には、その実績が認められて通産省から公益法人として認可されることになりました。

以上、創立当初のことを申しましたが、翻って現在に目を転じますと、戦争の傷跡が至るところに残っていた往時と今日とはまったく異なりますが、しかし大きな変革期であるという点では両者は共通しているのであります。

これまで、日本の経営者のボキャブラリーにはリスクという言葉は欠落していたように思われます。しかし、これからは、リスクに対する十分な配慮なしに企業経営を行うことは不可能であるといってよいでしょう。また、株式会社の株主は、市場原理が重要性を増し、株式持合が崩れゆく中でにわかにその地位を高めつつあります。株主をその本来のあるべき姿でとらえ直すことは、これからの経営者に課された大きな宿題ではないでしょうか。改革の波はさらに会計制度にもおよんでおり、時価会計、連結会計等が大きくクローズアップされつつあります。

このようにして、現在は創立当初にも比すべき大変革期にあるのですから、われわれも先輩にならって新しい問題に取り組み、企業のお役に立つべくできる限りの努力をしてゆく所存であります。終わりに、これまでと変わらぬご指導、ご鞭撻をお願い申し上げて、ご挨拶の結びとさせて頂きます(1)。

(1)　諸井勝之助「会長挨拶」『経営実務』一九九八・二、企業経営協会、二頁。

〈著者略歴〉

諸　井　勝之助（もろい　かつのすけ）

1924年　東京に生れる
1946年　東京大学経済学部商業学科卒業
1950年　東京大学経済学部助教授
1963年　東京大学経済学部教授
1984年　新潟大学経済学部教授
1986年　青山学院大学国際政治経済学部教授
東京大学名誉教授，青山学院大学名誉教授

〈主要著書〉

『原価計算講義』東京大学出版会，1965年
『経営財務講義』東京大学出版会，1979年
『同上』［第2版］，東京大学出版会，1989年

著者との協定により検印を省略します

私の学問遍歴

2002年9月30日　初版第1刷発行

著　者　©　諸　井　勝之助

発行者　　菅　田　直　文

発行所　有限会社　森山書店　東京都千代田区神田錦町1-10　林ビル（〒101-0054）

TEL 03-3293-7061 FAX 03-3293-7063 振替口座 00180-9-32919

落丁・乱丁本はお取りかえします　　印刷・三美印刷　製本・永澤製本

ISBN 4-8394-1959-0